알기 쉬운

교리신학 총론

김석한 · 박태규 공저

도서출판 영문

Systematic Theology

by

Dr. Seog Han Kim • Dr. John Tae Park

Collaboration

2002
Young Mun Publishing Co.,
Seoul, Korea

서 문

우리 기독교가 고등한 종교라고 할 수 있음은 인격적인 하나님의 계시가 있기 때문이며 그것은 또한 엄연한 역사성과 사실성에 근거를 두고 있기 때문이다. 그리고 이 계시를 교리적 체계화를 이루어 확보하므로써 종교다움과 교회다움의 토대를 확고히 하고 있다.

흔히 교리는 경직되고 율법적 강제 요소를 지니고 있어서 신앙생활의 유연성 유지에 문제점이 있다는 관점을 가지는 사례가 없지 않으나 그 종교의 가치와 질적 평가는 교리를 떠나서 논의될 수가 없다. 교리는 기독교의 뼈대이며 내용이다. 올바른 신앙은 교리적 체계에 의존되어 있지 않으면 않된다. 물론 교리 자체가 인간의 구원을 좌우하지는 않지만 기독교의 본질을 추구하는 신앙 행위의 원리적 표준임을 인식할 필요가 있다. 그리고 교리적 바탕에 근거되지 않는 신앙은 이교적일 수밖에 없고 교리무관주의(敎理無關主義)는 무궤도 열차와 같은 것이다. 교리는 알고 믿는 지식으로 볼 때는 난해한 종교 상식이 되지만 믿고 깨닫는 구원의 도리로 볼 때 그것은 곧 복음인 것이다.

본서는 기독교의 광범위하고 깊은 교리적 체계와 그 의미를 누구나 읽어서 이해할 수 있도록 주제별로 요목을 설정하여 해설적으로 교리전반을 논급하되 모든 신앙인들이 함께 읽어 이해할 수 있게 하였다. 그것이 몇몇 교회의 지도자들이나 신학생만이 다루는 전유물(專有物)로서가 아니라 한국교회의 신앙 갱신과 성경적 회복에 일반적인 지침이 되었으면 하는 강한 동기를 가지고 있다. 건전한 신앙 운동과 영적 삶의 질을 높이고 유지하는 것은 어떤 초월주의나 신비주의적 기적심리와 종교적 열정에 의존될 수가 없고 오직 하나님의 말씀이 유일한 소재가 된 교리적 표준에 의존된 성경적 신앙으로 돌아 가야 한다. 그러자면 모든 신앙인은 교리에 대한 이해의 폭을 넓혀야 할 필요가 있다. 그럴 때 개인의 신앙은 물론 교회는 성경적 원리에 든든히 서게 될 것이다. 그런 관점에서 목회자를 포함해서 모든 신학생과 일반 성도들의 성경교재로도 사용할 수 있도록 착안하게 되었고 1년 52주 동안 한 주에 한 과와 주제를 학습할 수 있도록 해설적으로 전개하여 체계적으로 구성하였다.

따라서 이것이 교회의 신앙과 예배갱신의 작은 지침이 되었으면 더 바랄 것이 없겠다. 금번 본서의 원고 교정에 성심을 다하신 박정희 전도사님과 특히 출판을 흔쾌히 맡아 주신 「도서출판 영문」 사장이신 김수관 장로님께 심심한 사의를 표하고 공저자 상호 위로와 격려를 주고 받는다.

주후 2002년 3월
공저자 식.

차 례

서 문 / 3

Ⅰ. 서 론

제1과 종교의 본질···11
제2과 하나님의 계시···17
제3과 하나님의 말씀···23
제4과 성경의 목적···28
제5과 성경의 영감···33
제6과 성경의 속성···38
제7과 성경의 무오성···43

Ⅱ. 신 론

제8과 하나님의 칭호···51
제9과 하나님의 속성···56
제10과 삼위일체 되신 하나님···61
제11과 하나님의 작정과 예정···66
제12과 하나님의 창조···72

제13과 하나님의 섭리 ··· 80

Ⅲ. 인 죄 론

제14과 인간의 구성 ·· 87
제15과 하나님과 언약을 맺은 인생 ··································· 91
제16과 범죄한 인생 ·· 97
제17과 죄의 구분과 본질 ·· 101
제18과 범죄의 결과 ··· 107
제19과 인간의 전적 부패 ·· 113
제20과 언약 안의 인간 ··· 119

Ⅳ. 기 독 론

제21과 그리스도의 신분(Ⅰ) ··· 129
제22과 그리스도의 신분(Ⅱ) ··· 137
제23과 그리스도의 양성 ··· 143
제24과 그리스도의 칭호 ··· 150
제25과 그리스도의 직임 ··· 154
제26과 그리스도의 속죄 ··· 160

Ⅴ. 구 원 론

제27과 구원의 의미와 서정(순서) ···································· 173

제28과 하나님의 부르심 ···179
제29과 거듭나게 하심 ···185
제30과 돌이키게 하심 ···193
제31과 구원에 이르는 믿음··198
제32과 신앙의 가치 ··203
제33과 의롭다 하심···210
제34과 하나님의 자녀 삼으심··215
제35과 거룩하게 하심··219
제36과 성도의 견인과 영화···227

Ⅵ. 성령론

제37과 성령의 사역과 성령의 상징 ·······························235
제38과 성령의 내재와 그 증거······································241
제39과 성령의 은사와 열매··247
제40과 성령의 충만 ··254

Ⅶ. 교회론

제41과 교회란 무엇인가···261
제42과 교회의 구분 ··267
제43과 교회의 속성 ··273
제44과 교회의 직능 ··279
제45과 은혜의 방편인 말씀··286
제46과 성도의 교회 생활··292

제47과 교회와 국가 ···298

Ⅷ. 종 말 론

제48과 천국과 지옥 ···305
제49과 인간의 죽음과 부활 ······································312
제50과 예수그리스도의 재림 ····································320
제51과 최후심판 ··329
제52과 무궁세계 ··339

I

서 론

INTRODUCTION

 종교의 본질
[The essential nature of religion]

> 〈본문〉 창세기 1:26~31
>
> 하나님이 가라사대 우리의 형상을 따라 우리의 모양대로 우리가 사람을 만들고 그로 바다의 고기와 공중의 새와 육축과 온 땅과 땅에 기는 모든 것을 다스리게 하자 하시고 하나님이 자기형상 곧 하나님의 형상대로 사람을 창조하시되 남자와 여자를 창조하시고 하나님이 그들에게 복을 주시며 그들에게 이르시되 생육하고 번성하여 땅에 충만하라 땅을 정복하라 바다의 고기와 공중의 새와 땅의 움직이는 모든 생물을 다스리라 하시니라 하나님이 가라사대 내가 온 지면의 씨 맺는 모든 채소와 씨 가진 열매 맺는 모든 나무를 너희에게 주노니 너희 식물이 되리라 또 땅의 모든 짐승과 공중의 모든 새와 생명이 있어 땅에 기는 모든 것에게는 내가 모든 푸른 풀을 식물로 주노라 하시니 그대로 되니라 하나님이 그 지으신 모든 것을 보시니 보시기에 심히 좋았더라 저녁이 되며 아침이 되니 이는 여섯째 날이니라

Ⅰ. 종교란 무엇인가?

세상에는 우리가 믿고 있는 기독교 외에도 여러 가지 모양의 종교들이 있다.

종교란 무엇일까? 종교란 어떻게 하여서 생겼는가?

또 진정한 종교가 과연 몇이나 있는 것인가?

1. 종교의 본질

1) "종교(religion)"의 뜻

종교란 말은 라틴어의 「렐레게레」(relegere - 재독하다, 끊임없이 함께 나아가다) 혹은 「렐리가레」(religare - 결부하다, 함께 묶다)에서 유래된 말로서 "하나님과 사람 사이의 영적인 결속"이라고 정의 할 수 있다. 따라서 종교란 인간으로부터 경배를 받으며 또 인간과의 생생한 의식적 교통을 나누실 상대, 즉 「하나님의 존재」가 전제되어야 한다.

2) 종교의 3원리

하나님은 자신을 계시하시고, 인간은 그 계시에 의존하여 하나님을 경외하고 신앙하게 되는 데 이것이 곧 종교의 본질이다.

우리 기독교의 3대 원리는 "하나님" - "계시" - "신앙"이다.

이교도는 모두가 "인간신앙→신(神)→계시"의 역순서로 종교를 만들어 내어 그 표준이 신이 아니라 인간 편에 있게 한다.

3) 인간의 종교성

사람은 하나님의 형상대로 창조되었다. 이 하나님의 형상대로 창조된 사람이 범죄 하여 타락했을 때 하나님의 형상 중에서 중요한 부분을 훼손하기는 하였으나 여전히 하나님의 형상은 비록 불완전하게 나마 남아 있어서 사람은 종교적인 존재로 남아 있는 것이다. 세계 각 곳에 파송 되어 있는 선교사들은 지상의 모든 종족들이 어떠한 모양으로든지 종교를 가지고 있음을 증언하고 있다. 구약에서 종교는 하나님을 경외하는 것으로 가르친다. 이 경외는 공포를 느끼는 마음이 아니라 사랑과 신뢰와 공경하는 마음에서 오는 경외이다. 신약에서는 복음을 받아들이는 것이 종교라고 가르치며 이것은 믿음과 경건의 형식을 취한다. "종교는 사람이 하나님을 향한 의식적이며 자원적인 관계인데 그것은 감사하는 마음으로 드리는 경배와 사랑의 봉사로써 표현되는 것이다"라고 정의할 수 있다.

2. 종교의 기원(The origin of religion)

그러면 종교는 맨 처음 어떻게 생기게 되었던가? 이 점에 대해 여러 가지 견해가 있다.

1) 역사의 기원(Comet, Tyler)

종교는 그 시초가 자연물을 숭배한다든가(Naturism), 영(靈)들을 숭배한다든가(Animism-정령숭배), 혹은 조상들을 숭배(Ancestralism)하는데서 기인했다는 견해이다. 그러나 자연물(태양, 달, 별, 거목, 바다...등)이나 영들(천사, 마귀, 귀신...등)이나 조상들은 모두가 하나님의 피조물이요 이것들은 한계가 있으며 죽은 것들에 불과하므로 결코 영원한 신앙의 대상이나 인간의 구원자일 수가 없음은 두 말할 나위가 없다.

2) 심리적 기원(마음·감정·지식)

이것은 어떤 가상적 절대의 힘을 향한 동경심이 종교의 기원이라고 하는 견해이다. 그러나 마음이나 생각으로 느끼는 그 어떤 종교심도 그것은 하나의 가상일 뿐이지 실제적인 "인격적 신(人格的 神)"은 될 수 없다. 생각을 거듭해서 나온 신이라면 그것은 이성종교(理性宗敎)일 뿐이다. 실패했으니까, 아니면 병들었으니까 갈데 없어 찾아온 곳이 종교는 아니다. 하나님의 교회(기독교)는 전적으로 종교성(하나님, 계시, 신앙)에 의거한 경외이다.

3) 기독교는 이에 대해 확실히 대답한다.

위에서 말한 역사적 기원이나 심리적 기원은 다 그릇된 견해들이다. 오직 성경만이 바르고 참된 종교의 기원을 밝혀준다. 성경은 종교적 경배의 진정한 대상자이신 하나님께서 자존하여 계셨다고 한다. 이 하나님께서 계시를 통하여서, 즉 자연을 통한 계시와 특별히 성경말씀의 계시를 통하여서 하나님을 나타내 보여 주시고 하나님을 향한 경배와 봉사를 요구하시고 아울러 그 방법까지를 보여 주신 것이다.

그러므로 종교 개혁자「칼빈」선생은 말하기를 "종교(기독교)는 그 기원이「확실하신 하나님의 계시」에 의해서 출발한다"고 했다. 다시 말해서 조상 숭배니, 정령 숭배니, 물질 숭배니 혹은 이성숭배니 하는 것은 모두가 인간 스스로 생각하고 고안해 낸 것들이지만「계시종교」는 무지한 인간 이외의 어떤 분이 "알게 하고 섬기게 할 것을 가르쳐" 줌으로서 시작되는 종교라는 것이다.(요14:26)

그러므로 기독교는「하나님의 계시(Revelation of God)」라는 명백한 근거에 그 기원을 둔다. 이것만 아니라 하나님께서는 사람을 창조하시되 하나님의 형상대로 창조하셔서 사람으로 하여금 이 하나님의 계시를 이해하며, 이 계시에 대하여 화답할 수 있는 능력을 주셨으며 하나님을 찾으며 하나님을 영화롭게 하려는 마음을 심어 주신 것이다. 여기에 종교의 참된 기원을 찾을 수 있다.

하나님이 한 분이시요, 그 계시도 다만 하나이니 사람이 가질 수 있는 참 종교도 하나 뿐이요 그 이상이 있을 수가 없다. 세계 도처에 여러 가지 종교들이 있는 것은 이 참 종교를 흉내낸 가짜 종교들이 많은 것 뿐이다.

3. 종교의 자리(座所)

사람의 어느 부분에 종교가 자리를 잡고 있을까? 종교를 발생케 하는 근본 자리가 어디이겠느냐는 것이다.

1) 지성(知性)

종교를 지식 혹은 정신의 운동에 두는 견해이다(헤겔). 그러나 종교가 사람의 두뇌에서 나왔다고 하는 것은 지식제일주의 사상에 불과하다.

2) 감정(感情)

종교란 하나님에 대한 절대 의뢰 감정, 즉 하나님을 사랑하는 것이 종교라고 한다(슐라이어 막허). 그러나 감정만 중요시한다면 종교는 한낱 열광주의 및 신비주의에 불과할 것이다.

3) 의지(意志)

종교는 도덕적 의무의 시행에서 비롯된다고 한다(칸트). 즉 종교의 좌소(座所)를 의지에 두어 도덕에 실천의 종교라고 하는 말이다. 그러나 기독교는 도덕정도가 아니다. 도덕은 바르게 살자는 것이나 기독교는 「그 바르게 살 수 있는 인간」을 재 창조하는 구령종교(救靈宗敎)이다.

그러면 성경적인 견해는 무엇일까? 종교의 자리는 마음에 있으며 그 마음은 바로 영혼의 중심기관이다.

종교는 지, 정, 의를 망라한 심정(Heart) 혹은 마음에 있는 것이다.

인간의 마음에서부터 인간의 지식, 감정, 의지의 모든 것이 나온다(잠4:23, 눅10:27). 그러므로 종교는 지, 정, 의를 다 포함하는 인격적인 것이며, 전인(全人)의 것이다.

ll. 결 론

   사람은 종교적인 피조물로 지음 받았다. 사람은 마땅히 하나님을 공경하며 섬기며 살아야 하고 그럴 때 진정한 행복도 있는 것이다. 그러나 범죄로 타락한 인생은 하나님을 잃어 버렸고 참 종교를 잃어 버렸다. 여기에 인생의 불행과 비참한 정황이 있는 것이다. 종교자 예수 그리스도를 통하여 다시금 잃어버린 종교를 찾고 하나님을 찾아 바로 섬기는 중에 복스러운 삶을 누려야 한다.

제2과 하나님의 계시
[God Revelation]

> 〈본문〉 히브리서 1:1~3
> 옛적에 선지자들로 여러 부분과 여러 모양으로 우리 조상들에게 말씀하신 하나님이 이 모든 날 마지막에 아들로 우리에게 말씀하셨으니 이 아들을 만유의 후사로 세우시고 또 저로 말미암아 모든 세계를 지으셨느니라 이는 하나님의 영광의 광채시요 그 본체의 형상이시라 그의 능력의 말씀으로 만물을 붙드시며 죄를 정결케 하는 일을 하시고 높은 곳에 계신 위엄의 우편에 앉으셨느니라

Ⅰ. 계 시

종교의 기원은 곧 「계시」 - 하나님의 나타나심 - 에 의해서 출발한다고 말했다. 그러니까 하나님이 자신을 스스로 계시하시지 않으셨다면 종교란 있을 수가 없다는 결론이고 따라서 우리는 계시를 그토록 중요시하지 않을 수 없는 것이다.

1. 계시의 뜻(定義)

계시란 무엇인가?
(1) 구약 히브리어로는 「깔라」인데 장애물로 가리운 것을 제거한다

는 의미이다.
　(2) 신약 헬라어로는 「아포칼립시스」인데 이는 "감추인 것을 드러내 보이다", "벗기다", "열어 보이다"라는 의미이다.
　(3) 영어로는 「레빌레이션(Revelation)」인데 이는 라틴어의 「레벨라티오(Revelatio)」에서 온 말로 "정체를 드러냄(unveiling)"이라는 의미이다. 정리하면 계시란 사람의 지혜로는 알 수 없는 일을 하나님께서 가르쳐 알게 하는 것이다. 좀더 학문적으로 말하면 "계시란 하나님이 사람에게 자신을 나타내시는 일"이라고 말할 수 있겠다.

2. 계시의 종류

　계시에는 자연계시(Natural revelation)와 초자연계시(Supernatural revelation), 일반계시(General revelation)와 특별계시(Special revelation)로 구분할 수 있는데 자연계시와 초자연계시는 주로 철학적 측면에서 언급되는 용어이고 일반 계시와 특별 계시는 신학적 측면에서 언급되는 용어이기 때문에 여기서는 후자의 용어로 생각하고자 한다.

　1) 일반계시(一般啓示 · General revelation)
　일반계시는 하나님이 창조하신 일월성신, 자연만물, 그리고 인간과 그 역사적 섭리를 통하여 하나님을 보여 주심을 말한다.

　(1) 일반 계시의 내용
　이것은 자연의 모든 현상을 통해서 하나님 자신을 나타내시는 방법이다.
　① 하나님께서 그 만드신 만물을 통하여 자기를 계시(보여주심)하셨다. "하늘이 하나님의 영광을 선포하고, 궁창이 그 손으로 하신 일을 나

타내는 도다"(시19:1~6, 시136, 74:17, 사6:3, 롬1:20, 11:36)는 온 우주 만물은 바로 하나님의 영광스러움과 전능하심과 그 오묘막측 하심을 잘 나타내 주고 있다. 누가 낮과 밤을 주관하며, 봄·여름·가을·겨울 사시 순환을 조정하고 있는가? 이런 것이 자연적으로 될 수 있겠는가? 물을 예로 들면 물 표면이 얼어 물위에 떠있게 된다. 물이 얼어서 바닥으로 가라앉지 않는다. 또한 물 표면이 얼어 바깥의 찬공기를 차단하여 줌으로 얼음 아래의 물을 결빙점(結氷點) 이상 온도로 유지시켜 줌으로 고기와 기타 수중식물의 생명이 유지된다. 만일 물이 밑바닥에서부터 언다고 생각해 보라. 겨울철에 고기가 어떻게 그 생명을 유지하겠는가? 이 자연의 오묘한 한 예를 통해서도 하나님을 알 수 있도록 하셨다. "아름답고 다채롭고 향기 나는 꽃들로 단장한 지구를 보라! 반짝이는 빛들로 수놓은 하늘을 보라. 우리는 태양이 타오름 속과 별들 속에 반짝이는 하나님의 영광스러운 지혜를 볼 수 있지 않은가!" (T.Watson)

② 인간을 통해 그 자신을 보여 주셨다. 우선 머리부분 하나만이라도 생각해 보자. 둥근 동산에 눈썹으로 둑을 만들어 눈을 보호케하고 눈은 전자동으로 깜빡거리므로 먼지 같은 것을 씻어내며, 코로 배설물을 버리고 하얀 앞 이빨은 찍는 역할을 하여 음식물을 쪼개고 어금니는 맷돌같이 부드럽게 갈고 혀는 갈아놓은 음식물을 빗자루처럼 목구멍으로 쓸어 넣도록 작동하게 하신 오묘함, 뿐만 아니라 양심을 주어 옳고 그릇된 것을 분별케 하셨다. 양심은 하나님께서 인간의 마음에 새겨주신 하나님의 율법이라고 성경은 말한다. 뿐만 아니라 이성(理性)을 주어 생각하고 연구하여 새 것을 창작하도록 하며 진리를 깨닫게 하시므로 자기를 인간에게 보여주신 것이다.

③ 또한 인간세계의 흥망성쇠, 역사을 주관 섭리하심을 통하여서도 자기를 나타내 주신 것 등이 일반계시에 속한다.

(2) 일반 계시의 불충분성

그러나 우리는 여기서 중대한 한계점에 부닥친다. 일반 계시는 하나님의 자기 계시에 대하여 지극히 일부분에 지나지 않을 뿐이다. 인간은 범죄 하였으므로 일반계시 곧 자연이나 양식이나 이성을 통해서는 하나님을 아는데 부족하다. 왜냐하면 하나님의 세계는 영의 세계요 인간의 이성은 어디까지나 창조물의 범주(Categorie)를 벗어날 수 없는 유한이기 때문이다. 또한 아담 타락 이후 인간의 이성과 양심은 죄의 영향 아래 그 명도(明度)가 점점 흐려지고 희미해져 버렸으므로 일반계시에 의한「신 지식(新知識)」은 결코 충분하거나 완전하기에 불능해진 것이다. 그러므로 결국 일반계시의 지식으로는 인간이 어떤 죄인이며, 어떻게 구원을 얻으며 또한 영원한 나라에 대한 소망 등의 영적 충족을 해결해 주기에 불가능하다. "......이 세상이 자기 지혜로 하나님을 알지 못하는 고로....(고전1:21, 2:7~11, 고후4:4)"

일반계시의 가장 결정적인 맹점은「그리스도가 구원의 유일한 길」이라는 이 엄청난 뉴스를 제공해 주지 못하므로 이 계시의 불충분성은 여실히 드러나고만 것이다. 그러기에 하나님께서는 우리에게 하나님 자신에 대한 것과 그리스도에 대한 것을 명백하게 알게 하시는 특별계시를 주신 것이다.

2) 특별계시(特別啓示 · Special revelation)

(1) 특별계시의 필요성

인간의 죄로 인한 비참 때문에 하나님의 특별한 계시는 필요하게 된 것이다. 일반계시는 인간에게 생활의 밝은 향상(문명, 문화생활)을 제공한 것이 사실이고 또한 일반계시 없이는 특별계시가 완전히 이해될 수 없는 사실이다. 그러나 인간 영혼의 구원문제에 대해선 속수무책이다. 그래서 특별계시는 필요한 것이다.

(2) 특별계시의 방법

① 하나님의 특별하신 임재 방식으로 불과 연기와 구름속(출33:9, 시78:14), 폭풍중에(욥38:1, 시18:10~16), 세미한 음성(왕상19:2) 등으로 나타내시고

② 이스라엘이라는 한 작은 민족을 택하여(신7:7) 그들의 역사를 주관하시고 그 역사를 통하여 자기의 존재와 속성과 인간에 대한 뜻과 목적을 전달하셨고

③ 때로는 천사를 통하여 구원역사를 전달하게 하셨고(행7:53, 갈3:19, 마2:13~15)

④ 모세를 통하여 율법을 주시고

⑤ 선지자들의 입을 통하여 자기의 뜻을 선포하셨고

⑥ 때로는 직접 음성으로 나타내시기도 하시고 또는 성령의 내적작용으로 말씀하시고(창1:28, 3:9, 12:1, 벧전1:11, 삼상10:5)

⑦ 혹은 꿈과 환상의 방식으로 나타내시고(민12:6, 행6:10)

⑧ 마침내 하나님께서 친히 인간의 몸을 입으시고 세상에 오셔서 사시며 직접 말씀하시며 가르치시며 고통을 당하시며 마침내 죽으시고 다시 사신 역사적 사실을 통하여 인간에게 자기를 계시하신 것이다. 예수님 승천하신 후에는

⑨ 제자들에게 성령의 영감을 주어 성경을 기록하게 하시사 성경속에서 하나님을 만나고 그 뜻을 배워 알도록 특별히 자기를 계시하신 것이다.

⑩ 성경에 의하면 이적을 통하여서도 하나님은 자기를 계시하신다. 이적은 하나님의 특별 권능의 현현이며 특별 임재의 상징이었다.

(3) 특별계시의 특징

특별계시는 인간의 영혼구원을 위해 필요하므로 그 중심은 구원사역이다. 특별계시는 곧 「구원의 계시」이다. 이 구원의 계시를 가장 구

체화한 표현이 바로 「성경말씀」이다. 성경이야말로 하나님의 특별하신 계시의 책인 것이다. 성경말고 하나님의 특별하신 구원 계획을 그렇게도 명백하게 밝혀준 것이 이 세상에 어디 있는가? 그러므로 성경은 구원의 유일무이한 법칙이 되는 것이다.

특별계시는 하나님의 어떤 일반적인 지식을 전달함이 아니고 구원을 위한 하나님의 계획과 그 길을 보여주며 추상적이 아닌 속죄적 사실을 계시하시며 또한 역사적으로 점점 발전하여 구속의 대 진리를 그리스도의 성육신으로 절정을 이루신 것이다.

제3과 하나님의 말씀
[The Scripture]

> **〈본문〉 시편 119:97~105**
>
> 내가 주의 법을 어찌 그리 사랑하는지요 내가 그것을 종일 묵상하나이다 주의 계명이 항상 나와 함께 하므로 그것이 나로 원수보다 지혜롭게 하나이다 내가 주의 증거를 묵상하므로 나의 명철함이 나의 모든 스승보다 승하며 주의 법도를 지키므로 나의 명철함이 노인보다 승하나이다 내가 주의 말씀을 지키려고 발을 금하여 모든 악한 길로 가지 아니하였사오며 주께서 나를 가르치셨으므로 내가 주의 규례에서 떠나지 아니하였나이다 주의 말씀의 맛이 내게 어찌 그리 단지요 내 입에 꿀보다 더 하니이다. 주의 법도로 인하여 내가 명철케 되었으므로 모든 거짓 행위를 미워 하나이다 주의 말씀은 내 발에 등이요 내 길에 빛이니이다

I. 서 론

사람은 누구나 음악을 좋아한다. 그러나 유명한 작곡에 나타난 아름다운 리듬은 우리 주위에서 들어 볼 수 있는 음은 아니다. 우리 귀에는 소란하게 들리는 잡음도 작곡가에게는 보통 사람이 들을 수 없는 아름다운 음이 들려지는 것이다. 우리의 생활 속에 감추어져 있는 그 신비한 음의 조화를 오선지에 그려 넣는 것이 작곡이다.

여기서 우리로서는 듣지 못하는 그러한 음들을 구체적으로 오선지

에 나타낼 때에 음악이 형성되는 것이다. 과학에서나 예술에 있어서 이러한 점은 공통된 사실이다. 이와 마찬가지로 하나님의 말씀을 듣는다 하는 것도 누구나 듣는 것이 아니다. 역시 들을 수 있는 사람이 들어서 기록한 것이 곧 성경이요 하나님의 말씀이다. 음악가가 써 놓은 작곡을 음악이 아니라 할 자 누구겠으며, 성경 저자가 하나님의 말씀을 들어 말한 것을 하나님의 말씀이 아니라 부정할 자가 어디 있겠는가?

성경은 하나님의 말씀이다. 그 이유는?

1. 성령의 감동으로 기록되었기 때문이다.

"모든 성경은 하나님의 감동으로 된 것으로 교훈과 책망과 바르게 함과 의로 교육하기에 유익하니(딤후3:16)"

동양에서 가장 훌륭한 작품은 아무래도 공자의 논어(論語)이고 서양에서 가장 훌륭한 작품을 든다면 섹스피어의 작품을 들 수 있다. 그러나 성경이 이런 류의 책들과 다른 것은 하나님의 영감으로 기록된 것이기 때문이다. 하나님의 영감으로 기록된 것이라는 말은 저자가 인간이 아니라 하나님 자신이라는 것이다. 이점에 대해서는 차후에 한번 더 상론할 예정이다.

2. 통일성이 있기 때문이다.

성경 66권의 저자는 군왕, 정치가, 서기관, 제사장, 학자, 농부, 어부, 목자, 의사, 군인, 세관원 등 각기 다른 직업을 가졌던 사람들, 약 36명 이상이 1,600여년 동안 각기 다른 장소에서 기록하였지만 중심 인물은 한결같이 예수 그리스도에 관하여 썼다. "너희가 성경에서 영생을 얻는 줄 생각하고 성경을 상고하거니와 이 성경이 곧 내게 대하여 증거 하는 것이로다(요5:39)"

저자들의 종교적, 도덕적 발언들이 서로 모순되거나, 먼저 기록된 것이 뒤의 기록에 의해 폐기된 일 없이 통일되어 있음이 하나님의 말씀임을 증거 한다. "너희는 여호와의 책을 자세히 읽어 보라. 이것들이 하나도 빠진 것이 없고 하나도 그 짝이 없는 것이 없으리니 이는 여호와의 입이 이를 명하셨고 그의 신이 이것들을 모으셨음이라(사34:16)"

3. 적응성이 있기 때문이다.

성경이 인간생활을 위한 백과사전은 아니지만 영혼을 치료하고 소생케 하고 인간 영혼의 깊은 문제를 해결하여 구원 얻게 함에 그 적응성이 뛰어난다. "하나님의 말씀은 살았고 운동력이 있어 좌우에 날선 어떤 검보다도 예리하며 혼과 영과 및 관절과 골수를 찔러 쪼개기 까지 하며 또 마음의 생각과 뜻을 감찰하나니(히4:12)"

4. 윤리적 우월성이 증거하고 있다(마22:37~40)

영국의 저술가 「버트란트 · 럿셀」(B · Russell)이 쓴 "Why I am not a Christian?(나는 왜 기독교 신자가 아닌가?)"라는 책에서 예수 그리스도의 윤리를 혹평하였지만, 어떤 학자(E.G.Robinson)는 "기독교의 윤리는 한 알의 쭉정이도 없이 전부가 알곡이다"고 말했다. 십계명이나 산상 보훈 등 모두가 선지자의 대 강령이요, 대 계명이다.

5. 감화력이 월등하다(딤후3:16~17)

유명한 작가이며 문학적인 천재였던 「류 · 웰레이스」(Lew Wallace)는 기독교가 거짓 종교임을 파헤치기 위해 성경을 연구 하다가 마침내 도리어 그 자신이 크게 감동을 받아 무신(無神) 사상을 철저히 회개한 후 훌륭한 불후작 "벤허" 라는 작품을 썼다.

역사에 나타났던 훌륭한 지도자들을 보라! 그들은 모두가 성경의 감화를 받은 인물들이 아니었던가? 죠지 와싱톤, 에이브라함 링컨, 리빙스톤, 기타 훌륭한 음악가에 이르기까지, 보는 바와 같이 개인 혹은 한 국가나 한 민족에게 미친 성경의 감화력의 힘은 실로 위대한 것이다.

6. 존속과 발전을 보아도 그렇다.

"그러므로 모든 육체는 풀과 같고 그 모든 영광이 풀의 꽃과 같으니 풀은 마르고 꽃은 떨어지되 오직 주의 말씀은 세세토록 있도다 하였으니 너희에게 전한 복음이 곧 이 말씀이니라(벧전1:24~25)"

17세기의 유명한 무신론자「볼테르」가 예언하기를 금후 100년 기간에 기독교와 성경은 전멸할 것이라고 했지만 1778년에 그가 죽고 그 후 25년이 지난 1804년 영국에 성서공회가 창립되었다. 그런데 놀라운 사실은 그 무신론과「볼테르」의 저택이 성경 창고가 되었고 그의 무신론 서적을 인쇄하던 그 기계는 성경을 인쇄하는 기계가 되었다. 한 가지 명백한 사실은, 지금까지의 역사에서 보면, 성경에 도전했던 수 많은 사람들은 다 불행해졌지만 그 말씀대로 살았던 사람들은 다 복을 받았다는 것이다.

7. 성취된 예언을 보아도 그렇다.

기독교는 예언 성취의 종교이다. 우리가 아는 대로 그리스도의 신분에 관한 예언 만도 다섯 가지로 볼 수 있다. 즉 탄생, 고난, 부활, 승천, 재림이다. 앞에 4가지가 성경 예언 그대로 이루어 졌다. 그러므로 재림도 반드시 성취될 것이다. 어떤 권위있는 학자에 의하면 그리스도 초림에 관한 예언이 456회, 재림에 관한 예언은 1,518회이라 한다. 훨씬 적게 언급한 예언도 사실대로 이루어졌다면 무려 세 배 이상이나 거듭 다짐한 약속은 지켜지는 법인데 무려 1,500여번 이상 확약된 하나님의 말씀이랴!

구약의 예언이 신약에 와서 그렇게 분명히 이루어진 것을 보면 성경은 하나님의 말씀임이 분명하다.

엘리자벳 여왕은 "나는 영국을 버릴지라도 성경은 버릴 수 없다. 왜냐하면 영국은 성경으로 부강해졌기 때문이다"고 했다. 서양 문명의 3대 요소를 로마의 법률, 헬라의 문학, 히브리인의 종교, 즉 성경이라고 보통 말한다. 유럽의 부강을 보라!

그들은 원래 야만족이었다. 로마의 콘스탄틴 대제가 기독교를 신봉하여 기독교가 국교가 되자 국민 99%가 신자가 되고 유럽 전역은 성경의 감화 아래 흡수되었다.

성경은 단순한 책이 아니다. 살아 있는 하나님의 말씀이다. 허무주의자에겐 삶의 의미를 주었고, 젊은이에게는 인생의 지표를 보여 주었고 신음하는 영혼에게는 천사의 노래를 주었고 무신론자에게는 하나님을 보여 주었다. 왜냐하면 그것이 하나님의 말씀이기 때문이다. 로마의 황제가 다스리고 있을 때 신약 성경이 나왔는데 그 책이 세계에 미친 영향은 로마제국 자체가 세계에 미친 영향보다 컸다는 것이 역사가들의 증언이다.

제4과 성경의 목적
[The Purpose of Scripture]

> 〈본문〉 요한복음 5:37~39
> 또 나를 보내신 아버지께서 친히 나를 위하여 증거 하셨느니라 너희는 아무 때에도 그 음성을 듣지 못하였고 그 형용을 보지 못하였으며 그 말씀이 너희 속에 거하지 아니하니 이는 그의 보내신 자를 믿지 아니함이라 너희가 성경에서 영생을 얻을 줄 생각하고 성경을 상고 하거니와 이 성경이 곧 내게 대하여 증거하는 것이로다

Ⅰ. 성경의 구분

◆ 구약성경(The Old Testament) 총 39권
제1부 : 율법서 - 창세기, 출애굽기, 레위기, 민수기, 신명기 【5권】
　　　　이것을 총칭 모세5경이라고 한다.
제2부 : 역사서 - 여호수아, 사사기, 룻기, 삼상하, 왕상하, 역대상하, 에스라, 느헤미야, 에스더 【12권】
제3부 : 시가서 - 욥기, 시편, 잠언, 전도서, 아가서 【5권】
제4부 : 선지서
　　　　• 대선지서 - 이사야, 예레미야, 애가, 에스겔, 다니엘 【5권】
　　　　• 소선지서 - 호세아, 요엘, 아모스, 오바댜, 요나, 미가, 나

훔, 하박국, 스바냐, 학개, 스가랴, 말라기【12권】

◈ 신약성경(The New Testament) 총 27권
제1부 : 복음서 – 마태복음, 마가복음, 누가복음, 요한복음【4권】
제2부 : 역사서 – 사도행전【1권】
제3부 : 서신서
　　　　바울서신 – 로마서, 고린도전후서, 갈라디아서, 에베소서, 빌립보서, 골로새서, 데살로니가전후서, 디모데전후서, 디도서, 빌레몬서【13권】
　　　　일반서신 – 히브리서, 야고보서, 베드로전후서, 요한일·이·삼서, 유다서【8권】
제4부 : 계시록 – 요한계시록【1권】

들에 핀 한송이의 꽃, 천정에 달린 전구, 강대상에 놓인 종, 바다에 헤엄쳐 다니는 고기, 공중의 새 한 마리, 그 무엇이든 의미 없는 것이 없고 목적 없는 것이 없을 진데(시19:1) 우리 신자들에게 주어진 성경, 어찌 그것의 목적이 없겠는가? 기독교 역사를 통해 온갖 학대와 멸시까지 받아 오면서도 여전히 이 책은 세계에서 가장 많이 팔리고 읽히고 또 수많은 사람의 생애를 변화시켰던 하나님의 말씀인데, 그 목적은 무엇인가? 한 마디로 표현한다면 "하나님의 영광을 위한 것" 이지만 좀더 상세히 말한다면 다음과 같다.

1. 성경은 하나님을 보여 주는 책이다.

우리가 하나님을 아는 일에 있어서, 인간의 양심과 이성, 그리고 독특하고도 오묘한 인간의 구조에서 하나님을 볼 수 있고 "이는 하나님을 알만한 것이 저희 속에 보임이라. 하나님께서 이를 저희에게 보이셨느

니라(롬1:19)." 또한 그가 만드신 만물 가운데서도 볼 수 있다. "창세로부터 그의 보이지 아니하는 것들 곧 그의 영원하신 능력과 신성이 그 만드신 만물에 분명히 보여 알게 되나니 그러므로 저희가 핑계치 못할찌니라(롬1:20)."

그러나 성경 가운데서만이 가장 구체적으로 하나님을 발견할 수 있는 것이다. 성경은 전능하사 천지를 만드신 하나님, 자비롭고 은혜롭고 노하기를 더디 하고 인자와 진실이 많으시며(출34:6), 독생자를 아낌없이 우리 인간을 위해 주신 사랑의 하나님(요3:16), 그 반면에 형벌받을 자를 결코 면죄하지 아니하시는 공의의 하나님(출34:7, 욥34:12), 그 말씀대로 행하고 순종하는 자에게 수 천대까지 복을 주시기를 기뻐하시는 하나님(신5:10)을 보여주며 창세 전부터 지금까지 하신 모든 일과 또 앞으로 하실 모든 하나님의 역사를 자세하게 보여 준다.

그러므로 성경을 떠나서는 참 하나님을 바로 알 수 없다. 성경을 통해서만 하나님을 바로 깨달을 수 있다. 성경을 무시하거나 경원(敬遠)하면서 신앙생활을 잘해 보겠다는 것은 마치 나침반도 없이 항해하려는 사람과 같다.

2. 성경은 구주 예수 그리스도를 보여 준다

성경의 중심사상은 예수 그리스도를 분명히 알려주는 것이다. 예수 그리스도는 육체를 입고 오신 하나님이다(딤전3:16). 성경을 통하여 우리는 그가 성령으로 동정녀 마리아의 몸을 빌려 나셨다는 것과 본디오 빌라도에게 고난을 받으사 우리 위한 희생적인 십자가 죽음과 그리고 사흘 만에 다시 부활하신 사실과 40일후 제자들이 보는 가운데서 승천하신 것과 하나님 우편에 앉아 계시다가 장차 산 자와 죽은 자를 심판하시기 위해 심판자로 재림하실 주님을 분명히 볼 수 있다(요1:18).

그가 여인의 후손이라는 것은 사단의 머리를 발로 밟을 수 있는 분임을 말하고, 아브라함의 자손이라 함은 세계를 축복하실 자를 말하며, 다윗의 씨라 함은 이스라엘의 왕이요, 모든 민족의 소원을 성취시키실 분임을 말하며, 하나님 우편에 지금 계신다는 것은 그가 교회의 머리되심을 의미한다. 성경은 첫 책 창세기부터 마지막 요한 계시록까지 예수 그리스도에 관해 말하고 있다(요5:39). 성경을 통해 구주를 바로 알고 받아들여 하나님의 자녀 되는 축복을 받으시기 바란다(요1:12).

3. 인간의 참 모습을 보여준다.

사람을 어떻게 보느냐에 따라 그 인생관이 달라진다. 전부터 사람을 보는 견해는 여러 가지였다. 맹자의 주장은 성선설(性善說)인데 사람은 원래 선하게 태어났다는 것이다. 이유는 사람 속에 측은히 여기는 마음, 사양심 같은 것이 있음을 보고 성선설을 주장한 것이다. 이와 반대되는 것이 순자가 주장한 것으로 사람은 원래부터 악하므로(性惡說) 배우고 수양하여 선(善)으로 가야한다고 했다. 또 다른 견해는 사람을 짐승으로 보는 공산 유물론자들의 주장이다. 그래서 먹는 물질 문제만 해결하면 된다고 하지만 그것은 잘못된 관점이다. 또 어떤 사람은 인내천(人乃天)이라고 하여 사람을 신(神)으로 보았다. 또한 일본에서는 천황을 신이라고 했다. 이것은 범신론적 인간관이다. 요즘 극도로 발달된 기계문명은 사람을 기계로 본다. 석가는 생노병사적(生老病死的) 인간으로 보았다. 그러나 우리가 인간의 참 모습을 볼 수 있는 길은 오직 성경을 통하여서 뿐이다. 인간은 하나님이 만드신 피조물인데 하나님의 형상으로 지음 받은 인간이라고 성경은 말씀하고 있다. 그래서 인간에게 이성(理性)이 있고, 양심이 있고, 영혼이 있다는 것이다. 그러나 그 인간이 타락하였다고 성경은 말한다(창3:17~19). 그래서 인류에게 죽음의 비극, 전쟁의 비극, 가난과 질병의 비극이 오게 되었다. 이 때문에 죄의 문제와 영혼문제 해결을 위해 인간에겐 구주가 필요하게 되었고 예수님은 "수고하고 짐진 자들아 다 내게로 오라 내가 너희를 쉬게 하리라(마11:28)"고 인생을 부르시게 되었는데 이렇게 된 것이 인생의 참 모습이라는 것을 성경이 보여주고 있다. 구부러진 것은 바른 것과 맞춰 보아야 굽은 것을 알 수 있듯이 죄로 타락하여 지옥형벌을 면치 못할 처지가 된 인간으로서는 성경 앞에 설 때 비로서 자신의 죄를 깨달을 수 있다. 그래서 성경을 거울이라고 했다(약1:23).

4. 영생의 길을 보여 준다.

성경이 우리 인간생활에 관해 말씀하지만 단순히 세상의 삶 문제만을 다루는게 아니라 죄문제, 구원문제, 영혼문제, 영생을 얻는 문제 해결을 위한 영적 백과사전과도 같다. 다시 말하면 성경은 영생의 길을 보여주는 유일한 방편이다. 요한일서 5:13에 성경의 목적을 분명히 기록하기를 "너희로 하여금 너희에게 영생이 있음을 알게 하려 함이라"고 기록했다. 성경은 영생의 길을 보여주는 책이다(요5:39). 뿐만 아니라 구원의 길에 들어선 신자들로 하여금 교훈과 책망과 바르게 함과 의로 교육하기에 유익한 책이고 온전한 하나님의 사람을 만드는 훈련 교재이기도 하다.

모든 책이 다 우리 인간에게 필요하지만 죄와 죽음, 그리고 영혼문제를 취급한 이 성경말씀이 없었던들 우리가 어찌 주를 알겠으며 하나님의 백성이 되는 축복을 누릴 수 있었겠는가? 성경을 주신 하나님께 감사하자.

제 5 과 성경의 영감
[The Inspiration of Scripture]

> 〈본문〉 디모데후서 3:14~17
> 그러나 너는 배우고 확신한 일에 거하라 네가 뉘게서 배운 것을 알며 또 네가 어려서부터 성경을 알았나니 성경은 능히 너로 하여금 그리스도 예수 안에 있는 믿음으로 말미암아 구원에 이르는 지혜가 있게 하느니라 모든 성경은 하나님의 감동으로 된 것으로 교훈과 책망과 바르게 함과 의로 교육하기에 유익하니 이는 하나님의 사람으로 온전케 하며 모든 선한 일을 행하기에 온전케 하려 함이니라

Ⅰ. 서 론

성경이 일반서적과 다른 것은 하나님의 영감으로 된 책이기 때문이다. 영감(Inspiration)이란 「하나님의 영(프뉴마)이 안으로 들어옴」을 의미한다. 그래서 영감된 책이란 말을 헬라어 성경에서는 「하나님의 숨결과 호흡(프뉴마)이 들어있는 책」이라고 했다. 이 말은 성경의 인간기자(記者) 모두가 성령의 초자연적 감화를 받아 하나님의 말씀(계시)을 기록했다는 의미이다. 하나님의 호흡이 들어 있다는 것은 성경의 근원이 인간이 아니라 하나님이라는 것이다. 하나님께서 저자들을 사용하시되 당신의 영감을 주어 잘못 기록됨이 없게 하셨다. 이 사실은 하나님의 기적으로 거짓이 없으신 하나님을 믿는 믿음으로라야 받아지는

것이다.(디도서1:2)

1. 영감의 방법

1) 기계적(機械的) 영감설

성경저자는 단순한 하나의 기계와 같이 하나님께서 한 자 한 자 불러주신 말씀을 받아쓰는 필기자 역할만 하였다는 것이다. 말하자면 저자는 마치 하나님의 말씀이 통과한 수도 역할만 한 것이다. 기계적 영감설은 옳지 않은 학설이므로 우리가 받아들일 수 없다. 이 학설이 옳지 않다고 하는 이유는, 만약 하나님께서 지시하신 말씀을 받아쓰는 필기자 역할만 했다면 문체나 내용이 꼭 같아야 할 것인데 모세와 바울의 양식이 다르고 야고보와 이사야의 개성이 판이하게 다른 것이다. 뿐만 아니라 동일한 사건을 보도함에도 각 저자가 본 견해차이가 뚜렷이 나타나 있다. 17세기에 루터파와 개혁파 신학자들 중에 이런 견해를 가졌던 이들이 더러 있으나 인정받지 못했다.

2) 감력적(減力的) 영감설

성경의 기록들이 영감된 것이 아니라 기록자들이 영감 되었으며, 그 영감은 교회 안의 신자들에게 종종 있는 성령의 조명(영감보다 약한 일종의 성령의 역사)보다 좀더 강한 것이지만 종류는 같은 것으로 보는 견해이다. 이 견해에 의하면 성경이 한편으로는 최고의 진리를 가지고 있으나 다른 편에는 오히려 오류도 있어 불완전하며, 성경은 전부가 하나님의 말씀이 아니라는 것이다. 하나님의 말씀을 더러 담고 있다는 것이다. 감력적 영감설은 성경의 초자연성을 박탈하고 그 무오성(無誤性)을 파괴하고 있다.

3) 직관적(直觀的) 영감설

이것을 자연적 영감이라고도 하는데 「밀톤」(John Milton 1608~74, 영국시인, '실낙원'의 저자), 「세익스피어」(William Shakespeare 1564~1616, 영국의 시인, 극작가), 「죤·번연」(John Bunyan 1628~88, 영국의 종교작가, '천로역정'의 저자) 같은 시인이나 문인들이 글을 쓸 때에 영감을 받아 가지고 쓴 것과 같이 성경저자들도 그 성도의 영감을 받아 그의 깊은 식견이나 통찰력을 자유롭게 활용하여 기록했다는 것이다. 그러나 이 견해가 잘못된 것은, 사람의 통찰력은 죄 때문에 약화되고 타락된데 대한 해답과 종교적 진리의 객관성을 주관적인 것으로 대처할 위험성이 있다는 점이다.

4) 유기적(有機的) 영감설

하나님이 성경저자들을 기계적 방식으로 사용치 않으셨고 기록시키려는 단어들을 그들의 개성, 내적 인간성, 교육적 배경, 재능, 환경, 용어, 문체 등을 그대로 살리면서 당신의 뜻하신 바를 하나도 남김없이 나타내도록 역사 하시므로 하나님의 뜻과 인간저자의 인격성에 있어서 모든 것이 아름답게 조화되는 가운데 글이 완성되도록 하셨다는 것이다. 그렇기 때문에 성경 각 책에 개성이 있고 문체가 다양하고 용어가 다르면서도 전체적인 조화를 이루어 한 분 그리스도를 중심으로 기록된 것이다.

우리는 이 유기적 영감설을 믿는다.

2. 영감의 범위

1) 사상만 영감

성경의 내용 속에 담겨있는 사상만은 성령의 감동으로 기록되었으나 그 사상을 전달하기 위해 다양한 형식으로 표현한 문자들은 저자들이 임의대로 선택하여 성경을 기록하였다는 것이다. 이 학설을 우리가 받아들일 수 없는 것은 영감교리를 전적으로 부정하는 견해이기 때문이다. 그들은 사상이 문자 없이 가능하고 문자보다 사상이 먼저 있었으니 사상만의 영감이 가능하다고 한다. 그러나 유명한 조직 신학교수 벌콥박사는 문자 없는 사상들의 영감을 불합측(不合則)이요 불가사유(不可思惟)의 것이라고 했다.

2) 부분적 영감

성경의 어떤 부분은 영감 되었지만 다른 부분은 영감 되지 않았다는 학설이다. 18세기 초연신교와 이성론(理性論)의 감화아래 널리 선전된 설이다. 예를 들면 역사적 부분이나 족보 같은 것을 영감에서 제외하고 영적, 도덕적 교훈과 어떤 원리 같은 부분은 영감 된 것으로 보고 있다. 심지어 어떤 사람들은 산상 보훈에만 영감의 범위를 국한하는 자들도 있다. 성경의 영감을 마치 해변의 모래에 금모래가 약간 섞인 것 같은 것으로 표현하는 이 학설은 성경을 전적으로 포기 내지 부인케 하는 성경 파괴주의자들의 학설이다.

3) 완전 축자 영감(Plenary Inspiration)

성경의 영감은 부분적이 아니다. 사상만도 아니다. 심지어 문자들에까지도 영감되어 있다는 설이다. 완전영감은 성령의 충분하고도 충족한 감화가 성경의 모든 부분들에 확장되어 성경을 하나님으로부터 온 권위적인 계시로 만드는 결과를 낳는다. 계시(성경)는 사람의 마음들과 의지들을 통하여 왔기 때문에 엄밀한 의미에서 이것이 곧 하나님의 말씀인 것이다.

교부시대(敎父時代)의 「알렉산드리아」의 「클레멘트」는 "일점일획도 과오가 없이 기록되었다"고 했다. 「그레고리」의 「나지안스」는 "성경의 지극히 작은 부분에 까지도 성령의 간섭으로 감동되어 기록된 것이다"고 하였다. 사도 요한의 제자 「폴리갑」은 "성경은 지극히 높으신 자의 음성이기 때문에 누구든지 그것을 폐하는 자는 사단의 맏아들이라"고 했다. 예수님께서 "진실로 진실로 너희에게 이르노니 천지가 없어지기 전에는 율법의 일점일획이라도 반드시 없어지지 아니하고 다 이루리라"(마 5:18)고 하셨다. 예수님께서 말씀하신 일점일획은 히브리어의 세밀한 부분까지를 염두에 두고 하신 밀씀인 줄 안다.

우리는 영감의 방법에 있어서는 유기적 영감설을 지지하며 영감의 범위에 대해서는 완전 축자 영감설을 지지한다. 왜냐하면 ① 예수님께서 축자 영감설을 가르쳤기 때문이고 ② 바른 글자를 사용치 않고는 사상의 목적을 바로 표현할 수 없기 때문이다.

제6과 성경의 속성
[The Attributes of Scripture]

> 〈본문〉 시편 119:129~133
> 주의 증거가 기이하므로 내 영혼이 이를 지키나이다 주의 말씀을 열므로 우둔한 자에게 비취어 깨닫게 하나이다 내가 주의 계명을 사모하므로 입을 열고 헐떡였나이다 주의 이름을 사랑하는 자에게 베푸시던 대로 내게 돌이키사 나를 긍휼히 여기소서 나의 행보를 주의 말씀에 굳게 세우시고 아무 죄악이 나를 주장치 못하게 하소서

I. 서론

종교 개혁자들은 천주교의 잘못된 성경관을 시정하기 위하여 성경의 교리들은 발전시킬 필요가 있다고 생각하였다. 오늘날 많은 사람들의 성경관이 잘못 됨으로 신앙의 탈선을 흔히 보는데 안타까운 사실이 아닐 수 없다. 본 과에서 성경의 속성을 생각해 보자.

1. 성경의 신적(神的) 권위

로마 천주교도 성경의 영감을 믿으며 성경의 권위를 인정하나 성경의 권위보다 교회의 권위를 더 앞세운다. 성경은 "소크라테스의 대화"

나 플라톤의 "이상국가론(理想國家論)과 비교될 수 없다. 그 이유는 저들의 책은 하나님의 영감이 없기 때문에 아무리 훌륭해도 인간의 책이요, 인간의 궁극적 문제인 죄 문제, 영혼문제를 취급할 수 없기 때문에 생명이 없다. 성경이 신적 권위를 가지는 것은 하나님의 말씀이기 때문이다. 그렇기에 생명문제를 해결할 수 있다. 그래서 이 책이 세상에 나온 후 그처럼 많은 사람에게 놀라운 영향을 끼쳤던 것을 역사가 증명하고 있는 바다. 16세기에 이르러 「마틴•루터」에 의하여 독일어로 번역된 이래 속속 각 국 방언으로 번역되어 지금은 온 지구를 덮고 있으며 하루 평균 12만 권 이상 팔리고 있는 베스트 셀러의 책이다. 한국에서도 1883년에 한국어로 번역되어 지금까지 80억 5천만 권 이상이 판매되었다고 하니 이 책이 보통 책이 아님을 증명한다.(요10:35)

2. 성경의 필요성

「몬타니스트파(Montanists, 주후 2세기경 일어난 이단)」나 「재세례파(Anabaptists, 종교개혁 운동의 경건파로 초대교회 형태로 회복하는 파, 사회적 개혁운동의 선구파)」 등은 성경의 필요성을 부정하고 개교인의 마음속에 역사하는 성령의 조명(내적광명)을 더 중요시 했다. 최근 한국교계에서도 불건전한 신비주의 교인들 중에 성경을 외면하고 기도만 강조하며 기록된 성경말씀보다 하나님으로부터 직접 받는 계시가 더 중요하다고 하며 방언을 지나치게 강조하는 이가 더러 있었다. 지금도 성경계시와 같은 계시가 있느냐 라는 질문에 대해 칼빈주의에서는 "없다"고 대답한다. 그 근거를 어디에 두는가? 에베소서3:5~6, 계시록22:18~19에 둔다. 성경이 완성된 후에 성경계시와 같은 것은 있을 수 없고 오직 성경을 통해서 우리 믿음이 자라가야 한다. 구속적 사역에는 사단의 방해가 심하여 구속적 사실들에 대한 기록인 성경의 표준이 없으면 구속적 진리가 크게 훼방을 받게 되므로 성경은 없어서 안

될 책이다.

3. 성경의 명료성

어떤 사람들은 말하기를 성경은 몽롱하고 애매하여 신앙적 실천에 대한 많은 해설이 필요한데 이것은 교회에 의해 해설되어야 한다고 하여 성경 속에 인간 정신을 혼합하려는 자들이 더러 있다. 물론 성경에는 인간 이성을 초월하는 신비들이 있음을 부정할 수 없으나 성령의 도움을 바라면서 기도하고 읽으면 보다 많은 뜻을 알 수 있도록 역사해 주신다. 기도와 성령의 도움이 없이 성경을 대하면 어려울 수도 있을 것이다. 그렇기 때문에 교역자 등이 강도(講道)로 성경의 명확한 뜻을 풀어 도와 드리지 않는가?

4. 성경의 충족성

어떤 교파에서는 성경을 하나님의 충분한 계시로써 인정하지 않는다. 그러나 기록된 성경 말씀은 우리 영혼을 위해 완전할 뿐 아니라 구원 얻는 길이 성경에만, 그리스도와 사도들의 말씀에만 있다고 인정되어 왔다.(요17:20, 요일1:3~4)

천주교에서는 성경을 하나님의 충분한 계시로 인정하지 않고 교부들의 서한, 교황의 선언, 관례 등을 성경과 같은 비중에 두고 있다. 그러나 구원 얻는데 사실 다른 보조재료는 필요가 없다. 성경 한 권으로 충분하기 때문이다. 성경을 떠나서는 하나님을 바로 알 수 없으며 성경을 외면하고 구주 예수 그리스도를 바로 깨달을 수 없다. 우리가 전화로 친구를 만나고 스승을 만나고 또 많은 사람들을 만나듯이 성경은 하나님과 만날 수 있는 전화와도 같다. 누구든지 66-3927 다이알(신구약66권, 구약39권, 신약27권)을 돌리면 하나님을 만날 수 있다. 그 속에서 죄 문제, 영혼문제, 구원문제에 대한 모든 것을 물어볼 수 있고 해결할 수 있다. 물론 성경이 우리 인간생활 전반에 해답을 주는 백과 사전류는 아니다. 그러나 구원문제에 있어서는 완전 무결한 책이다.

<참 고>

정통적인 기독교에서 탈선하거나 이단화된 종교집단은 성경의 충족성을 어떤 형태로든지 부정하고 성경과 동등하거나 혹은 그 이상 된다고 하는 또 다른 권위를 주장하고 나선다. 천주교에서는 교부들의 서한, 교황의 선언, 관례 등을 성경과 동등하게 인정하고 통일교(세계 기독교 통일신령협회)에서는 「원리강론(성약서)」을, 몰몬교(말일성도 예수 그리스도 교회)는 「몰몬경」을, 여호와의 증인(윗취타워 성서 책자협회)은 「크리스챤·그리스어 성서의 신세계역」과 그들의 참고서 "파수대", "깨어라" 등을, 전도관(한국 예수교 전도관 부흥협회)은 "생명수", "감람나무를 통한 이슬같은 은혜" 수급을 주장하고 있다.

우리가 읽어야 할 책은 그 수를 헤아릴 수 없을 만큼 많으나 그것을 읽어야 할 우리의 시간과 능력이 제한되어 있으니 그 중에서 좋은 책을 골라야 하나, 좋다는 것은 사람의 개성과 취미 등에 따라 다르기 때문에 모든 인간에게 똑같이 유익을 줄 수 있는 완전무결한 책이 어디 있겠는가?

그러나 모든 사람에게 똑 같이 유익을 주며 죄와 영혼문제를 완벽하게 취급하였다는 점에서 성경은 책 중의 책이다. 이 세상에 헤아릴 수 없을 만큼 많은 책이 있지만 성경과 비교할 책이 어디 있겠는가?

아프리카 어느 야자수 그늘 아래서 흑인 한 사람이 책을 읽고 있었는데 때마침 그의 곁으로 백인이 지나가게 되었다. 백인은 그의 곁을 지나가면서 흑인이라고 조롱을 했다. 이 때 흑인이 백인을 보고 말하기를 "만일 내가 읽고 있는 책이 성경이 아니었더라면 당신의 몸 절반쯤은 벌써 내 창자 속에 들어와 있었을 것이요"라고 했다. 과학만능을 주장하던 진화론의 조상 「찰스 다윈」도 식인종 교화만은 단념했지만 성경은 그 일을 훌륭하게 달성했으니 이것이 곧 성경만이 가지고 있는 훌륭한 속성 때문이라고 본다.

제7과 성경의 무오성(無誤性)
[The Unalterable of Scripture]

> 〈본문〉 시편 19:7~14
> 여호와의 율법은 완전하여 영혼을 소성케 하고 여호와의 증거는 확실하여 우둔한 자로 지혜롭게 하며 여호와의 교훈은 정직하여 마음을 기쁘게 하고 여호와의 계명은 순결하여 눈을 밝게 하도다 여호와를 경외하는 도는 정결하여 영원까지 이르고 여호와의 규례는 확실하여 다 의로우니 금, 곧 많은 정금보다 더 사모할 것이며 꿀과 송이꿀 보다 더 달도다 또 주의 종이 이로 경계를 받고 이를 지킴으로 상이 크니이다 자기 허물을 능히 깨달을 자 누구리요 나를 숨은 허물에서 벗어나게 하소서 또 주의 종으로 고범죄를 짓지 말게 하사 그 죄가 나를 주장치 못하게 하소서 그리 하시면 내가 정직하여 큰 죄과에서 벗어나겠나이다 나의 반석이시요 나의 구속자이신 여호와여 내 입의 말과 마음의 묵상이 주의 앞에 열납되기를 원하나이다

I. 서 론

어떤 사람들은 말하기를 성경저자들은 2,000년 내지 3,000년 전 사람들이므로 그 시대의 유치한 문화적 배경 속에서 기록했기 때문에 과학이 급속도로 발달한 오늘에 보면 비과학적 요소뿐 아니라 오류가 있다고 한다.

일례를 들면 누가복음 23장에 강도 하나는 예수님을 욕하고 하나는 구원 얻었다고 되어 있지만 마가복음 15:32, 마태복음 27:44에는 강도 둘이 다같이 욕을 했다고 되어있다. 복음서의 기사 중 십자가의 사건은 매우 중요한 대목인데 "누가" 아니면, "마태"나 "마가"가 잘못 썼을 것이라고 한다. 그렇다면 과연 성경에 잘못이 있는걸까? 그럴 수 없다.

1. 과학적 오류가 없다.

(1) 자연현상에 대하여 성경이 언급한 것은 일반적이며, 시적이며, 인상적인 표현일 뿐 과학적인 설명이 아니다. 예컨대 창세기 24:63에 이삭이 "해질 때" 들에 나가 묵상하였다는 말씀이 있는데 이를 과학적으로 설명하자면 "지구의 회전이 태양의 광선을 사람의 각막(角膜)에 지평으로 마주치게 하는 때"라고 해야 할 것이지만 당시 사람들이 보통으로 알 수 있도록 "해질 때"라고 한 것이다.

(2) 지구의 연대를 과학에서는 수십 억 년이 된 것으로 보는데 반해 기독교에서는 일반적으로 B.C. 4,000년으로 보고 있다. B.C. 4,000년으로 보는 이 견해는 「섹스피어」와 동 시대 인물이었던 「제임스·엇셔(A.D.1581~1656)」 주교가 성경에서 밝혀진 족보만을 토대로 하여 연대를 계산한데서 비롯된 년 수이다. 한 개인의 학설이면서도 우리 기독교가(세계 역사도 마찬가지이지만) 편의상 이를 사용하고 있을 뿐이요, 이것이 확정적인 연대라고 믿고 있지는 않는다. 왜냐하면 성경에 기록된 족보상의 사람말고도 더 많은 사람들이 있었을 테지만 수 많은 사람이 생략되고 다만 구원문제와 계시전달의 충족성에 관계된 인물들만 썼기 때문에 이를 연대 측정의 표준으로 볼 수 없는 것이다. 설령 보수주의자들이 4,000년을 긍정적으로 받아들인다 하더라도 오류라 볼 수 없다. 이유는 하나님께서 나무와 풀을 어린것으로, 새와 짐승을 새끼로 만들었으나 곧 크게 자란 것이 되게 하셨고, 아담과 하와는 곧 성숙한

사람이 되게 하셨다는 것이다. 과학적 눈으로 볼 때 수십년, 혹은 그 이상 걸릴 것도 하나님이라고 생각할 때, 수십 억 년의 세계도 전능하신 하나님께서 불과 몇 천년만에 하실 수도 있을 것이다. 성경은 과학적 오류가 없는 책이다.

2. 역사적 오류도 없다.

역사적으로 잘못 기록되었다는 것도 원인을 자세히 고찰해 보면 그런 것이 사본상의 차이나 사본 기록자들의 실수도 있고 오히려 대다수가 세속 역사의 자료 불충분과 사기상(史記上)의 잘못에 기인된 것이다. 이점은 고고학이 점점 발달되면서 많이 밝혀지고 있다. 아무튼 성경자체에 역사적 오류는 없다.

3. 도덕적 오류도 없다.

우리가 상식적인 선에서 생각할 때, 성경에는 좋은 것만 기록되어 있어야 할텐데, 부도덕한 사건이나 악행 같은 것의 기록이 있을 뿐 아니라, 때로 악한 행동의 기록도 있어 마치 하나님께서는 이런 악을 용납하시거나 인정하신 것으로 오해되어 성경은 도덕적인 면에서 오류가 있다고 비난하는 사람들이 있다. 그러나 성경은 악한 것들을 사실 그대로 묘사하므로 이를 통한 계시전달과 교육목적을 꾀한 것 뿐이요, 악을 용납하거나 조장한 것은 아니다. 의로우신 하나님께서 어찌 악을 용납하실 수 있겠는가? 만약 좋은 것만 골라 기록한다고 하면 하나의 훈화집 이나 도덕적 교훈집은 될 수 있을지 몰라도 영혼을 다루는 폭 넓은 경전은 될 수 없을 것이다. 성경이 다른 경전과 다른 것이 바로 이 점이다. 때로는 인간생활의 어두운 면과 저주스런 면을 통해 보다 밝고 빛난 면을 바라보게 하신 것이다.

4. 인용 혹은 해석에 오류 없다.

신약에는 구약 내용이나 성경 구절의 인용이 많이 있다. 어떤 사람들은 구약의 성경을 신약 제자들이 인용할 때에 잘못한 것이 있다고 한다. 그러나 그렇지 않다. 예를 들면 엡 5:14, "잠자는 자여 깨어서 죽은 자들 가운데서 일어나라 그리스도께서 네게 비취시리라 하셨느니라"한 말씀은 구약 이사야 60:1 "일어나라 빛을 발하라. 나는 네 빛이 이르렀고"란 말씀의 인용인데 이를 직접적인 인용이라고 하면 정확하지 못한 것같이 보이나 이는 구약의 말씀을 영감에 의한 해석을 가미한 인용이기 때문에 매우 훌륭한 인용인 것이다. 즉 구약의 말씀을 해석할 때 하나님께서 신약 저자들에게 영감을 주어 해석한 것이므로 잘못됨이 없다.

또 히 11:21에 "야곱은 .... 그 지팡이 머리에 의지하여 경배하였으며"한 말씀은 창 47:31의 "이스라엘이 침상 머리에서 경배하니라" 하였다. 그러나 이는 인용상의 오류가 아니라, 침상 머리에 추장의 지팡이와 전사(戰士)의 창을 놓아두는 것이 고대의 습관이었음을 감안할 때 침상의 머리나 지팡이 머리는 같은 의미이다. 「칼빈」은 이 구절을 해석하기를 "사도들은 일반적인 습관 풍습 등을 자기의 목적에 조절시키는 것을 주저하지 않았다"고 하였다. 그러므로 인용 혹은 보도에 오류가 있을 수 없다.

5. 보도의 불통일(不統一)에 오류가 없다.

같은 사건의 보도가 몇 곳에 기록된 때에 상이(相異)와 상충(相衝)이 있는 사실은 기록의 오류가 아니라 오히려 그 기록들의 진실성을 반증하는 것이다. 예를 들면 마태복음 20:29에 "여리고에서 떠나갈 때"(막 10:46)라고 했고 누가복음 18:35에 "여리고에 가까이 오실 때에"라고 했는데 이는 우리의 얼른 생각에 둘 중에 하나가 틀렸다고 여기게 된다. 그러나 고고학적 발견에 의하면 그 당시 여리고성은 두 개가 있다. 하나는 옛 여리고성이고 다른 하나는 새 여리고성이다(옛 여리고성의 허물어진 동리가 현존해 있음). 소경이 예수님께 부르짖은 지점은 두 여리고의 중간이었을 것으로 보는 것이 당연하다. 그래서 마태와 누가는 옛 여리고성에서 나가시는 예수님을 말했고 누가는 새 여리고로 가까이 오시는 예수님을 말한 것이지 기사가 서로 충돌되거나 잘못된 것이 아니다.

우리가 성경을 접하다 보면 우리 인간의 두뇌와 계산과 안목으로 볼 때 잘못된 것같은 부분들이 없지 않으나 그것은 다만 우리의 이성(理性)이 성경보다 작기 때문이다. 성경은 크시고 전지 전능하신 하나님의 말씀이므로 믿고 순종하는 자에게는 약속된 복이 있을 것이나 믿지 아니하는 자들에게는 화가 있을 것이다.

II

신 론

THE DOCTRINE OF GOD
AND
HIS CREATION

제8과 하나님의 칭호
[The Names of God]

〈본문〉 출애굽기 3:1-15

모세가 그 장인 미디안 제사장 이드로의 양 무리를 치더니 그 무리를 광야 서편으로 인도하여 하나님의 산 호렙에 이르매 여호와의 사자가 떨기나무 불꽃 가운데서 그에게 나타나시니라 그가 보니 떨기나무에 불이 붙었으나 사라지지 아니하는지라 이에 가로되 내가 돌이켜 가서 이 큰 광경을 보리라 떨기나무가 어찌하여 타지 아니하는고 하는 동시에 여호와께서 그가 보려고 돌이켜 오는 것을 보신지라 하나님이 떨기나무 가운데서 그를 불러 가라사대 모세야 모세야 하시매 그가 가로되 내가 여기 있나이다 하나님이 가라사대 이리로 가까이 하지 말라 너의 선 곳은 거룩한 땅이니 네 발에서 신을 벗으라 또 이르시되 나는 네 조상의 하나님이니 아브라함의 하나님, 이삭의 하나님, 야곱의 하나님이니라 모세가 하나님 뵈옵기를 두려워하여 얼굴을 가리우매 여호와께서 가라사대 내가 애굽에 있는 내 백성의 고통을 정녕히 보고 그들이 그 간역자로 인하여 부르짖음을 듣고 그 우고를 알고 내가 내려와서 그들을 애굽인의 손에서 건져내고 그들을 그 땅에서 인도하여 아름답고 광대한 땅, 젖과 꿀이 흐르는 땅 곧 가나안 족속, 헷 족속, 아모리 족속, 브리스 족속, 히위 족속, 여부스 족속의 지방에 이르러 하노라 이제 이스라엘 자손의 부르짖음이 내게 달하고 애굽 사람이 그들을 괴롭게 하는 학대도 내가 보았으니 이제 내가 너를 바로에게 보내어 너로 내 백성 이스라엘 자손을 애굽에서 인도하여 내게 하리라 모세가 하나님께 고하되 내가 누구관대 바로에게 가며 이스라엘 자손을 애굽에서 인도하여 내리이까 하나님이 가라사대 내가 정녕 너와 함께 있으리라 네가 백성을 애굽에서 인도하여 낸 후에 너희가 이 산에서 하나님을 섬기리니 이것이 내가 너를 보낸 증거니라 모세가 하나님께 고하되 내가 이스라엘 자손에게 가서 이르시되 나는 스스로 있는 자니라 또 이르시되 너는 이스라엘 자손에게 이같이 이르기를 스스로 있는 자가 나를 너희에게 보내셨다 하라 하나님이 또 모세에게 이르시되 너는 이스라엘 자손에게 이같이 이르기를 나를 너희에게 보내신 이는 너희 조상의 하나님 곧 아브라함의 하나님, 이삭의 하나님, 야곱의 하나님 여호와라 하라 이는 나의 영원한 이름이요 대대로 기억할 나의 표호니라

I. 서론

하나님의 명칭(이름)들은 사람의 조작이 아니라 하나님 자신에 의하여 알려진 것이다. 우리가 하나님의 칭호를 연구해야 하는 것은, 그 칭호는 그의 속성을 밝히 알려 줄 뿐만 아니라 하나님의 실체(實體)와 그 이름은 동일시 되어있기 때문이다. 다시 말하면 하나님의 이름은 곧 하나님 자신이시다. 따라서 하나님의 이름을 송축하는 것은 하나님을 송축하는 것이요, 하나님의 이름을 모독하는 것은 하나님을 모독하는 것이 된다.(시 103:1 참조)

1. 구약에서의 하나님의 명칭(The old testament names of God)

(1) 「엘(EL)」

「엘」의 의미는 "능력있다"(Powerfull), "강하다"(strong)이다. 「엘」은 모든 권위의 근원이 하나님께 있음을 계시하는 하나님의 명칭이다.(창31:13, 35:1,3등 217회 사용)

(2) 「엘로아하(Eloah)」

그 뜻은 "두려움의 대상", "존경의 대상"을 의미하는 것이다. 하나님은 모든 신(神)들 중에 가장 위엄이 있으시고 존경과 두려움의 대상이 되심을 나타내는 하나님의 명칭이다.(시18:31~32, 단11:38등 참조)

(3) 「엘로힘(Elohim)」

그 뜻은 "처음"(first), "앞"(in front of)이란 말로 "주관자"(governer) 혹은 "지도자"(leader)의 뜻을 가진다. 그런데 이 이름은 원래 적어도 두 개 이상의 명칭이 합쳐진 이름이므로 강한 자, 권능이 있는 자, 두려움과 존경의 대상자, 또는 주관자와 지도자 등의 모든 뜻을 다 내포하고 있다. 「엘로힘」은 복수형 명사인데 복수형은 "권위와 능력의 충만"을 의미하는 것이다.(창1:1)

(4) 「야웨(Yahweh)」

우리 성경에는 "여호와" 하나님의 고유명사이다. "야웨"란 하나님의 기념 칭호이다.(호세아12:5-"저는 만군의 하나님 여호와시라. 여호와는 그의 기념 칭호니라")

그렇다면 무엇을 기념하는 칭호일까? 그것은 곧 하나님께서 자기 백성들에게 세우신 언약을 기념하는 칭호라는 뜻이다.

"야웨"라는 이름은 그의 영원 불변성을 의미하는 동시에 한번 약속한 것은 반드시 이루신다는 의미를 강하게 표현하는 말이다. 하나님께서 처음부터 끝까지 그의 백성들과 같이 계시면서 반드시 그 언약을 이루시는 그의 기념 칭호인 것이다.(출3:14참조)

(5) 「엘샤다이(El-Shadai)」

이 명칭은 「엘」과 「샤다이」의 복합어로서 「샤다이」는 "충분하다"(sufficient)는 말이다. 즉 하나님은 곧 자족자(自足者:Self-Sufficient) 이시라는 뜻이다.

창세기 17:1에 "아브라함이 99세 때에 여호와께서.... 그에게 이르시되 나는 전능한 하나님(El-Shadai)이라" 하셨다.(창28:3, 43:14, 48:2,3참조)

그러면 「엘샤다이」와 「야웨」의 차이는 무엇인가? 「엘샤다이」는 언약을 세우실 때에 보여주신 하나님의 명칭이요, 「야웨」는 언약을 성취하실 때에 계시된 하나님의 명칭이다. 우리 성경에는 「엘샤다이」가 "전능자(The Almight)"로 번역되어 있다.

(6) 「쯔바오쓰(Tsebaoth)」

우리말 성경에는 「만군의 여호와」라고 번역되었다.(암4:13) 본래 「쓰바오쓰」란 말은 "전쟁"과 "군대"라는 어원에서 온 말이다. 이 말이 하나님의 칭호로서 처음 나오기는 사무엘상 17:45에 다윗이 블레셋 장군 골리앗 앞에 서게될 때였다. "너는 칼과 창과 단창으로 내게 오거니와 나는 만군의 여호와의 이름(야웨 쯔바오쓰)…. 곧 이스라엘 군대의 하나님의 이름으로 네게 가노라"

우리 하나님은 언약을 세우시는 「엘솨다이」의 하나님이신 동시에 또한 그 언약을 성취하시는 「야웨」의 하나님이시며 뿐만 아니라 그 언약을 이루시기까지의 그 모든 과정에 있어서 모든 장애(전쟁)까지도 물리쳐 주시는 하나님, 즉 「야웨 쯔바오쓰」의 하나님이시다.

(7) 「엘리욘(Eliyon)」

이 명칭은 주로 시편에서 사용되었는데 "지극히 높으신 자"로 번역되어 있다.(시46:4) 이 호칭은 주로 노래에 많이 사용되었다.(민24:16, 신32:8, 삼하22:14, 창14:18,22등)

(8) 「아도나이(Adonai)」

"재판하다", "지배하다"라는 의미에서 유래된 명칭인데, 이는 우리 하나님을 전능하신 통치자, 모든 것의 굴복을 받으시며 사람을 종으로 소요하시는 분으로 지시한다.

2. 신약에서의 하나님의 명칭(The New testament Names of God)

신약에서 나타난 하나님에 대한 이름들은 다만 구약의 이름들이 가지고 있는 그 의미에는 변함이 없이 희랍어로 바꾸어 사용한 것 뿐이다.

(1) 「하나님(Theos)」

이 명칭은, 하나님에 대하여, 신약성경에서 사용된 가장 공통적인 명칭이다. 「엘」「엘로힘」「엘욘」에 해당되는 말인데 엄밀히 말하면 근본적인 신성(神性)을 나타낸다.

(2) 「주(Kurios)」

이 명칭은 하나님 뿐 아니라 그리스도에 대해서도 적용된 명칭이다. 그것은 「아도나이」와 「야웨」를 대신한 명칭이다. 만물 특히 신민의 소유자요, 지배자로서 또는 왕으로서 권세와 권위를 소유한 자로서의 하나님을 지시한다.

(3) 「아버지(Pater)」

구약에서도 하나님께서 이스라엘에 대하여 특수관계의 표현으로서 이스라엘의 아버지요(신32:6, 사63:16), 이스라엘은 하나님의 자녀들이다.(출4:22, 신14:1, 사1:2)

이 명칭은 언제나 신약성경에서 동일 의미로 사용되지 않았다. 때로 그것은 하나님을 창시자 또는 창조주로 지시하는 데 사용되었다.(고전8:6, 엡3:14, 히12:9, 약1:18)

그리고 다른 모든 경우에 있어서 삼위일체의 제 일위와 제 이위의 특별 관계를 중보적 의미로 표현하거나 신자에 대한 윤리적 관계를 표현한다.

이제 우리는 하나님의 이름을 헛되이 일컫는 죄를 범치 않아야 하며(출20:7, 신5:11) 하나님의 이름이 거룩히 여김과 높힘을 받아야 한다.(마6:9) 여호와 하나님을 공경한다고 하면서 하나님의 말씀대로 살지 못할 때 이방인들은 하나님을 욕하게 된다. 그러므로 하나님의 이름 아래 있는 자들은 하나님께 영광이 돌아가도록 죽기까지 충성해야 한다.

제 9 과 하나님의 속성
[The Attributes of God]

〈본문〉 출애굽기 34:1~9

여호와께서 모세에게 이르시되 너는 돌판 둘을 처음 것과 같이 깎아 만들라 네가 깨뜨린바 처음 판에 있던 말을 내가 그 판에 쓰리니 아침 전에 예비하고 아침에 시내산에 올라와 산꼭대기에서 내게 보이되 아무도 너와 함께 오르지 말며 온 산에 인적을 금하고 양과 소도 산 앞에서 먹지 못하게 하라 모세가 돌판 둘을 처음 것과 같이 깎아 만들고 아침에 일찍이 일어나 그 두 돌판을 손에 들고 여호와의 명대로 시내산에 올라가니 여호와께서 구름 가운데 강림하사 그와 함께 거기 서서 여호와의 이름을 반포하실새 여호와께서 그의 앞으로 지나시며 반포하시되 여호와로라 여호와로라 자비롭고 은혜롭고 노하기를 더디하고 인자와 진실이 많은 하나님이로라 인자를 천대까지 베풀며 악과 과실과 죄를 용서하나 형벌 받을 자는 결단코 면죄하지 않고 아비의 악을 자여손 삼 사대까지 보응하리라 모세가 급히 땅에 엎드리어 경배하며 가로되 주여 내가 주께 은총을 입었거든 원컨대 주는 우리 중에서 행하옵소서 이는 목이 곧은 백성이니이다 우리의 악과 죄를 사하시고 우리로 주의 기업을 삼으소서

Ⅰ. 서 론

　이번 과에서는 우리가 믿는 하나님은 어떤 하나님이신가 하는 것을 공부하여 보자. 이것을 하나님의 속성이라고 한다. 속성이라는 말은 쉽게 말하면 하나님에게 있는 특성, 또는 덕(德)이라고 할 수 있다.
　하나님의 속성에는 두 가지가 있으니 ① 하나는 비공유적속성(非共有的屬性)이라 하고 ② 다른 하나는 공유적속성(共有的屬性)이라고 한다. 비공유적 속성이란 하나님이 지으신 만물 중에는 그와 유사한 것이 전혀 없고 오로지 하나님 자신에게만 있는 속성이요, 공유적 속성이란 우리 사람들 중에서도 어느 정도 유사한 것이 있는 속성이다.

1. 하나님의 비공유적 속성(The Incommunicable Attributes)

(1) 절대성과 자존성

　하나님은 그가 지으신 피조물과는 구별된다. 하나님은 자신이 만드신 만물로부터 독립되어 있으시며 오히려 그 위에 계신다.
　하나님은 사상에 있어서 독립적이다. ―"깊도다 하나님의 지혜와 지식의 부요함이여, 그의 판단은 측량치 못할 것이며 그의 길은 찾지 못할 것이로다. 누가 주의 마음을 알았느뇨. 누가 그의 모사가 되었느뇨"(롬11:33~34)
　하나님은 의지에 있어서 독립적이다. ―"땅의 모든 거민을 없는 것같이 여기시며 하늘의 군사에게든지, 땅의 거민에게든지 그는 자기 뜻대로 행하시나니 누가 그의 손을 금하든지 혹시 이르기를 네가 무엇을 하느냐 할 자가 없도다."(단4:35)
　하나님은 능력에 있어서도 독립적이다. ―"오직, 우리 하나님은 하늘에 계셔서 원하시는 모든 것을 행하셨나이다."(시115:3)

하나님은 그의 계획에 있어서 독립적이시다. −"여호와의 도모는 영영히 서고 그 심사는 대대에 이르리로다."(시33:11)

하나님은 만물에서 독립적일 뿐 아니라, 만물은 그를 통하여서만 존재한다.(시84:8, 사40:18, 행17:25)

(2) 불변성

하나님은 변함도 없으시고 회전하는 그림자도 없으시다.(약1:17)

우리는 하나님의 성품을 변덕스럽고 안전성이 없는 인간의 성품과 같이 생각해서는 안된다. 하나님의 사랑은 굳건하고 계속적이며 인간들의 변덕스러움 같이 밀물과 썰물이 없으시다.

하나님은 그 자신이 변하지 않으실 뿐 아니라 그의 목적, 약속 등에도 전혀 변경이 없으시다.(출3:14, 시102:26~28, 사41:4, 48:12, 말3:6, 롬1:23, 히1:11,12)

(3) 무한성

하나님이 무한 하시다는 것은 전혀 제한이 없으시다는 말이다. 하나님은 우주에 의해 제한을 받으시거나 혹은 묶이지 않으신다는 것을 뜻한다.

하나님은 그의 지식과 지혜, 선(善)과 사랑, 의(義)와 거룩(聖), 주권과 능력에 있어서 무한하시다.(욥11:7~11)

또 하나님은 시간을 초월해 계시기 때문에 하나님께서는 과거도 없었고 미래도 없으시고 오로지 영원한 현재만 있을 뿐이다. 또 하나님은 공간적으로 전 우주 어디에나 계시는 충만자 이시다. 이것을 하나님은 무소부재(無所不在:아니 계시는 곳이 없으심)하시다 하는 것이다.(시139:7~10)

(4) 유일성

하나님은 수적(數的)으로 오직 한 분이시며 인간이 영과 육으로 형성된 것처럼 여러 부분으로 이루어지신 분이 아니시다(단순성). 따라서 하나님은 나누이지 않으시는 분이시다.(왕상8:60, 고전8:6, 딤전1:5, 신6:4, 슥14:9, 출15:11)

2. 하나님의 공유적 속성(The Communicable Attributes)

(1) 하나님의 지식
하나님은 모르시는 것이 없으시다. 자기 자신과 자기의 계획 속에 포함되어 있는 모든 것을 아신다. 사람의 지식으로 통찰할 수 없는 사물의 숨은 본질을 모두 파악하신다. 하나님의 지식과 지혜는 창조사역(시19:1~7)과 섭리(시33:10~11), 그리고 속죄 사역에서 더욱 분명히 나타난다.

(2) 하나님의 지혜
하나님은 완전한 지혜자이시다. 하나님의 지혜는 자신의 목적을 성취하시고 영광을 나타내기 위하여 최선의 방법을 택하시므로 자신의 지식을 나타내시는 그의 덕행이다.

(3) 하나님의 선(善)
하나님은 완전히 거룩하신 선(善) 이시다. 피조물에 대해 너그러우시고 자비하시다. 죄인이 악을 범해도 즉시 징벌하시기 보다는 참고 기다리신다. 마치 하루를 천 년같이 여기시며 기다리신다.

(4) 하나님의 사랑
이것은 하나님의 가장 중심적인 속성으로 알려지고 있다. 창조의 역사나 섭리의 역사나 구속의 역사, 이 모두가 사랑의 하나님을 말씀해 주고 있다.(요일4:16)

(5) 하나님의 거룩

거룩은 하나님을 대표한다. 여기 거룩 하시다는 것은 하나님이 모든 피조물들과는 절대적으로 구별되시며, 또한 그는 죄를 미워하시며 도덕적 피조물들(인간·천사)에게서 순결을 요구하시는 것이다.(계4:8)

(6) 하나님의 의(義)

하나님은 거룩에 반대되는 모든 불경에 대하여 자신을 보호하시며 지키신다. 하나님은 상선벌악에 있어서 공명정대하시다. 의로우사 손종하는 자에게 축복하시며 불순종자에게 마침내 징벌하신다.

(7) 하나님의 진실

인간은 죄로 타락하여 진실이 없고 거짓과 허위가 많으나 하나님은 허위와 우상에 대하여 참 신이시며 언약적 약속을 충실히 이행하시는데 진실하시다.

(8) 하나님의 주권

이것은 그의 모든 피조물에 대하여 그 자신의 기쁘신 뜻에 의하여 정치하시며 치리하리는 그의 절대권을 말한다. "여호와께서 통치하시니 땅은 즐거워하며 허다한 섬은 기뻐할찌어다."(시97:1)

솔로몬왕이 새 성전을 봉헌하면서 기도하기를 "이스라엘 하나님 여호와여 상천하지에 주와 같은 신이 없나이다."(왕상8:23)라고 했다. 이 하나님은 우리와 무관하신 분이 아니라 그가 바로 우리의 하나님이시요 아버지이시다. 이 하나님이 우리를 붙드시니 그에게서 빼앗을 자 없으며(요10:28~29), 이 하나님이 우리를 위하시니 대적 할 자 없으며(롬8:31), 이 하나님이 우리의 문제를 익히 아시고 맡으시니 형통케 하시며(롬8:28), 이 하나님이 우리를 사랑하시니 그의 사랑에서 끊을 자 없는 것이다.(롬8:39)

제10과 삼위일체되신 하나님
[The Trinity in God]

〈본문〉 마태복음 28:16~20

열 한 제자가 갈릴리에 가서 예수의 명하시던 산에 이르러 예수를 뵈옵고 경배하나 오히려 의심하는 자도 있더라 예수께서 나아와 일러 가라사대 하늘과 땅의 모든 권세를 내게 주셨으니 그러므로 너희는 가서 모든 족속으로 제자를 삼아 아버지와 아들과 성령의 이름으로 세례를 주고 내가 너희에게 분부한 모든 것을 가르쳐 지키게 하라 볼지어다 내가 세상 끝날까지 너희와 항상 함께 있으리라 하시니라

I. 서 론

"삼위일체"라는 말이 성경에 문자적으로 기록되어 나온 바는 없다. 그러나 창세기에서 요한 계시록까지 모든 성경은 한결같이 "하나님은 삼위일체(三位一體) 되심을 증명한다.

소요리문답 6문에 "하나님의 신격에 삼위가 계시니 성부, 성자, 성령이신데 이 삼위는 한 하나님이시라"고 했다.

칼빈(John Calvin) 선생은 "삼위일체 교리를 기초로 하지 않고는 하나님을 바로 인식할 수 없다"고 하였다. 그러므로 이 교리는 항상 우리의 신앙과 예배의 기초이며 성경의 중추적 요소라 할 수 있다.

1. 교리 설명

구약학의 권위자 「델리취」는 "삼위일체에 대한 개념은 철학적 추리의 산물이 아니라 신구약 성경에 나타난 계시의 사건이다"라고 했다. 이 교리가 명확하게 발견되기 까지에는 상당한 시일이 요했다. 구약시대에 살던 성도들보다 신약시대의 성도들은 이 교리를 더 잘 알게 되었고 예수님 당시보다 현대에 와서는 더 명약관화하게 알게 된 것이다.

삼위일체란 라틴어 "뜨리니타스(trinitas)"에서 유래된 것으로 "하나에 셋" 또는 "하나인 셋"이란 뜻을 가지고 있다. 즉 하나님은 그의 본질적 존재에 있어서는 한 분이시나 이 한 분 안에는 삼위(성부·성자·성령)가 존재한다. 더욱이 이 위들은 한 위가 다른 위에게 종속될 수 없으나 다만 사역상의 순서와 존재의 질서로 보아 성부가 제1위, 성자가 제2위, 성령이 제3위라고 말할 수 있다. 이 삼위는 본질적으로 동일하며(요1:1, 1:18, 15:26), 능력에 있어서 동일하며(마5:45, 요1:3), 시간상 동일하다.(창1:1~2, 요1:1)

2. 이 교리에 대한 이단

제2세기에 일어났던 「아리어스」는 성자의 신성을 부인했다. 그는 알렉산드리아 교회의 장로였다. 그는 말하기를 성부만이 영원 자존 하신 분이고 성자는 성부에게서 맨 처음으로 지음 받은 피조물이며, 성자가 지음 받고난 후에 그로 말미암아 세상이 지은바 되었다고 했다. 성자가 세상을 다 창조하셨음으로 창조주라고 할 수 있으나 엄격하게 따지면 그도 성부에게서 지음 받았음으로 피조물이란 말이다. 그의 말은 예수님은 모든 피조물보다 시간적으로 먼저 지음 받은 피조물이라는 것이다. 성자는 성부와 본질적으로 같은 존재가 아니고 비슷한 본질이라는 것이다. 그리고 그의 말은 성령은 성자로 말미암아 지음 받은 존재라고 한다.

"태초에 말씀이 계시니라. 이 말씀이 하나님과 함께 계셨으니 이 말씀은 곧 하나님이시니라".(요1:1)「아다나시우스」는 성경에 근거하여, 성자는 영원 전부터 자존하시는 참 하나님이요 본질적으로 성부와 동일하다고 말함으로「아리어스」의 주장을 논박했다.

영·미국의「유니테리안 주의」도 성자의 신성을 부인하고 있으며 제3세기에 나타난 또 다른 이단으로는「일위신론」이 있는데 그들은 주장하기를 "예수는 단순한 인간 뿐인데 요단강에서 세례 받고 난 후 성령이 내재함으로 하나님의 아들이 되었다"는 것이다. 이 후에「사벨류스」라는 사람에 의해「양상론(樣相論)」이 나왔는데, 그는 하나님의 유일성을 주장한다는 명목으로 성자나 성령은 별개의 인격이 아니라 동일하신 하나님이 구약시대에는 성부로 나타났고 신약시대에는 변모하여 성자로 나타났고 지금은 성령으로 나타나는 것 뿐이라고 했다.

그러나 성경은 어떻게 말씀하고 있는가? "예수께서 세례를 받으시고 곧 물에서 올라오실 때 하늘이 열리고 하나님의 성령이 비둘기 같이 내려 자기위에 임하심을 보시더니 하늘로서 소리가 있어 말씀 하시되 이는 내 사랑하는 아들이요 내 기뻐하는 자라 하시니라"(마태3:16~17)

3. 성경적인 증명

왜 칼빈주의에서는 삼위일체론을 믿는가? 그것은 성경이 이 진리를 말씀하고 있기 때문이다.

1) 구약에서의 증거

구약에서 하나님이란 말이 단수가 아닌 복수형으로 사용 되었으며 히브리어로 볼 때 "엘"(단수)을 쓰기도 했으나 주로 복수형인 "엘로힘"으로 사용되었다. 하나님께서 인간을 창조하실 때에도 복수를 사용했고(창1:26), 천지만물을 창조하실 때도 "하나님(성부)께서 말씀(성자)으로 창조하셨으며 그때에 하나님의 신(성령)이 수면에 운행하셨다."(창1:1~3) 또 창11:7 에서도 인간이 바벨탑을 쌓을 때 "우리가 내려가서"라고 했으며 사6:8에도 이사야 선지가 하나님의 음성을 들을 때 하나님께서 "누가 우리를 위하여 갈까"라고 하셨다. 이러한 예들은 다른 여러 곳에서도 찾아보게 되는데 이것은 구약시대에도 삼위일체 되시는 하나님께서 역사 하셨다는 증거이다.

2) 신약에서의 증거

신약의 증거가 구약의 증거보다 더 명확하다는 것은 너무나 당연한 일이라 하겠으니 그것은 성자 하나님(예수님)께서 사람의 몸을 입고 나신 사실(4복음서)과 성령 하나님께서 강림하신 사실(사도행전이하)을 기술하고 있기 때문이다. 인간의 구속주로 오신 예수님께서 탄생하실 때 천사 「가브리엘」이 「마리아」에게 나타나 "성령이 네게 임하시고 지극히 높으신 이(성부)의 능력이 너를 덮으리니 이러므로 나실 바 거룩한 자는 하나님의 아들이라"(눅1:35) 하셨다. 또한 예수님께서 세례를 받으실 때도 성자는 인성을 입으시고 요단강물 위에 서셨고 성령은 비둘기 같이 임하셨으며 성부는 하늘로부터 "이는 내 사랑하는 아들이라"고 하심으로서 삼위가 함께 역사 하셨음을 증명하였다.(마3:13~17, 막1:9~11, 눅3:21~22) 마11:27에는 "내 아버지께서 모든 것을 내게 주셨으니 아버지(성부) 외에는 아들을 아는 자는 없고 아들(성자 예수님)과 또 아들의 소원대로 계시를 받은 자 외에는 아버지를 아는 자가 없느니라"고 하셨는데 아들의 소원대로 계시를 받는다는 것은 성령을 받은 자를 의미한다.

이 외에도 예수님의 고별 설교에서(요14: ~16:), 예수님의 대 명령에서(마28:19), 또한 하나님께서 자기 백성을 구원하시는 방법 등에서 (눅15: 에 나타난 세가지 비유) 삼위일체이신 하나님을 분명하게 나타내 보이셨다.

3) 사도들의 증거

하나님께서 교회에 역사하실 때(고전12:4~6) 삼위가 함께 역사하시며 에베소서 4:4~6에는 "성령도 하나이고 주도 하나이고 하나님도 하나이시니라"고 했는데 여기 하나라는 말은 동일성을 보여주는 말이다. 베드로도 말하기를 "곧 하나님 아버지의 미리 아심을 따라 성령의 거룩하게 하심으로 순종함과 예수 그리스도의 피 뿌림을 얻기 위하여 택하심을 받은 자들에게 편지하노니"(벧전1:2)라고 하였다. 요한은 "증거하는 이가 셋이니 성령과 물과 피라. 또한 이 셋이 합하여 하나이니라"(요일5:6~8)고 했으며 바울 사도는 고린도 교회에 마지막 축도문에서 "주 예수 그리스도의 은혜와 하나님의 사랑과 성령의 교통하심이 너희 무리와 함께 있을 찌어다"(고후13:13)고 했다.

화란의 유명한 칼빈주의 신학자 「헬먼 바빙크」는 "삼위일체 교리는 기독교의 심장이다"고 했다. 그러나 인간의 이성만으로는 하나님의 내면적 본질에 속하는 이 위대한 진리를 이해할 수 없다. 삼위일체 교리는 순수한 신앙의 대상이며 오직 믿음으로만 이해되는 것이다.

우리는 삼위일체 되신 하나님을 동등으로 높이며 순종하며 성부 하나님, 성자 하나님 그리고 성령 하나님께 영광 돌리는 삶을 최상의 목적으로 삼아야 겠다.

제11과 하나님의 작정과 예정
[The Divine decrees and predestination]

〈본문〉 에베소서 1:1-14

하나님의 뜻으로 말미암아 그리스도 예수의 사도 된 바울은 에베소에 있는 성도들과 그리스도 예수 안의 신실한 자들에게 편지하노니 하나님 우리 아버지와 주 예수 그리스도로 좇아 은혜와 평강이 너희에게 있을지어다 찬송하리로다 하나님 곧 우리 주 예수 그리스도의 아버지께서 그리스도 안에서 하늘에 속한 모든 신령한 복으로 우리에게 복 주시되 곧 창세 전에 그리스도 안에서 우리를 택하사 우리로 사랑 안에서 그 앞에 거룩하고 흠이 없게 하시려고 그 기쁘신 뜻대로 우리를 예정하사 예수 그리스도로 말미암아 자기의 아들들이 되게 하셨으니 이는 그의 사랑하시는 자 안에서 우리에게 거저 주시는 바 그의 은혜의 영광을 찬미하게 하려는 것이라 우리가 그리스도 안에서 그의 은혜의 풍성함을 따라 그의 피로 말미암아 구속 곧 죄 사함을 받았으니 이는 그가 모든 지혜와 총명으로 우리에게 넘치게하사 그 뜻의 비밀을 우리에게 알리셨으니 곧 그 기쁘심을 따라 그리스도 안에서 때가 찬 경륜을 위하여 예정하신 것이니 하늘에 있는 것이나 땅에 있는 것이 다 그리스도 안에서 통일되게 하려 하심이라 모든 일을 그 마음의 원대로 역사하시는 자의 뜻을 따라 우리가 예정을 입어 그 안에서 기업이 되었으니 이는 그리스도 안에서 전부터 바라던 우리로 그의 영광이 찬송이 되게 하려 하심이라 그 안에서 너희도 진리의 말씀 곧 너희의 구원의 복음을 듣고 그 안에서 또한 믿어 약속의 성령으로 인치심을 받았으니 이는 우리의 기업에 보증이 되사 그 얻으신 것을 구속하시고 그의 영광을 찬미하게 하려 하심이라

I. 서론

하나님께서 하시는 일은 크게 나누어 말하면 「계획」과 「창조」와 「섭리」로 나눌 수 있다. 이것을 가리켜 「하나님의 사역(事役)」이라고 말한다. 이 중에서 「하나님의 작정」과 「하나님의 예정」은 「하나님의 계획」에 속하는 사역이다.

가령 집을 한 채 짓는다 해도 우리는 설계도를 작성하고 치밀한 계획과 엄정한 검사를 하게 되는데 이는 최대의 효과를 얻기 위해서이다. 하물며 이 엄청난 우주만물 창조와 인생구원과 천국을 마련하는 하나님께서 어찌 아무런 계획도 없이 마구 되는 대로 일하시리라고 생각할 수 있겠는가? 하나님께서는 모든 일을 작정과 계획 아래 이루어 나가신다. 즉 하나님께서 하시는 모든 일은 곧 그의 계획에 따라 이루어 진다. 이 세상에 계획 없이 우연히 된 일이란 없다. 하나님의 계획 중 일반적인 것은 보통, "작정(作定)"이라 하고 특수한 것을 "예정(豫定)"이라고 한다.

1. 하나님의 작정(Decree)

이것은 하나님의 일반계획으로 창조하시고 보존하시고 다스리시는 것 등 그의 모든 사역에 대하여 세우신 그의 계획이다. 이것을 가리켜 "하나님께서 작정 하셨다"라고 말한다. 하나님은 "모든 일을 그 마음의 원대로 역사 하시는 자"(엡1:11) 이시므로 그가 일단 작정하신 것은 반드시 실천되고 성취되어 영원 불변적인 효능을 갖게 되는 것이다. 아무튼 성경은 하나님의 작정을 말한다. 작정은 구약에서 "경영"(사14:26), "모략"(사46:11), "도모"(잠30:32) 등으로 표현되었고, 신약에서는 "도모"(뜻, 행2:23, 4:28, 히6:17), "원"(엡1:11), "기쁘심"(마11:26, 눅2:14, 엡1:5,9)등으로 나타나 있다. 그런데 하나님의 작정은 여러 가지

독특성을 갖고 있다.

1) 신적(神的) 지혜를 기초로 한 작정이다.

하나님은 그의 지혜로서 모든 일을 계획하시고 성취하여 나가시는 것이다. 그런데 하나님은 시간과 공간을 초월하여 역사 하시기 때문에 시간과 공간의 제한을 받는 우리들로서는 하나님이 하시는 일을 다 측량할 수 없고 이해 못할 부분이 많다.

"여호와의 말씀에 내 생각은 너희 생각과 다르며 내 길은 너희 길과 달라서 하늘이 땅보다 높음 같이 내 길은 너희 길보다 높으며 내 생각은 너희 생각보다 높으니라"(사55:8~9)

2) 하나님의 작정은 영원적이다.

하나님에게는 시간의 시작과 끝이 없다. 그리고 인간들은 변덕스러움이 많아 시간과 장소, 환경, 인정 등에 따라 변하여도 하나님은 그러실 수 없다. 왜냐하면 그는 신실하시고 진실하시기 때문이다. "여호와의 도모는 영영히 서고 그 심사는 대대에 이르리로다"(시33:11)

3) 하나님의 작정은 효과적이다.

인간에게는 실패가 많다. 그러나 하나님께서 결정하신 것들은 꼭 이루어지고야 말며, 하나님께서 목적하신 것은 무엇이든지 막을 수 없다.(잠19:21) "내가 종말을 처음부터 고하며 아직 이루지 아니한 일을 옛적부터 보이고 이르기를 나의 모략이 설 것이니 내가 나의 모든 기뻐하는 것을 이루리라 하였노라"(사46:10)

"만군의 여호와께서 맹세하여 가라사대 나의 생각한 것이 반드시 되며 나의 경영한 것이 반드시 이루리라"(사14:24)

4) 절대적이고 무조건적이다.

하나님의 작정은 절대적이며 독단적이다. 인간의 여러 가지 계획은 환경에 좌우되는 일이 많지만 하나님의 작정은 피조물에 의해 좌우되지 아니하고 자기의 기쁘신 뜻대로 하신다.(행2:23, 엡2:8, 벧전1:2)

5) 하나님의 작정은 그 범위가 한없이 넓다.

하나님의 작정의 범위는 세계 안에 있는 무엇이든, 즉 물리적인 것이나, 정신적인 것, 선한 것이나 악한 것, 그리고 구속에 관한 모든 것까지 모두 포함하고 있다. 우주의 질서와 안정, 각 나라들의 상태(행17:24~28), 사람의 선행과 악행(엡2:10, 잠16:4), 우발적 사건들(잠16:33), 목적과 방법, 사람의 수명(시90:10), 그리고 그 거처, 신자들의 구원에 관한 것과 그리스도 왕국건설을 광범위하게 포함하고 있다.

6) 죄에 관하여는 허용적 이다.

하나님께서 사람으로 하여금 범죄 하도록 그 사람 안에서 적극적으로 역사 하시지는 않으신다. 그러나 악으로부터 선을 가려내기 위해서, 혹은 악행을 통해 하나님을 더 분명히 보여주기 위해서, 혹은 하나님의 뜻을 이루는 방편으로서 악을 허용하신다.(롬9:17,22, 창45:7~8, 50:20) 하나님의 작정에 있어서 죄에 대한 것은 허용적 이다.

2. 하나님의 예정(Predestination)

「예정」이란 넓은 의미로는 도덕적인 피조문(사람, 천사)에 관한 하나님의 계획이나 목적을 말하며, 좁은 의미로는 전지전능하신 하나님의 그 절대적 주권으로, 인간의 의지보다 앞서, 어떤 이는 특별히 뽑아 내어 구원에 이르게 하며, 어떤 이는 멸망에 내버려 둔다는 뜻이다. 이 교리를 주장한 이들은 「어거스틴」, 「루터」, 「칼빈」인데 특히 「칼빈」이 가장 강조한 교리이다. 이것이 장로교의 특징이라고 할 수 있다. 장로교가 예정교리를 믿는 것은 「칼빈」이 말했기 때문이 아니라, 성경이 가르치고 있는 교리를 「칼빈」이 체계화한 것이기 때문이다. 예를 들면 「뉴톤(Isaac Newton 1642~1727, 영국의 과학자, 수학자)」이 "인력의 법칙"을 말했기 때문에 인력이 존재 한게 아니라 이미 지구창조이래 있어 왔던 것을 「뉴톤」에 의하여 비로소 학적으로 체계화된 것 뿐인 것과 같다.

"예정이란 '미리 정하셨다'는 뜻이다. 만세 전에 "구원"받기로 이미 작정되었다는 의미이니 예정은 구원을 위한 하나님의 특수계획이고 따라서 "예정론"은 "구원"이 그 중심내용이다. 예정은 성경에 있는 진리이다. "곧 창세 전에 그리스도 안에서 우리를 택하사… 그 기쁘신 뜻대로 우리를 예정하사…"(엡1:4~5) 예정교리를 쉽게 말하면 구원역사에 대한 하나님의 설계도라고 할 수 있다.

1) 예정의 대상
① 선한 사람과 악한 사람(롬9:13, 18, 21)
② 선한 천사와 악한 천사(막8:38, 눅9:26, 벧후2:4, 유6)
③ 중보자로서의 그리스도(벧전1:20, 2:4)

2) 예정은 두 부분으로 나누어진다.
① 선 택
성경은 선택을 몇 가지 의미로 언급하고 있다. 즉
- 특별한 특권과 특별한 봉사를 위하여 이스라엘 민족을 선택하셨다.(신4:37, 7:6~8, 10:15, 호13:5)
- 어떤 직무나 어떤 특별한 봉사를 수행케 하기 위한 개인들의 선택이 있다. 예를 들면 모세(출3:)나 제사장들(신18:5), 왕들(삼상10:24, 시78:70), 선지자들(렘1:5) 그리고 사도들(요6:70, 행9:15)

이 있다.
- 하나님의 자녀와 영원한 영광의 후사가 되도록 하기 위한 개인들의 선택(마2:14, 고전1:27~28) 등이 있다.

선택이란 인류 중 얼마를 예수 그리스도 안에서 구원하려는 하나님의 계획이요 예정이다. 인간이라고 다 구원받는 것이 아니다. 하나님이 선택한 어느 일정한 무리만 그리스도를 믿게 하여 천국에 갈 수 있도록 하는 것이 바로 "선택의 교리"이다. 우리가 선택되고 싶다고 되는 것이 아니고 그것은 전적으로 하나님의 주권에 달려 있다. "너희가 나를 택한 것이 아니요 내가 너희를 택하여 세웠나니...."(요15:16) 그러니까 하나님이 선택한 자는 「안 믿고는 못 배긴다」 "영생 주시기로 작정된 자는 다 믿더라"(행13:48)

우리를 선택하신 시기는 "창세전"이다(엡1:4)

② 유기(遺棄-버리움)

어떤 사람들을 선택했다는 것은 자연히 그 일부가 버림당했다는 사실을 말해 준다. 선택이 있으면 반드시 "버리움 당한자 들"도 있을 것은 당연한 이치이다. 다시 말해서 하나님이 인간들 중 일부만을 구원키로 했다는 말은 그 나머지는 자연히 구원을 받을 수 없는 처지로 두셨다는 말이다. 이 점에 대해 어떤 이들은 이렇게 하심이 하나님의 사랑에 위배되는 것이라고는 하나 하나님은 공의와 공평의 하나님이시요 혹자를 선택하시고 또 혹자를 선택하지 않으신 주권적 행사에 대해 피조물로서는 이의를 제기할 수 없는 일이다.(롬9:14~15, 17~23)

제12과 하나님의 창조
[The Creation of God]

〈본문〉 창세기 1:1~31

태초에 하나님이 천지를 창조하시니라 땅이 혼돈하고 공허하며 흑암이 깊음 위에 있고 하나님의 신은 수면에 운행하시니라 하나님이 가라사대 빛이 있으라 하시매 빛이 있었고 그 빛이 하나님의 보시기에 좋았더라 하나님이 빛과 어두움을 나누사 빛을 낮이라 칭하시고 어두움을 밤이라 칭하시니라 저녁이 되며 아침이 되니 이는 첫째 날이니라 하나님이 가라사대 물 가운데 궁창이 있어 물과 물로 나뉘게 하리라 하시고 하나님이 궁창을 만드사 궁창 아래의 물과 궁창 위의 물로 나뉘게 하시매 그대로 되니라 하나님이 궁창을 하늘이라 칭하시니라 저녁이 되며 아침이 되니 이는 둘째 날이니라 하나님이 물을 땅이라 칭하시고 모인 물을 바다라 칭하시니라 하나님의 보시기에 좋았더라 하나님이 가라사대 땅은 풀과 씨 맺는 채소와 각기 종류대로 씨 가진 열매 맺는 과목을 내라 하시매 그대로 되어 땅이 풀과 각기 종류대로 씨 맺는 채소와 각기 종류대로 씨 가진 열매 맺는 나무를 내니 하나님이 보시기에 좋았더라 저녁이 되며 아침이 되니 이는 셋째 날이니라 하나님이 가라사대 하늘의 궁창에 광명이 있어 주야를 나뉘게 하라 또 그 광명으로 하여 징조와 사시와 일자와 연한이 이루라 또 그 광명이 하늘의 궁창에 있어 땅에 비취라 하시고 (그대로 되니라) 하나님이 두 큰 광명을 만드사 큰 광명으로 낮을 주관하게 하시고 작은 광명으로 밤을 주관하게 하시며 또 별들을 만드시고 하나님이 그것들을 하늘의 궁창에 두어 땅에 비취게 하시며 주야를 주관하게 하시며 빛과 어두움을 나뉘게 하시니라 하나님의 보시기에 좋았더라 저녁이 되며 아침이 되니 이는 넷째 날이니라 하나님이 가라사대 물들은 생물로 번성케 하라 땅위 하늘의 궁창에

> 는 새가 날으라 하시고 하나님이 큰 물고기와 물에서 번성하여 움직이는 모든 생물을 그 종류대로, 날개 있는 모든 새를 그 종류대로 창조하시니 하나님의 보시기에 좋았더라 하나님이 그들에게 복을 주어 가라사대 생육하고 번성하여 여러 바다 물에 충만하라 새들도 땅에 번성하라 하시니라 저녁이 되며 아침이 되니 이는 다섯째 날이니라 하나님이 가라사대 땅은 생물을 그 종류대로 내되 육축과 기는 것과 땅의 짐승을 종류대로 내라 하시고 (그대로 되니라) 하나님이 땅의 짐승을 그 종류대로, 육축을 그 종류대로, 땅에 기는 모든 것을 그 종류대로 만드시니 하나님의 보시기에 좋았더라 하나님이 가라사대 우리의 형상을 따라 우리의 모양대로 우리가 사람을 만들고 그로 바다의 고기와 공중의 새와 육축과 온 땅과 땅에 기는 모든 것을 다스리게 하자 하시고 하나님이 자기 형상 곧 하나님의 형상대로 사람을 창조하시되 남자와 여자를 창조하시고 하나님이 그들에게 복을 주시며 그들에게 이르시되 생육하고 번성하여 땅에 충만하라, 땅을 정복하라 바다의 고기와 공중의 새와 땅에 움직이는 모든 생물을 다스리라 하시니라 하나님이 가라사대 내가 온 지면의 씨 맺는 모든 채소와 씨가진 열매 맺는 모든 나무를 너희에게 주노니 너희 식물이 되리라 또 땅의 모든 짐승과 공중의 모든 새와 생명이 있어 땅에 기는 모든 것에게는 내가 모든 푸른 풀을 식물로 주노라 하시니 그대로 되니라 하나님이 그 지으신 것을 보시니 보시기에 심히 좋았더라 저녁이 되며 아침이 되니 이는 여섯째 날이니라

Ⅰ. 서 론

하나님께서 영적세계와 물질세계를 창조하신 이 일은 하나님께서 계획하신 일(작정)의 첫 시행이다. 따라서 하나님의 창조는 자기 계시의 시작이요, 종교생활의 기원이 된다. 다시 말하면 하나님께서 그 마음의 계획을 마음속에 품고만 계시지 않고 친히 피조물 세계를 창조하

시므로 하나님 자신이 보여지시게 된 것이다.

하나님께서 왜 천지를 창조하셨을까? 고대 희랍과 로마철학자들, 그리고 종교개혁시대의 인문주의자들과 18세기 합리주의 자들은 인간의 행복에 그 목적을 두고 설명했으나 성경은 그렇게 말씀하고 있지 않다. 즉 성경은 천지 창조의 목적을, 첫째는 하나님의 영광을 위해서, 둘째는 인간의 안녕과 행복을 위한 것이라고 말하고 있다.(사43:7, 60:21)

1. 창조를 반대하는 설

1) 이원론(二元論)

하나님은 창조주가 아니라 단순히 우주의 구성자라고 보며 하나님과 물질은 서로 관계가 없을 뿐 아니라 서로 판이하게 다르고 하나님이 영원하신 것과 같이 물질도 영원한 것이라고 한다. 이런 물질 영원설은 철학적인 근거에서 나온 학설이다.

2) 유출설(流出說)

빛이 태양에서 흘러 나오듯이 하나님과 세계는 본질적으로 하나였는데 물질세계는 하나님으로부터 흘러 나왔다(유출되었다)고 하는 학설이다. 이것은 기독교를 동양접신학(東洋接神學)의 형태로 해석하려는 시도로 우리가 받아 들일 수 없는 것이다.

3) 진화론(進化論)

물질도 하나님과 같이 영원한 것이라 믿고 이 세상에 존재하고 있는 생명의 기원은 자연적으로 발생했다고 말하는 학설이다. 그러나 이 학설은 무신론 중에서도 빈약한 무신론이며 명목적인 우연론이다. 이것은 전혀 근거없는 학설인 만큼 최근 이 학설의 배척운동이 맹렬히 일기 시작했다.

이상의 철학적이고 과학적인 배경의 이론을 우리는 철폐하고 성경에 있는 그대로 하나님의 설계에 의한 창조를 믿는다. 창조설에 있어서도 우리는 하나님께서 물질세계만 아니라 영적세계도 창조하신 것으로 믿는다.

2. 영적세계의 창조

세상에 있는 대개의 종교들이 모두 다 영적세계의 실재를 인정하고 있다. 심지어 철학자들까지도 그 가능성을 인정하고 인간의 지혜(이성)로 증명해 보려고 시도했던 흔적이 남아 있으나 실패했다. 그러나 성경은 천사들의 지식(삼하14:20), 성격(유6), 사랑하고 기뻐하는 감정(눅15:10), 예배드리며(히1:6), 말하며(눅1:13), 왕래하는 것(눅9:9:26) 등을 말하고 있으며 그들은 결혼하지 않으며(마22:30), 보이지 않으며(골1:16), 골육이 없으며(눅24:39), 또 그들 중 얼마는 선하고(딤전5:21, 눅9:26, 계14:10), 얼마는 악하다고도 기록되어 있다.(요8:44, 벧후2:4, 유6)

1) 천 사
천사는 상상의 것이 아니라 실제의 존재이다. 그들은 우수한 영적 존재들로서 하나님을 섬기며 호위하고, 또 성도들(인간들)의 시중을 들 의무가 있다.(마18:10)

천사들은 다음과 같은 종류가 있다.
① 그룹 - 이들은 낙원의 입구를 지키며(창3:24), 성막과 성전 사이에 임하는 것으로 묘사했고(시80:1, 99:1, 사37:16), 그들은 하나님의 영광과 권능과 위엄을 보여주며 하나님의 지상강림에 있어 하나님의 거룩하심을 보호하는 역할을 한다고 밝혀져 있다.
② 스랍 - 주로 하나님 주위에서 수종들며 노래하며 명령을 수행하

기 위해 대기하고 있는 천사들이다.(사6:2~6)

♣ 그룹과 스랍의 차이

그 룹	스 랍
① 강한 천사들	① 천사 중 귀족적인 존재
② 하나님의 거룩성을 수호함	② 화목의 목적을 수행하며 사람들로 하여금 하나님에게 적절하게 접근 하도록 준비시킴

③ 가브리엘 - 인간에게 계시를 전달하며 때로는 해석도 해주는 역할을 맡았다.(단8:16, 9:21, 눅1:19, 26)

④ 미가엘 - 이 이름의 문자적인 의미는 "누가 하나님과 같으냐?"인데 성경에서는 "천사장"이라고 불리우기도 했다.(유1:9) 선한 천사들의 천사장으로서 성도들의 원수들과 영계(靈界)의 악한 세력들에 대항하여 여호와의 전투에서 싸우는 용감한 전사이다. 즉 마귀와 싸우는 용감한 전사(戰士)이다.(단10:13, 21, 계12:7)

⑤ 정사, 권세, 보좌 - 천사들에 대한 다른 명칭으로서 이와 같이 각각 다른 이름으로 불리운 것은 그들 중에 등급과 존귀에 차이가 있음을 가리킨다.(엡1:21, 3:10, 골1:16, 2:10, 벧전3:22) 그런데 이 이름은 주로 악한 천사에게 적용된 명칭이다.

2) 악한천사

천사는 원래 선하게 창조되었으나 자기의 위치를 떠나 교만하여 하나님께로부터 쫓겨나 지옥에 떨어짐으로 악한 천사가 되었으니 그것들이 사단(Satan-붉은 용, 마귀)과 그의 무리들(귀신)이다.(벧후2:4, 유1:6, 살후2:4,9, 마25:41, 9:34) 이들은 끝날에 영원한 불못에 던지우고 말 것이다.(마25:4, 계20:1~3)

3) 천사의 수(數)

하늘의 만군, 또는 군대(막5:9, 15), 열두명 더 되는 천사(마26:53), 만만이요 천천(계5:11)이라고 기록된 것을 보니 수가 상당히 많음을 보여준다.

4) 천사창조의 시기

천사창조의 시기를 밝히기는 어려우나 「뻴콥」교수는 제7일 이전에 창조되었다고 했고 「박형룡」박사는 하늘의 창조와 동시적이었을 것이며 땅이 창조되기 전에 창조되었다고 했다

5) 천사들의 활동범위

하나님을 찬양하는 것과(사6:, 시103:20) 죄가 세상에 들어온 후로는 구원얻은 후사들을 섬기며(히1:14), 소자(小子) 보호(마18:10), 교회에 임재하며(고전11:10) 종종 하나님의 특별계시를 소개하며, 하나님의 백성들에게 축복을 전달하는 일(시91:11~12) 등으로 봉사한다.

3. 물질세계의 창조

1) 창조의 기간

엿새동안 천지를 창조하셨다. 그런데 창세기 1장에 기록된 "날(日)"을 지금의 24시간 하루와 같은 "날(日)"로 보지 않고 장구히 긴 세월의 기간으로서의 하루로 말하는 이들이 있었다. 이유인즉 성경이 말하고 있는 지구의 연령과 지질학(과학)이 말하고 있는 연대간에는 너무 큰 차이가 나므로 이것과의 일치를 꾀한데서 나온 것이다.

그러나 "날"은 문자적으로 보아야 된다. 24시간으로서의 하루로 보아야 할 성경적 이유는

① 히브리어 「날」을 가르키는 「욤(yom)」이라는 낱말의 뜻은 정상적

인 24시간의 하루를 가리키며

② 창세기 1장에서 "저녁이 되며 아침이 되니"라는 말로 반복되고 있음은 문자적인 해석을 요구하고 있고

③ 출애굽기 20:9~11에서 이스라엘 백성들에게 계명이 주어졌을 때 6일 간은 힘써 일할 것을 명령 받았다. 그 이유는 여호와께서 천지를 6일간 창조하신 것이기 때문이고

④ 안식일의 권리는 1/7이어야 계명의 정신과 일치하는 것이고

⑤ 창조역사의 마지막 3일간은 더 분명하고도 똑똑하게 오늘 우리와 같은 24시간이었던 것으로 볼 때 「날」은 무한정의 기간으로 보는 것보다 문자적 해석이 타당한 것이다. 그러므로 물질세계의 창조는 6일 동안에 완성된 것이다.

2) 창조의 순서

이미 우리가 성경을 통해 잘 알고 있지만 다시 여기에 창조 역사의 순서를 날자별로 알아 보자

- 첫 째 날 - 빛이 창조되었다. 빛과 어두움의 구별에 의하여 낮과 밤이 구분되었다.
- 둘 째 날 - 윗물과 아랫물, 즉 구름과 바다의 구별에 의하여 낮과 밤이 구분되었다.
- 셋 째 날 - 바다와 육지가 나뉘었고 초목이 생겨 각종 과실을 맺게 했다.
- 넷 째 날 - 일월성신이 창조되었다. 목적은 낮과 밤을 구별하고 기후의 상태와 중대한 미래를 암시하는 징조가 되기 위한 일자와 연한을 한정하기 위한 것 같다.
- 다섯째날 - 공중의 날짐승, 수중생물 등이 각각 종류대로 창조되었다.
- 여섯째날 - 창조역사의 절정으로 육축과 기는 것과 땅의 짐승을

창조하시고 만물의 영장인 사람을 창조하셨다.
- 일곱째날 – 하나님께서 창조사역을 끝내고 쉬셨고 안식일로 제정하셨다.

창조역사에 대한 온갖 과학적 억측들이 이성(인간의 지혜)의 작용으로 속출되고 있으나 우리는 성경말씀을 정확무오한 하나님의 말씀으로 믿고 있음으로 성경이 말씀하신 대로 믿는다.

제13과 하나님의 섭리
[The Providence of God]

〈본문〉 시편 103:1~22

내 영혼아 여호와를 송축하라 내속에 있는 것들아 다 그 성호를 송축하라 내 영혼아 여호와를 송축하며 그 모든 은택을 잊지 말찌어다 저가 네 모든 죄악을 사하시며 네 모든 병을 고치시며 네 생명을 파멸에서 구속하시고 인자와 긍휼로 관을 씌우시며 좋은 것으로 네 소원을 만족케 하사 네 청춘으로 독수리 같이 새롭게 하시는 도다 여호와께서 의로운 일을 행하시며 압박 당하는 모든 자를 위하여 판단하시는 도다 그 행위를 모세에게, 그 행사를 이스라엘 자손에게 알리셨도다 여호와는 자비로우시며 은혜로우시며 노하기를 더디하시며 인자하심이 풍부하시도다 항상 경책지 아니하시며 노를 영원히 품지 아니하시리로다 우리의 죄를 따라 처치하지 아니하시며 우리의 죄악을 따라 갚지 아니하셨으니 이는 하늘이 땅에서 높음 같이 그를 경외하는 자에게 그 인자하심이 크심이로다 동이 서에서 먼 것 같이 우리 죄과를 우리에게서 멀리 옮기셨으며 아비가 자식을 불쌍히 여김 같이 여호와께서 자기를 경외하는 자를 불쌍히 여기시나니 이는 저가 우리의 체질을 아시며 우리가 진토임을 기억하심이로다 인생은 그 날이 풀과 같으며 그 영화가 들의 꽃과 같도다 그것은 바람이 지나면 없어지나니 그 곳이 다시 알지 못하거니와 여호와의 인자하심은 자기를 경외하는 자에게 영원부터 영원까지 이르며 그의 의는 자손의 자손에게 미치리니 곧 그 언약을 지키고 그 법도를 기억하여 행하는 자에게로다 여호와께서 그 보좌를 하늘에 세우시고 그 정권으로 만유를 통치하시도다 능력이 있어 여호와의 말씀을 이루며 그 말씀의 소리를 듣는 너희 천사여 여호와를 송축하라 여호와를 봉사하여 그 뜻을 행하는 너희 모든 천군이여 여호와를 송축하라 여호와의 지으심을 받고 그 다스리시는 내 영혼아 여호와를 송축하라

Ⅰ. 서 론

하나님은 권능의 말씀으로 무에서 유를 창조하시고 (아무것도 없었으나 어떤 형질을 만드신 것), 창조하신 그것들을 보존하시며 다스리시고(治理) 관할 하신다.

소요리문답 제11문에 "하나님의 섭리하시는 일은 지극히 거룩하심과 지혜와 권능으로서 모든 창조물과 그 모든 행동을 보존하시며 치리하시는 일이니라"고 하였다.

하나님의 섭리란, 하나님께서 창조하신 만물들을 유지하고 보존하고 협력 통치하시는 일을 한다.

1. 성경의 증명

마태복음 21:33~41에 보면 포도나무를 심은 농부가 그 포도원을 돌보았다는 이야기가 나오는데 농부가 자기 포도원을 돌봄에 있어서 타의에 의해서가 아니라 순전히 자의에 의해서 돌보는 행동이었음을 알 수 있다. 이와 같이 하나님께서도 세상만물을 창조하시고 이것들을 돌보고 계시는데 이는 타의에 의해서가 아니라 자발적이시면서 또한 당신의 기쁘신 뜻에 따라 하시는 것이다.

하나님은 모든 영역에 섭리하시고 계신다.

- 우주전체 위에   - 시 103:19
- 물리저 세계 위에   - 욥 37:5, 10
- 동물계 위에   - 시 104:21
- 열방 위에   - 욥 12:23
- 인생의 운명 위에   - 삼상 16:1
- 인생의 성공실패 위에 - 시 75:6~7

- 의인의 보호 위에   - 시 4:8
- 기도응답 위에   - 시 7:12

2. 섭리의 성격

하나님께서는 창조하시고 지으신 인생과 만물을 각별히 보호하시매 쉬임 없이 돌보시고 항상 살아 계셔서 섭리하신다.(요5:17)

역사세계에 일어나는 모든 사건이 비록 적은 일이라 하더라도 하나님의 치밀한 계획 아래 다스려지고 운영되어 지고 있다. 성경에서 말씀하셨듯이 산곡의 나뭇잎도, 공중의 참새 한 마리도 하나님의 허락 없이 떨어지거나 기동하는 일이 있을 수 없으며 인간의 활동이나 성패문제도 결국 인간에 의해서 이루어지는 일은 사실 하나도 없다. 그래서 잠언 16:33에 사람이 제비를 뽑으나 일을 작정하기는 여호와께 있다고 했다.

그러므로 하나님의 섭리가 미치는 범위는 하늘과 땅과 바다와 모든 곳에 이르며(렘23:23,24) 인류 전체에 미친다. 「요나」가 하나님을 피하여 '다시스'로 가다가 고기 뱃속에 들어간 일이 바로 그것이다. 하나님의 섭리는 모든 사건과 행사에 까지 미친다. 심지어 이 사람을 낮추고 저 사람을 높이는 일(시75:17), 인생의 구원과 성패(삼상11:13)까지 간섭하신다. 뿐만 아니라 공중의 새도 먹이시고 들의 백합화도 입히신다.(마6:30) 하나님은 크고 작은 모든 피조물을 위하여 주무시지도 안으시고 깨어 지키신다.(시121:4) 이는 하나님께서 섭리의 과정만이 아니라 섭리하시기 위하여 힘쓰고 계심을 가리킴이다. 비유적 설명에서 너희 머리털까지 다 세신 바 되었느니라 하셨는데 이는 하나님의 섭리의 조밀성을 보이신다. 이렇게 창조주 되신 하나님은 자신의 의지와 계획에 따라 만유를 지배하시며 자신의 영광 받으실 일을 위하여 모든 사건과 사물을 처리하시되 그의 선하시고, 지혜롭고, 거룩하신 목적대로 역사 하시며 이 목적을 성취하시기 위하여 섭리하신다.

3. 섭리에 대한 우리의 태도

1) 감사

우리는 그의 지혜로우신 섭리로서 우주만물이 혼돈의 상태에 이르지 아니하고 불안스러운 위험에 봉착하는 일 없이 질서 속에 살고 있는 것이다. 우리가 상식적으로 알 수 있는 태양계의 움직임을 보라! 태양에서 가장 가까운 것이 수성, 금성 그리고 지구이다. 그 다음이 화성이고 목성, 토성, 천왕성, 해왕성, 이렇게 되는데 그 거리도 아주 비례적으로 구성되어 있고, 태양에서 가까울수록 천천히 돌고 먼 것일수록 빨리 돌아간다. 태양에서 제일 가까운 거리에 있는 수성은 43일만에 한 바퀴 돈다. 그러므로 21일이 낮이고 21일이 밤이다. 21일 동안 잠자고 21일 동안 깨어 있어야 한다는 말이다. 낮에는 더워서 타죽을 것이고 밤에는 추워서 다 얼어 죽고 말 것이다. 지구보다 태양에서 갑절 먼 거리에 있는 목성은 열 시간 만에 한 바퀴 돈다. 낮이 5시간, 밤이 5시간이라는 말이다. 그러나 우리 지구는 한번 자전하는데 24시간 걸린다. 태양을 한바퀴 도는데 365일이 걸린다. 그런데 그것도 똑바로 서서 도는 것이 아니고 23도 5부의 경사를 가지고 돌기 때문에 절기가 바뀐다. 1년이 사 계절로 나뉘어서 얼마나 변화가 있고 사는 맛이 있는가? 도시 거리를 보라! 수 만대의 자동차 때문에 얼마나 사고가 많이 나는가? 하루 평균 십 수명이 사고로 인해서 생명을 잃는다고 한다. 그러나 우주 공간 안에 떠도는 별들이 그렇게 많이 회전하고 있지만 아직 별이 충돌했다는 사건은 우주형성 이후에 한번도 없었다. 더욱이 우리는 만사만물에 하나님의 섭리가 있는 것을 믿는 동시에 그의 특별섭리를 믿기 때문에 더욱 감사하는 것이다. 비록 이땅에서 곤고와 형극의 길을 걸어갈 때가 있으나 예수 그리스도로 말미암아 이루어 놓으신 하나님의 위대하신 섭리를 바라보며 산 소망 가운데 살기 때문에 환난 중에도 기뻐하고 외롭고 싸움을 당해도 감사하는 것이다.

2) 하나님의 섭리(뜻)에 대한 순종

하나님은 섭리과정에서 우리 성도에게 특별섭리를 베푸시고 영원한 소망 가운데 살게 하셨을 뿐 아니라 특별계시를 주시고 이 땅에서도 그 말씀대로 순종하고 그의 뜻대로 살면 영육간에 축복을 약속하셨다. 그러므로 우리는 불평과 반항을 일삼는 자들과 구별된 삶으로서 날마다 그의 뜻을 좇아 말씀이 인도하는 대로 순종하며 거룩한 생활로서 하나님께 영광을 돌려야 한다. 성경을 해석함에 있어서와 같이 하나님의 섭리를 해석함에도 우리는 성령의 도움을 얻어야 한다. 우리의 의지는 완전 부패하였기 때문에 하나님의 크신 사역을 이해할 때 성령의 조명을 받지 않고는 바로 해석할 수 없다. 천지를 지으시고 만사만물 만인을 섭리하시는 하나님은 또한 공의로우시며 살아 계셔서 섭리하시는 분이시며 신(神)들 위에 뛰어나시며 인간의 지혜로 이해할 수 없는 곳에 미치고 있음을 깨달아 그의 능력과 지혜로우신 섭리에 대해 우리의 마음과 뜻과 그리고 정성을 다해 존귀한 영광을 돌려야 겠다.

III

인죄 론

THE DOCTRINE OF MAN IN RELATION TO GOD

제14과 인간의 구성
[The Organization of Human Nature]

> **〈본문〉 마태복음 10:24~33**
>
> 제자가 그 선생보다, 또는 종이 그 상전보다 높지 못하나니 제자가 그 선생 같고 종이 그 상전 같으면 족하도다 집 주인을 바알세불이라 하였거든 하물며 그 집 사람들이랴 그런즉 저희를 두려워하지 말라 감추인 것이 드러나지 않을 것이 없고 숨은 것이 알려지지 않을 것이 없느니라 내가 너희에게 어두운데서 이르는 것을 광명한 데서 말하며 너희가 귓속으로 말하는 것을 집 위에서 전파하라 몸은 죽여도 영혼은 능히 죽이지 못하는 자들을 두려워하지 말고 오직 몸과 영혼을 능히 지옥에 멸하시는 자를 두려워하라 참새 두 마리가 한 앗사리온에 팔리는 것이 아니냐 그러나 너희 아버지께서 허락지 아니하시면 그 하나라도 땅에 떨어지지 아니하리라 너희에게는 머리털까지 다 세신바 되었나니 두려워하지 말라 너희는 많은 참새보다 귀하니라 누구든지 사람 앞에서 나를 시인하면 나도 하늘에 계신 내 아버지 앞에서 저를 시인할 것이요 누구든지 사람 앞에서 나를 부인하면 나도 하늘에 계신 내 아버지 앞에서 저를 부인하리라

I. 서 론

사람은 하나님이 창조하신 만물 중에 면류관(연장)이다. 하나님께서 사람을 지으시기에 앞서 사람이 살 수 있는 모든 환경을 마련하신 일이

며 삼위 하나님께서 서로간에 깊은 의논(창1:26) 끝에 창조하신 일이며, 하나님의 형상대로 창조하시고, 사람의 창조를 보다 더 상세하게 기록하신 사실들은 다 사람이 만물의 영장 됨을 증거하고 있다.

이 만물의 영장 된 사람이 무엇으로 구성되었는가? 이에 대해 두 가지 견해가 있다. 하나는 영(靈)과 육(肉)으로 되었다는 견해이다. 이것을 이분설(二分說) 이라고 한다. 다른 하나는 영(靈)과 혼(魂)과 육(肉), 세 가지로 되었다는 것이다. 이것을 삼분설(三分說)이라고 한다.

1. 삼분설(三分說, Trichotomy)

사람은 「영」과 「혼」과 「신체」로 구성되었다는 이론으로서 한국교회 지도자들 중에서도 이 이론을 주장하는 이들이 적지 않게 있다.

그런데 삼분설을 주장하는 이들이 애써 그 근거를 성경에서 찾으려 하지만 사실은 이것이 헬라의 철학에서 나온 사상이다. 이 삼분설을 주장한 이들로서는 초대 알렉산드리아의 교부들이나 헬라철학의 영향을 다분히 받은 사람들이었다. 성경에서 삼분설을 말하는 듯한 말씀이 있기도 하다. 그러나 그것들 마저도 해석상의 오류임을 알 수 있다. 예를 들면 데살로니가전서 5:23에 "평강의 하나님이 친히 너희로 온전히 거룩하게 하시고 너희 온 영과 혼과 몸이 우리 주 예수 그리스도 강림하실 때에 흠없게 보전되기를 원하노라"고 한 말씀에서 삼분설의 근거를 주장하나 이 구절의 본 뜻은 사람의 구성이 세 부분으로 되어 있다고 하려는데 있지 않고 우리의 인성(人性) 전체를 표현하려는데 있다. 이와 유사한 표현은 마가복음 12:30에도 있는데 "네 마음을 다하고 목숨을 다하고 뜻을 다하고 힘을 다하여 주 너의 하나님을 사랑하라 하신 것이요"라고 한데서도 알 수 있다.

"하나님의 말씀은 살았고 운동력이 있어 좌우에 날 선 어떤 검보다 예리하여 혼과 영과 및 관절과 골수를 찔러 쪼개기까지 하며 또 마음의 생각과 뜻을 감찰하나니"(히4:12)라고 하신 말씀에서 관절과 골수가 따로 있는 별개의 것이 아닌 것과 같이 혼과 영이 따로 있는 것이 아닌데도 불구하고 삼분설을 주장하는 이들은 이 성경구절을 가지고 굳이 삼분설을 고집한다. 그리고 사실 이 말씀은 비물체적 존재를 밝히려는 말씀이 아니고 하나님의 말씀이 사람의 정신적 요소 전반에 걸쳐 깊은 곳에까지 뚫고 들어간다는 것을 강조하는 말씀일 뿐이다. 성경에서는 한 가지 실존에 대하여 다른 낱말(명사)로 표현된 예가 허다하게 많다. 한 예를 들면 "목숨"과 "생명"이다. "목숨이 끊어졌다" 혹은 "생명이 끊어졌다"고 할 때 "목숨"이라고 하는 비물체적 존재가 따로 있고 "생명"이라고 하는 비물체적 존재가 따로 있는 것이 아니다. 즉 사람에게 목숨 따로 있고 생명 따로 있는 것이 아니지만 때로는 이렇게도 표현하고 저렇게도 표현하게 되는 것에 지나지 않는 것이다.

2. 이분설(二分說, Dichotomy)

사람은 영혼과 신체 이 두 가지 요소로 구성되었다는 이론으로써 성경에 맞는 이론이다. 하나님께서 사람을 창조하셨을 때 먼저 흙으로 사람을 지으셨는데(창2:7) 이것이 신체(身體)이다. 그후에 생기 곧 생명의 기운을 그 코에 불어 넣으셔서 생령 곧 생혼(生魂)이 있는 존재가 되었다. 이때 하나님께서 불어 넣으신 생기가 영혼이다. 이렇게 하여서 성경의 창조 기사는 사람이 신체와 영혼으로 구성되었음을 가르치고 있다. 성경은 영과 혼을 별개의 것으로 보았다기 보다는 같은 것으로 보고 "영"과 "혼"을 상호 교대적으로 사용한 것이 분명하다. 예를 들면 성경에서 어떤 이가 사망한 것에 대해서 혼이 떠났다고 했고(창35:18, 왕상17:21) 또 다른 때는 영이 떠나는 것으로 말하였다.(눅23:46, 행7:59) 또 죽은 자들에 대한 표현으로서도 상호 교대적으로 말하거나 병합해서 말했다.(벧전3:19-영들, 히12:23-영들, 계6:9, 20:4-영혼들)

그리고 사람전부를 가리켜서 어떤 때는 "신체와 혼"이라고 하였고(마 6:25, 10:28) 어떤 경우에는 "신체와 영"이라고 하였다.(전12:7, 고전 5:3,5)

♣ 원어(헬라어, 히브리어)로 보면 마6:25의 "목숨" 마10:28의 "영혼"은 다 혼(프스케)를 가리키는 말이고 전12:7의 "신"은 영(루-아흐)을 가리키는 말이다.

또한 우리들은 사람이 물질적인 신체와 정신적인 영혼, 이 두 가지 요소로 되어 있는 것으로 알고 있는 만큼 영이 따로 있고 혼이 따로 있다고 하는 이 주장은 성경 말씀과 잘 조화가 안되고 있을 뿐만 아니라 우리 의식과도 조화가 잘 되지 않는다.

사람은 영, 혼, 몸의 3요소로 구성되어 있는 것이 아니고 영혼과 신체의 2요소로 구성되어 있다. 이분설이 성경말씀에 잘 어울리고 우리의 의식에도 잘 어울리는 이론이다. 그런데 사람이 영혼과 신체로 구성되어 있는데, 이중 무엇이 더 중요한가? 둘다 무시 못할 중요한 것들이기는 하나 영혼이 더욱 더 중요하다고 본다. 그러므로 영혼을 돌보지 아니하고 신체만 돌보며 사는 것이나 영혼만 돌보고 신체를 전혀 무시하며 사는 것은 다같이 잘못을 범하는 것이다. 우리는 영혼과 신체를 다 돌아보되 보다 더 중요한 영혼을 우선하여 돌아보자. 영혼이 잘되면 범사가 잘되고 강건하기도 할 것이다.(요삼1:2)

제15과 하나님과 언약을 맺은 인생
[Man in the Covenant of God]

〈본문〉 창세기 2:1~25

천지와 만물이 다 이루니라 하나님의 지으시던 일이 일곱째 날이 이를 때에 마치니 그 지으시던 일이 다하므로 일곱째 날에 안식하시니라 하나님이 일곱째 날을 복 주사 거룩하게 하셨으니 이는 하나님이 그 창조하시며 만드시던 모든 일을 마치시고 이날에 안식하셨음이더라 여호와 하나님이 천지를 창조하신 때에 천지의 창조된 대략이 이러하니라 여호와 하나님이 땅에 비를 내리지 아니 하셨고 경작할 사람도 없었으므로 들에는 초목이 아직 없었고 밭에는 채소가 나지 아니하였으며 안개만 땅에서 올라와 온 지면을 적셨더라 여호와 하나님이 흙으로 사람을 지으시고 생기를 그 코에 불어 넣으시니 사람이 생령이 된지라 여호와 하나님이 동방의 에덴에 동산을 창설하시고 그 지으신 사람을 거기 두시고 여호와 하나님이 그 땅에서 보기에 아름답고 먹기에 좋은 나무가 나게 하시니 동산 가운데에는 생명나무와 선악을 알게 하는 나무도 있더라 강이 에덴에서 발원하여 동산을 적시고 거기서부터 갈라져 네 근원이 되었으니 첫째의 이름은 비손 이라 금이 있는 하윌라 온 땅에 둘렸으며 그 땅의 금은 정금 이요 그곳에는 베델리엄과 호마노도 있으며 둘째 강의 이름은 기혼이라 구스 온 땅에 둘렸고 셋째 강의 이름은 힛데겔이라 앗수르 동편으로 흐르며 넷째 강은 유브라데 더라 여호와 하나님이 그 사람을 이끌어 에덴 동산에 두사 그것을 다스리며 지키게 하시고 여호와 하나님이 그 사람에게 명하여 가라사대 동산 각종 나무의 실과는 네가 임의로 먹되 선악을 알게 하는 나무의 실과는 먹지 말라 네가 먹는 날에는 정녕 죽으리라 하시니라 여호와 하나님이 가라사

> 대 사람의 독처 하는 것이 좋지 못하니 내가 그를 위하여 돕는 배필을 지으리라 하시니라 여호와 하나님이 흙으로 각종 들짐승과 공중의 각종 새를 지으시고 아담이 어떻게 이름을 짓나 보시려고 그것들을 그에게로 이끌어 이르시니 아담이 각 생물을 일컫는 바가 곧 그 이름이라 아담이 모든 육축과 공중의 새와 들의 모든 짐승에게 이름을 주나 아담이 돕는 배필이 없으므로 여호와 하나님이 아담을 깊이 잠들게 하시니 잠들매 그가 그 갈빗대 하나를 취하고 살로 대신 채우시고 여호와 하나님이 아담에게서 취하신 그 갈빗대로 여자를 만드시고 그를 아담에게로 이끌어 오시니 아담이 가로되 이는 내 뼈 중의 뼈요 살 중의 살이라 이것을 남자에게서 취하였은즉 여자라 칭하리라 하니라 이러므로 남자가 부모를 떠나 그 아내와 연합하여 둘이 한 몸을 이룰 지로다 아담과 그 아내 두 사람이 벌거 벗었으나 부끄러워 아니하니라

I. 서 론

하나님이 창조하신 사람은 천사와 같이 순전한 영적 존재만도 아니며, 자연계의 만물과도 같이 순전한 물질적 존재만도 아닌 영혼과 육체를 가진 인생이다. 그러므로 사람에게는 도덕성과 인격성이 있게 되었고 하나님께서는 이러한 인간에 대해 다른 피조물과는 달리 특별취급을 하신 것이다. 하나님의 형상을 닮아 죽음을 모르고 아직 죄와 상관 없었던 행복한 아담, 그는 천국의 모습을 그대로 지닌 "에덴"(의미는 "쾌락", "기쁨")에 거처하였다. 보기에 아름답고 먹기 좋은 나무가 여기 저기 있으며, 네 갈래로 흘러 동산을 적시는 강의 근원이 있는 가장 아름다운 동산이었다. 또한 만물을 다스리고 정복할 주권을 아담에게 주었으며 「하와」를 사랑하는 아내로 맞게 했으니 부족할게 무엇이랴! 그래서 하나님은 이 행복한 에덴을 지킬 수 있도록 아담(인간)과 하나의

계약(혹은 언약 Covenant)을 체결했다. 곧 하나님께서 언약을 제시하시고 사람이 그 언약에 자원하여 기쁘게 순종할 때는 축복을 약속하시고 불순종할 때는 형벌하시기로 경고하신 것이다. 우리는 이것을 행위언약(行爲言約) 이라고 부른다.

1. 행위언약에 대한 성경적 언급

하나님은 인류의 시조인 아담과 언약을 맺으셨다. 그것은 선악과를 먹지 말라는 것이다. 먹는 날에는 죽을 것이고 먹지 아니하면 영생 얻을 것을 약속하신 것이다. (물론 솔직한 언명은 없지만 암시적인 약속이다) "동산 각종 나무의 실과는 네가 임의로 먹되 선악을 알게 하는 나무의 실과는 먹지 말라 네가 먹는 날에는 정녕 죽으리라 하시니라"(창 2:16~17) 호세아 선지자는 이것을 하나님과 아담 사이에 맺었던 언약이라고 증거하고 있다. "저희는 아담처럼 언약을 어기고 거기서 내게 패역을 행하였느니라"(호 6:7)고 하였다.

이때 하나님과 아담사이에 맺었던 이 약속을 행위언약이라고 하는데 이 언약의 중요점은 아담이 모든 인류의 대표자로서 언약을 맺었다는 사실이다.(롬 5:12~21) 이때의 아담은 단순한 계열의 신분이나 자격으로서가 아니라 모든 인간을 대표한 자로서의 계약체결이었으므로 아담 한 사람이 그 언약에 순종하면 모든 사람이 영생의 자리에 들어갈 수 있었던 일이요. 그 한 사람이 불순종하면 모든 사람이 사망의 형벌을 받도록 되어 있는 것이다. 이렇게 된 이유는 아담이 인류의 대표자였기 때문이다.

2. 언약의 요소(내용)

모든 언약(계약)에는 ①당사자 ②약속 ③조건 ④벌칙 ⑤인호(印號)가

갖추어져야 한다.

1) 언약의 당사자 : 「삼위일체 하나님」과 「아담」(인류의 대표자로서의 사람)

이 언약은 우주의 대주재가 되시는 삼위일체이신 하나님과 모든 인류의 대표자인 아담 사이에 맺어졌다. 그러나 이 언약은 주권적인 언약이다. 즉 쌍방계약이 아니다. 쌍방계약이란 대등한 신분, 대등한 지위 간에 이루어지는 약속이라고 볼 때 하나님과 우리와의 언약은 마치 우리 인간과 짐승간에 언약을 체결한 것과 흡사하다. 하나님은 만유의 대주재시고, 아담은 피조물 인생일 뿐이다. 그러므로 이 언약은 하나님께서 주권을 가지시고 일방적으로 맺으신 언약인 것이다.

2) 언약의 약속 : 영생(永生)

창세기 2:16~17의 말씀에서 이 영생에 대한 솔직한 말씀이 없는 것은 사실이다. 그러나 불순종의 결과가 사망이라고 한 조항에서 이 약속(영생)이 포함되어 있다고 보는 것이다. "먹는 날에는 정녕 죽으리라"는 말씀은 "먹지 않으면 살리라"는 말씀이기도 하다. 이 약속된 영생은 마지막 아담인 그리스도를 통하여 신자들이 받는 영생 그것이다.

3) 언약의 조건 : 순종

이 언약의 조건은 절대적인 순종이었다. 하나님께서는 이 언약을 통하여 아담이 하나님의 뜻에 절대적으로 순종하는 그 여부를 시험하신 것이다. 선악과 자체가 먹었을 때에 생명에 위협을 주는 독소를 지닌 것은 아니다. 선악과 자체에는 먹어서는 안 될 이유가 없지만 하나님께서 먹지 말라 하셨으니 먹지 말아야 했다. 따라서 선악과 그 자체가 생명에 위협을 주기 때문에 금지된 것이 아니고 하나님의 명령에 대한 순종여부를 확인하는 조건이다. 아담 자신이 자유로운 결단에 의하여 순종하든지 불순종하든지 해야 할 시험이었다.

4) 위반시의 벌칙 : 사망

불순종하였을 경우 받아야 되는 벌칙은 사망이었다. 아담이 선악과를 먹는 날에는 "정녕 죽으리라"고 하셨다. 이 사망에는 적어도 세 가지 의미의 사망을 포함하는 것으로 성경은 가르치고 있다.

첫째는 영혼이 육체에서 떠나므로 되는 육체적 사망(전2:7)과

둘째는 영혼이 하나님으로부터의 격리와 그에 따른 비참함으로 전락하는 영적사망(마8:22, 엡2:1, 딤전5:6, 계3:1)과

셋째는 영육이 함께 지옥 불못에 들어가는 영원한 사망(계20:6~14)이 그것이다.

아담이 불순종하여 선악과를 먹는 날에는 이러한 죽음을 죽으리라고 하나님께서 말씀하셨다.

5) 인호 : 보증 (생명나무)

인호는 언약을 보증하기 위한 인침 인데 에덴동산에 있었던 생명나무(창 2:9, 3:24)가 계약의 상징으로서 인호적 기능을 나타냈다.

3. 행위언약의 유효성(有效性)

오늘날 행위언약을 지켜서 영생을 얻는 것이 아니기에 영생을 얻는 실제적 방법으로는 행위언약이 해소되었다. 그러나 영생을 얻는 기본 원리는 불변하다. 즉 하나님의 명령에 순종하느냐 불순종하느냐에 따라 영생과 사망이 결정되는 이 원리는 여전히 유효하다.

오늘날에는 사람이 율법을 지킴으로 구원 얻으려고 할 필요가 없다. 이유는 율법을 온전히 지켜 구원을 얻을 인간이 세상에는 없기 때문에 행위로 구원 얻는 것은 불가능한 일이요 제2의 아담 되시는 예수(우리

의 대표자)께서 우리가 못 지키는 율법을 대신 다 지켜 주셨기 때문이다. 따라서 우리는 예수님의 공로를 의지함으로 율법을 성취할 수 있게 되었다. 즉 그리스도의 공로를 힘입어 영생에 이르게 되는 것이다. 불행하게도 전 인류의 대표자였던 시조 아담은 이 언약에 순종치 못하여서 범죄 하였다. 따라서 모든 인생은 죄 아래 있게 되었고 사망에 굴복당하는 비참한 정황에 빠졌었다.

오늘의 문제는 "먹지 말라"가 아니라 십자가에 죽으신 예수님을 "믿으라"(요3:16)고 하는 것이다. 시조 아담은 실패하였으나 예수 그리스도 외에는 영생을 얻을 길이 전혀 없기 때문이다. "다른 이로서는 구원을 얻을 수 없나니 천하 인간에 구원을 얻을 만한 다른 이름을 우리에게 주신 일이 없음이니라"(행4:12)

제 16과 범죄한 인생
[A criminal life]

〈본문〉창세기 3:1~24

여호와 하나님의 지으신 들짐승 중에 뱀이 가장 간교하더라 뱀이 여자에게 물어 가로되 하나님이 참으로 너희더러 동산 모든 나무의 실과를 먹지 말라 하시더냐 여자가 뱀에게 말하되 동산 나무의 실과를 우리가 먹을 수 있으나 동산 중앙에 있는 나무의 실과는 하나님의 말씀에 너희는 먹지도 말고 만지지도 말라 너희가 죽을까 하노라 하셨느니라 뱀이 여자에게 이르되 너희가 결코 죽지 아니하리라 너희가 그것을 먹는 날에는 너희 눈이 밝아 하나님과 같이 되어 선악을 알 줄을 하나님이 아심이니라 여자가 그 나무를 본즉 먹음직도 하고 보암직도 하고 지혜롭게 할 만큼 탐스럽기도 한 나무인지라 여자가 그 실과를 따먹고 자기와 함께 한 남편에게도 주매 그도 먹은지라 이에 그들의 눈이 밝아 자기들의 몸이 벗은 줄을 알고 무화과나무 잎을 엮어 치마를 하였더라 그들이 날이 서늘할 때에 동산에 거니시는 여호와 하나님의 음성을 듣고 아담과 그 아내가 여호와 하나님의 낯을 피하여 동산나무 사이에 숨은지라 여호와 하나님이 아담을 부르시며 그에게 이르시되 네가 어디 있느냐 가로되 내가 동산에서 하나님의 소리를 듣고 내가 벗었으므로 두려워하여 숨었나이다 가라사대 누가 너의 벗었음을 네게 고하였느냐 내가 너더러 먹지 말라 명한 그 나무 실과를 네가 먹었느냐 아담이 가로되 하나님이 주셔서 나와 함께 하게 하신 여자 그가 그 나무 실과를 내게 주므로 내가 먹었나이다 여호와 하나님이 여자에게 이르시되 네가 어찌하여 이렇게 하였느냐 여자가 가로되 뱀이 나를 꾀므로 내가 먹었나이다 여호와 하나님이 뱀에게 이르시되 네가 이렇게 하였으니 네가 모든 육축과 들에 모든 짐승보다 더욱 저주를 받아 배로 다니고 종신토록 흙을 먹을 지니라 내가 너로 여자와 원수가 되게 하고 너의 후손도 여자의 원수가 되게 하리니 여자의 후손은 네 머리를 상하게 할 것이요 너는 그의 발꿈치를 상하게 할 것이니라 하시고 또 여자에게 이르시되 내가 네게 잉태하는 고통을 크게 더하리니 네가 수고하고 자식을 낳을 것이며 너는 남편을 사모하고 남편은 너를 다스릴 것이니라 하시고 아담에게 이르시되 네가 네 아내의 말을 듣고 내가 너더러 먹지 말라한 나무 실과를 먹었은즉 땅은 너로 인하여 저주를 받고 너는 종신토록 수고하여야 그 소산을 먹으리라 땅이 네게 가시덤불과 엉겅퀴를 낼 것이라 너의 먹을 것은 밭의 채소인즉 네가 얼굴에 땀이 흘러야 식물을 먹고 필경은 흙으로 돌아가리니 그 속에서 네가 취함을 입었음이라 너는 흙이니 흙으로 돌아갈 것이니라 하시니라 아담이 그 아내를 하와라 이름하였으니 그는 모든 산 자의 어미가 됨이더라 여호와 하나님이 아담과 그 아내를 위하여 가죽옷을 지어 입히시니라 여호와 하나님이 가라사대 보라 이 사람이 선악을 아는 일에 우리중 하나 같이 되었으니 그가 그 손을 들어 생명나무 실과도 따먹고 영생할까 하노라 하시고 여호와 하나님이 에덴동산에서 그 사람을 쫓아내시고 에덴동산 동편에 그룹들과 두루 도는 화염검을 두어 생명나무의 길을 지키게 하시니라

I. 서 론

인류의 대표자로서 하나님과 언약을 맺었던 시조 아담은 무거운 책임을 지고 있었다. 그러나 그는 언약을 지키지 못하고 실패하여 모든 후손으로 죄인이 되게 하였고 죄의 형벌로 사망의 비참함을 물려 주었다. 아담은 어떻게 하여 그렇게 실패하였는가?

1. 시험자의 처사

1) 시험자와 시험의 대상자

성경 말씀이 밝힌 바로는 아담과 하와를 꾀인 시험자는 뱀이었다. 그러나 진정한 시험자는 뱀 속에서 역사한 악한 자 마귀였다. 마귀는 범죄로 타락한 천사로(벧후2:4, 유1:6) 자기를 광명한 천사로 과장하는 (고후11:14) 간교한 자이다. 이 마귀가 시험할 직접 대상자는 인류의 대표자로서 언약을 받은 아담이었다. 그러나 마귀는 아담을 유혹하지 아니하고 하와를 먼저 유혹하였는데 이는 그녀가 언약의 직접 책임자가 아니었던 고로 유혹에 약하며 또 아담에게는 강력한 영향력을 행사할 수 있기 때문에 그녀에게 접근하여 유혹하였다고 본다. 이것이 곧 마귀의 간교성인 것이다.

2) 시험의 순서

간교한 마귀가 진행한 시험의 순서는 매우 교묘하여 넉넉히 하와를 넘어 뜨릴만 하였다.

2. 타락한 인생의 잘못

1) 말씀에 대한 확신이 없었다는 점이다.

하나님께서는 분명히 먹지 말라고 하셨는데 "만지지도 말라"고 하셨다고 첨가하였으며, "정녕 죽으리라"고 하셨는데 "죽을까 하노라"고 말히였다. 이것은 하나님의 말씀을 소중히 여기고 절대시하는 태도가 아니다. 설마 먹는다고 죽으랴 하는 태도이다. 하나님의 말씀을 확신하였다면 누가 무어라고 말하여도 차마 먹지 못하였을 것이다. 그러나 말씀에 대한 확신은 없고 설마 하는 자세를 가졌으니 먹을 수밖에 없었다.

2) 하나님께서 금하신 것을 사랑한 점이다.

하와가 선악과를 바라보았고 그것도 믿음 없이 정욕에 불타는 심정으로 바라보았던 것이 문제였다. 하나님께서 금하신 것을 보거나 가까이 하는 것이 범죄의 기회가 되는 것이다. 그것도 믿음 없는 정욕에 사로잡힌 마음으로 하면 더욱더 그러하다. 그러므로 하나님께서 금하신 것은 항상 피하고 멀리하여야 한다.

하와는 마귀의 꾀임 때문에 범죄 하였고, 아담은 하와의 꾀임 때문에 범죄 하였으니 책임이 없는 걸일까? 그렇지 않다. 하나님께서는 감당할 만한 시험만을 하시고 또한 피할 길도 주시는 하나님이시다.(고전 10:13)

그럼에도 불구하고 죄의 유혹을 받았을 때 하나님을 의지하지 아니하고 지극히 자유로운 자기 결단에 의하여 범죄 하였으니 변명의 여지는 없고 책임을 온전히 져야 하는 것이다. 오늘도 있을 악한 자 마귀의 꾀임을 우리는 이겨야 한다. 마귀의 간교성도 잘 알고 하나님의 말씀에 대한 확신 속에서 승리하는 자가 되어야 한다.

제17과 죄의 구분과 본질
[The division and Essential character of sin]

〈본문〉 로마서 1:18~32

하나님의 진노가 불의로 진리를 막는 사람들의 모든 경건치 않음과 불의에 대하여 하늘로 좇아 나타나나니 이는 하나님을 알 만한 것이 저희 속에 보임이라 하나님께서 이를 저희에게 보이셨느니라 창세로부터 그의 보이지 아니하는 것들 곧 그의 영원하신 능력과 신성이 그 만드신 만물에 분명히 보여 알게 되나니 그러므로 저희가 핑계치 못할지니라 하나님을 알되 하나님으로 영화롭게도 아니하며 감사치도 아니하고 오히려 그 생각이 허망하여지며 미련한 마음이 어두워 졌나니 스스로 지혜 있다 하나 우준하게 되어 썩어지지 아니하는 하나님의 영광을 썩어질 사람과 금수와 버러지 형상의 우상으로 바꾸었느니라 그러므로 하나님께서 저희를 마음의 정욕대로 더러움에 내어 버려 두사 저희 몸을 서로 욕되게 하셨으니 이는 저희가 하나님의 진리를 거짓 것으로 바꾸어 피조물을 조물주보다 더 경배하고 섬김이라 주는 곧 영원히 찬송할 이시로다 아멘 이를 인하여 하나님께서 저희를 부끄러운 욕심에 내어 버려 두셨으니 곧 저희 여인들도 순리대로 쓸 것을 바꾸어 역리로 쓰며 이와 같이 남자들도 순리대로 여인 쓰기를 버리고 서로 향하여 음욕이 불일 듯 하매 남자가 남자로 더불어 부끄러운 일을 행하여 저희의 그릇됨에 상당한 보응을 그 자신에 받았느니라 또한 저희가 마음에 하나님 두기를 싫어하매 하나님께서 저희를 그 상실한 마음대로 내어 버려 두사 합당치 못한 일을 하게 하셨으니 곧 모든 불의, 추악, 탐욕, 악의가 가득한 자요 시기, 살인, 분쟁, 사기, 악독이 가득한 자요 수군수군하는 자요 비방하는 자요 하나님의 미워하시는 자요 능욕하는 자요 교만한 자요 자랑하는 자요 악을 도모하는 자요 부모를 거역하는 자요 우매한 자요 배약하는 자요 무정한 자요 무자비한 자라 저희가 이 같은 일을 행하는 자는 사형에 해당하다고 하나님의 정하심을 알고도 자기들만 행할 뿐 아니라 또한 그 일을 행하는 자를 옳다 하느니라

Ⅰ. 서 론

유대의 격언에 "죄는 태아 때부터 인간의 마음에 싹트기 시작하여 인간이 자라감에 따라 강해져 간다"고 했다. 또 누군가는 "죄는 눈덩어리가 굴러가면서 커지듯이 불어난다"고도 말했다.

1. 죄의 구분(區分)

죄는 크게 원죄(原罪)와 본죄(本罪)로 구분된다.

1) 원죄

(1) 원죄의 의미
사람이 날 때부터 죄인의 신분과 상태를 가지고 오는데 이 죄인의 신분과 상태를 원죄라고 한다. 이 죄를 원죄라고 하는 것은 날 때부터 가지고 오는 죄이기 때문이며, 다른 모든 죄의 원천이 되기 때문이다. 원죄는 모든 인간 각자가 행동으로 범한 죄가 아니고 아담 안에서 범한 죄이다. 원죄는 ①인류의 시조에게서부터 유래한 것이고 ②나도 모르는 사이에 태중에서 부터 가지고 오는 죄이고 단순한 모방으로 생기는 죄가 아니다.

(2) 원죄에는 죄책과 오염이 따름
죄책 이란 죄에 대한 책임이다. 형벌 받을 만한 가치를 말한다. 또 원시적 오염이란 원죄에서 오는 부패성, 더러움을 말한다. 인간을 출생할 때 무죄하나 외부적인 죄의 모방으로 죄인이 되는 것이 아니라 원죄가 있기 때문에 죄를 모방하게 되는 것이다. 아담의 후손이 지닌 본성은 선이냐 악이냐 할 때에 낙관주의적 인생관을 가지고 사람들은 선하다고 생각한다. 그러나 성경적 대답은 "악하다". 사회가 인간을 망쳤는가, 그렇지 않으면 인간이 사회를 망쳤는가 할 때 성경은 인간이 사회를 망친 것으로 생각한다. 에덴동산의 환경이 아담을 망쳤는가, 아담이 에덴을 망쳤는가, 생각해 보라! 물론 악한 환경이 인간으로 범죄케 하는 경우도 있지만 인간이 타락함으로 좋은 환경을 망치고 결과는 더 큰 것이다.

원죄는 인간에게 어떤 비극을 가져 왔는가?

① 죽음에 이르는 병을 가져왔다. 인간에게 죽음 이상의 비극이 어디 있겠는가? 그것이 원죄 때문에 왔다는 말이다. "이러므로 한 사람으로 말미암아 죄가 세상에 들어오고 죄로 말미암아 사망이 왔나니 이와 같이 모든 사람이 죄를 지었음으로 사망이 모든 사람에게 이르렀느니라"고 했다.(롬5:12)

② 유전병을 가져왔다. 인간을 괴롭히는 것은 병이다. 만일 이 세상에서 병이 없다면 인간은 얼마나 행복할 것인가?

③ 원죄는 인력으로 해결할 수 없다. 원죄는 내가 직접 행동으로 범한 것이 아니고 시조 아담이 범한 죄가 자손된 모든 사람에게 유전된 것이다. 그러므로 죄의 기원은 엄격히 말해서 내게서 난 것이 아니고 아담이라는 제 삼 자를 통해서 생긴 것이다. 그렇기 때문에 죄의 해결 방법도 내 자신의 힘으로 할 수 없고 제 삼 자가 와서 해결해 주어야 한다. 그분이 누구인가? 그리스도이시다.

(3) 전적타락(패리)과 전적 무능력

원죄를 물려 받아서 원시적 오염이 있는 사람은 전적타락(패리)의 자리에 이르게 되었다. 전적타락이란 사람이 악할 대로 악해졌다는 말이 아니다. 이 말은 사람의 죄로 인한 타락성이 그 사람의 전반에 미쳤다는 말이다. 영혼과 신체의 모든 기능과 부분이 전적으로 더럽게 되었다는 말이다. 따라서 영적 선을 행할 능력이 전혀 없다. 이것을 전적무능력이라고 한다. 물론 사람이 상대적으로 착한 일도 하게 되고 사랑도 실천한다. 그러나 사람이 하나님을 향한 사랑을 인하여 하는 것도 아니며 하나님께 순종하여서 하는 것도 아니니 영적 선이 되지를 못한다.

2) 본죄(혹은 자범죄)

(1) 원죄와 본죄

원죄가 원인이 되어서 짓게 되는 죄로서 인간 스스로가 고의적으로 혹은 적극적으로 짓는 범죄 행위를 말하며, 이것을 자범죄(自犯罪)라고도 한다. 본죄는 사람이 물려 받은 성질이나 경향으로부터 구별된 개별적으로 범한 죄들이며, 따라서 원죄는 하나이나 본죄는 여럿이다.

(2) 본죄의 종류

본죄는 교만, 시기, 증오, 정욕, 악한 욕망 등의 내면생활의 죄들이 있고(내적인 죄), 속임, 도적질, 살인, 간음 등과 같은 외면생활의 죄(외형적 범죄)들이 있다. 또 본죄는 알지 못하여서 짓는 무식죄와 알고도 짓는 지식죄가 있으며 연약하여서 짓는 연약죄가 있는가 하면 고의적으로 짓는 고범죄도 있다. 무식, 연약, 오류를 인하여 짓는 죄도 두렵지 않은 것이 아니나 알면서도 고의적으로 짓는 죄는 더욱 더 큰 죄요 두려운 죄가 아닐 수 없다.

3) 전혀 용서받을 수 없는 죄(不可赦罪)

성경에는 본죄 중의 하나로서 영원히 용서를 받을 수 없는 죄를 말씀하고 있다. 이를 통칭 "성령을 훼방하는 죄"라고 하는데, 이 죄는 성령님께 대한 훼방죄(혹은 거역죄, 마12:31, 32, 막3:28~30) 혹은 모독죄(눅12:10)이며 히브리서6:4~6, 10:26,27, 요한일서5:16도 역시 이 죄를 가리킨다고 본다.

2. 죄의 본질

성경은 죄악의 본질에 대하여 무엇이라고 하는가? 죄는 상대적인 것이 아니고 절대적인 것으로 본다. 죄는 다음과 같은 성질을 가진다.

1) 죄는 유행성을 가지고 있다.

전염성 병이 유행할 때 처음부터 널리 퍼지는 것이 아니고 처음에는 한 사람으로부터 발병하나 나중에는 많은 사람에게 퍼진다. 죄의 성질도 유행병과 같다. 창세기 3장에 보면 죄가 맨 처음에는 하와로 말미암아 시작되어 아담에게 번졌다.(창3:6) 그리고 부모들의 죄는 같은 핏줄기를 타고 난 자녀들에게 퍼져서 가인이 아벨을 쳐 죽이는 일로 퍼졌다.(창4:8) 하와가 아담에게 죄를 전염시키는 방법은 정욕적인 사랑으로 나타났으나 가인이 아벨을 죽이는 살인은 질투로 나타났다. 가정의 죄는 다시 세계에 번졌다. 노아 시대에는 죄가 한 가정 한 지방만 아니라 온 세상에 관영하여 마침내 홍수심판을 초래하게 되었다.(창6장) 죄는 소돔 고모라 성에 편만하여 유황불에 타고 말았다.(창19장) 이스라엘의 광야 생활에서는 금송아지를 만들어 섬기는 일로 나타난다. 오늘날도 금송아지가 있는가? 있다. 외적 형태는 바뀌었으나 마음의 우상으로는 변함이 없다. 우상은 물질(피조물)을 하나님보다 더 사랑하고 섬기는 것이다. 현대인의 우상도 금이다. 돈(Mammonism) 앞에 무릎을 꿇지 않는 인간이 어디 있는가?(계3:15~17)

2) 죄는 방해성을 가지고 있다.

무엇을 방해 하는가?

첫째는 하나님과의 교제를 방해한다. 사59:1~3에 "여호와의 손이

짧아 구원치 못하심이 아니요 귀가 둔하여 듣지 못함도 아니다. 오직 너희 죄악이 너희와 너희 하나님 사이를 내었고 너희 죄가 그 얼굴을 가리워서 너희를 듣지 않으시게 함이니라"고 했다. 또한 죄는 하나님과의 교제만 방해할 뿐 아니라 인간과 인간의 교제도 방해한다! 그러므로 화목하고 제물을 드리라고 했다.(마5:23~24)

둘째로 죄는 하나님의 축복을 방해한다. 렘5:25에 "너희 허물이 이러한 일들을 물리쳤고 너희 죄가 너희에게 오는 좋은 것을 막았느니라"고 했다. 사1:19에 "너희가 즐겨 순종하면 땅의 아름다운 소산을 먹을 것이요 너희가 거절하여 배반하면 칼에 삼키우리라"고 했다. 하나님의 축복을 받고자 하는 자는 죄에서 떠나야 하며 이미 하나님의 축복을 받은 자가 축복을 지키는 길도 죄에서 떠나는 일이다.

3) 죄는 고착성(固着性)이 있다.

약1:15에 "욕심이 잉태한즉 죄를 낳고 죄가 장성한즉 사망을 낳느니라"고 했다. 욕심은 죄라고 하는 아들을 낳고 죄는 또 사망이라는 아들을 낳는다. 인간은 죽기를 싫어한다. 그러나 죄는 사랑한다. 우리는 죄를 미워하기를 죽음을 미워하듯이 미워해야 할 것이다.(Augustine-"The beatitude of all is that the blessed shall be unable to sin")

사람들은 죄에 대하여 말하는 것을 기뻐하지 않는다. 그러나 우리 인생들을 비참케 만든 원흉이 바로 죄가 아닌가? 그러므로 우리는 죄의 정체를 바로 알아야 한다. 그리하여 죄는 용서받으며 죄를 이기는 비결을 배워서 복스러운 우리의 앞날을 예비하여야 한다.

제18과 범죄의 결과
[A result of crime]

⟨본문⟩ 로마서 6:1~23

그런즉 우리가 무슨 말 하리요 은혜를 더하게 하려고 죄에 거하겠느뇨 그럴 수 없느니라 죄에 대하여 죽은 우리가 어찌 그 가운데 더 살리요 무릇 그리스도 예수와 합하여 세례를 받은 우리는 그의 죽으심과 합하여 세례 받은 줄을 알지 못하느뇨 그러므로 우리가 그의 죽으심과 합하여 세례를 받음으로 그와 함께 장사 되었나니 이는 아버지의 영광으로 말미암아 그리스도를 죽은자 가운데서 살리심과 같이 우리로 또한 새 생명 가운데서 행하게 하려 함이니라 만일 우리가 그의 죽으심을 본받아 연합한 자가 되었으면 또한 그의 부활을 본받아 연합한 자가 되리라 우리가 알거니와 우리 옛 사람이 예수와 함께 십자가에 못박힌 것은 죄의 몸이 멸하여 다시는 우리가 죄에게 종노릇하지 아니하려 함이니 이는 죽은 자가 죄에서 벗어나 의롭다 하심을 얻었음이니라 만일 우리가 그리스도와 함께 죽었으면 또한 그와 함께 살 줄을 믿노니 이는 그리스도께서 죽은 자 가운데서 사셨으매 다시 죽지 아니하시고 사망이 다시 그를 주장하지 못할 줄을 앎이로라 그의 죽으심은 죄에 대하여 단번에 죽으심이요 그의 살으심은 하나님께 대하여 살으심이니 이와 같이 너희도 너희 자신을 죄에 대하여는 죽은 자요 그리스도 예수 안에서 하나님을 대하여는 산 자로 여길지어다 그러므로 너희는 죄로 너희 죽을 몸에 왕 노릇 하지 못하게 하여 몸의 사욕을 순종치 말고 또한 너희 지체를 불의의 병기로 죄에게 드리지 말고 오직 너희 자신을 죽은 자 가운데서 다시 산 자같이 하나님께 드리며 너희 지체를 의의 병기로 하나님께 드리라 죄가 너희를 주관치 못하리니 이는 너희가 법 아래 있지 아니

> 하고 은혜아래 있음이니라. 그런즉 어찌하리요 우리가 법 아래 있지 아니하고 은혜 아래 있으니 죄를 지으리요 그럴 수 없느니라 너희 자신을 종으로 드려 누구에게 순종하든지 그 순종함을 받는 자의 종이 되는 줄을 너희가 알지 못하느냐 혹은 죄의 종으로 사망에 이르고 혹은 순종의 종으로 의에 이르느니라 하나님께 감사하리로다 너희가 본래 죄의 종이더니 너희에게 전하여 준바 교훈의 본을 마음으로 순종하여 죄에게서 해방되어 의에게 종이 되었느니라 너희 육신이 연약하므로 내가 사람의 예대로 말하노니 전에 너희가 너의 지체를 부정과 불법에 드려 불법에 이른 것같이 이제는 너희 지체를 의에게 종으로 드려 거룩함에 이르라 너희가 죄의 종이 되었을 때에는 의에 대하여 자유하였느니라 너희가 그때에 무슨 열매를 얻었느뇨 이제는 너희가 그 일을 부끄러워 하나니 이는 그 마지막이 사망임이니라 그러나 이제는 너희가 죄에게서 해방되고 하나님께 종이 되어 거룩함에 이르는 열매를 얻었으니 이 마지막은 영생이라 죄의 삯은 사망이요 하나님의 은사는 그리스도 예수 우리 주 안에 있는 영생이니라

I. 서 론

모든 인류의 대표자였던 시조 아담은 하나님과 맺은 귀하고 중한 언약을 지키지 못하고 범죄 하여 타락했다. 따라서 아담의 후손인 모든 사람이 다 죄에 빠지게 되었다.(롬5:12~21) "이러므로 한 사람으로 말미암아 죄가 세상에 들어오고 죄로 말미암아 사망에 왔나니 이와 같이 모든 사람이 죄를 지었으므로 사망이 모든 사람에게 이르렀느니라"(롬5:12) 그러면 아담이 하나님께 범죄함으로 빚어진 결과는 어떠한 것인가?

1. 하나님과의 교통이 끊어짐

하나님의 형상대로 지음 받은 인생은 하나님과 함께 하면 사는 것이고 복스러운 것이나 하나님으로부터 떨어지면 사망이요 불행이다. 범죄한 아담과 하와는 차마 거룩하신 하나님과 함께 있을 수가 없어서 ("악을 행하는 자마다 빛을 미워하여 빛으로 오지 아니하나니 이는 그 행위가 드러날까 함이요"요3:20) 하나님의 낯을 피하여 동산나무 사이에 숨었으며(창3:8), 하나님께서도 이를 용납하실 수 없어서 쫓아 내시고 말았다.(창3:24) 이것이 인생의 모든 불행과 비참한 정황의 시작이요 근원이었다. 에덴에서 아담과 하와의 행복은 산 좋고, 물 좋고, 먹을 것이 풍성한데 있었던 것이 아니라 생명의 근원, 복의 근원이신 하나님께서 함께 하셨기 때문이었다. 그러므로 하나님의 품을 떠난 인생은 부모를 잃은 고아요, 전원(電源)에서 끊긴 문화주택과 같이 불행한 자가 된 것이다.

2. 사람의 성질이 나빠짐

1) 인성(人性)의 전적부패(패괴)

범죄한 인생은 그 인성 전체가 타락하게 되었다. 그 지성도, 그 정서도, 그 의지도 타락하고 부패한 인생이 되고 만 것이다. 그리하여 그 총명이 어두워졌고(엡4:18), 버림받은 자(롬1:24,26,28)가 되었고, 심히 부패한 마음(렘17:9)을 가지게 되었고, 그 마음에서는 죄스럽고 더러운 것(마15:19,20)만이 나오게 되고 만 것이다.

2) 하나님의 형상을 잃어버림

창조 당시에 사람이 받은 하나님의 형상은 크게 나누면 사람의 인격성과 착함과 의로움과 거룩함으로 구성되는(골3:10, 엡4:24) 원시적의(原始的 義)로 되었었다. 그러나 범죄 타락한 인생은 이 원시적 의를 다 잃어 버리게 되었다.(인격성은 불완전하게나마 남아 있다) 그리하여 참된 의미에서 착함도, 의로움도, 거룩함도 없는 자가 되고 만 것이다.

3) 오염과 죄책의식이 있게 됨

범죄 타락하여 전적으로 패괴케 되었고 하나님의 형상을 잃어버린 인생은 더러워진 오염의 의식이 있어서 부끄러움을 느끼게 되었고 나체를 가리우는 노력에서 오염의 의식을 나타냈다. 또 죄책의 의식이 있어서 양심의 가책과 하나님께 대한 공포를 느껴 아담은 동산에서 숨기까지 하였다.

2. 사망과 고통

1) 전체적 사망

원래 창조된 대로의 인생은 죽지 않도록 되어 있었으나 범죄 함으로 인생은 죽어야 하는 인생이 되었다. 인간의 육체적 사망은 범죄의 결과였다. 범죄한 인생은 자기가 취해져 나온 흙으로 돌아갈 운명에 처하였다.(창3:19)

2) 질병과 고통

범죄한 인생은 죽어야 하는 인생이 되었고 질병과 가지가지의 고통을 겪다가 죽어야 하는 인생이 된 것이다. 여기에서 하나 명백하게 알아야 할 일이 있다. 오늘날 잘못된 교리로 성경을 비기독교적인 것으로 변질시킨 것이다. 그것은 어떤 교회들이 하찮은 병이나 사고를 보고 쉽게 정죄(定罪)하고, 어떤 비참한 죽음을 보고 무조건 죄 때문이라고 형제를 범죄자 다루듯 하는 큰 잘못을 저지르고 있다. 그러면 끔찍한 십자가에 죽으신 예수님이 죄인인가? 스데반이 죄가 많아 그토록 비참하게 죽었단 말인가? 성도도 고난이 있고 죽음이 있고 재난이 있을 수 있는 것이다. 감기나 무좀이 걸린 것도 조상의 죄니, 마귀니 하는 … 무당식 기독교가 범람하는 것은 매우 염려되는 일이요 각성할 일이다. 만약 그들이 주장하며 해석하는 대로 기독교를 이해한다면 우리 민족의 토속적 종교 생리에는 잘 맞아 떨어지므로 그럴 듯하게 들려질지는 몰라도 당장 성경에 나타난 여러 사건과 충돌되는 비기독교적인 교리임이 판명된다. 우리가 이 세상 사는 동안 겪는 고난, 고통이 모두 반드시 마귀의 역사로 보아서는 안된다. 이것을 신학상으로는 고악(苦惡)이라고 한다. 다시 말해서 천재지변, 질병, 사고, 기근, 전쟁, 사망 등이 반드시 죄는 아니다. 다만 죄로 말미암아 비롯된 고악이다. 그러므로 인간은 마귀(귀신)의 역사 여하를 막론하고 이런 고통을 때로는 피할 수 없는 것이다. 물론 마귀가 특별히 역사하는 때가 부지기수인 것은 사실이다. 우리가 알 것은 인간에게 온 질병과 고통은 죄의 결과로 온 고악이다. 여인에게는 해산의 고통을 주셨고(창3:16), 남자는 땀을 흘려 수고하여야만 먹고 살게 되었다.(창3:17~19) 그러다가 결국에는 죽어서 흙으로 돌아 가야만 되게 되었다.(창3:19)

3) 영적 사망과 영원한 사망

범죄한 인생은 하나님과 분리되었는데 이것이 영적인 사망이며(엡2:1), 그리고 후에는 영육이 아울러 지옥 불못에 떨어지는 영원한 사망을 겪게 되었다.

4. 환경의 악화

1) 자연이 저주 받음

만물의 영장이 되는 사람이 범죄 하니 자연계의 만물이 저주를 받게 되었다. 동물계도(창3:14), 땅도(창3:17,19) 저주를 받았다. 따라서 피

조물이 허무한데 굴복케 되었으며 탄식하며, 고통하게 된 것이다.(롬 8:20~22)

2) 낙원과 생명나무에서 격절(隔絶)

범죄한 인생은 낙원에서 쫓겨났다. 낙원은 하나님과 교제하는 처소이며 범죄치 아니한 인생들이 충만한 생과 행복을 누릴 처소였기 때문이었다. 또 범죄한 인생은 생명나무로 격절(분리되어 떨어져 나감) 되었는데 이 나무는 행위언약을 지켰을 경우에 약속된 생명의 상징이었기 때문이다. 인생은 하나님께 범죄하여 하나님과의 교제가 끊겼고, 전적부패하여서 죄만 지으며 살게 되었고, 오염과 죄책의 의식이 있어서 부끄러움과 양심의 가책과 하나님께 대한 두려움 속에서 질병과 고통을 겪으면서 살다가 마침내는 육신적으로 죽고, 후에는 영원히 죽어 지옥에 떨어져야 하는 불쌍한 자가 되었다. 그러므로 여기에서 창세기 3:15에 약속된 예수 그리스도의 구속이 절실히 요청되는 인생이 된 것이다.

제19과 인간의 전적 부패
[A Human's tatal inability]

〈본문〉 창세기 6:1~12

사람이 땅 위에 번성하기 시작할 때에 그들에게서 딸들이 나니 하나님의 아들들이 사람의 딸들의 아름다움을 보고 자기들의 좋아하는 모든 자로 아내를 삼는지라 여호와께서 가라사대 나의 신이 영원히 사랑과 함께 하지 아니하리니 이는 그들이 육체가 됨이라 그러나 그들의 날은 일백이십 년이 되리라 하시니라 당시에 땅에 네피림이 있었고 그후에도 하나님의 아들들이 사람의 딸들을 취하여 자식을 낳았으니 그들이 용사라 고대에 유명한 사람이었더라 여호와께서 사람의 죄악이 세상에 관영(貫盈)함과 그 마음의 생각의 모든 계획이 항상 악할 뿐임을 보시고 땅 위에 사람 지으셨음을 한탄하사 마음에 근심하시고 가라사대 나의 창조한 사람을 내가 지면에서 쓸어 버리되 사람으로부터 육축과 기는 것과 공중의 새까지 그리하리니 이는 내가 그것을 지었음을 한탄함이니라 하시니라 그러나 노아는 여호와께 은혜를 입었더라 노아의 사적은 이러하니라 노아는 의인이요 당세에 완전한 자라 그가 하나님과 동행하였으며 그가 세 아들을 낳았으니 셈과 함과 야벳이라 때에 온 땅이 하나님 앞에 패괴 하여 강포가 땅에 충만한지라 하나님이 보신즉 땅이 패괴하여 강포가 땅에 충만한지라 하나님이 보신 즉 땅이 패괴 하였으니 이는 땅에서 모든 혈육 있는 자의 행위가 패괴 함이었더라

I. 서 론

이 인간의 전적부패교리(Total inability)는 칼빈주의 5대교리 중의 하나이다. 「웨스트민스터 신앙고백문」에 보면 다음과 같이 말하고 있다. "인간은 죄로 타락했기 때문에 구원에 이르는 영적 선을 행할 능력을 전적으로 잃어버렸다. 그러므로 자연인은 자기의 힘으로 회개하든지 또는 회개에 이르는 준비를 할 수 없다"(9장3항). 그러면 그리스도 안에서 새로 지음을 받지 못한 자연인(불신자)은 전적으로 타락했다는 말은 무슨 뜻인가? 자연적인 선이나 인간에게 대한 선행이나 시민으로서의 선행이나 외부에 나타나는 선행을 행치 못한다는 뜻이 아니다. 자연인도 인간 보기에는 선을 행할 수 있다. 그러나 하나님이 인정하시는 선행은 못한다. 왜냐하면 하나님의 법이 요구하는 선행은 믿음을 전제한 선행이라야 통하기 때문이다. 다른 말로 바꾸어 말하면 하나님을 사랑하는 데서 출발한 선행이라야 진정한 선행인데 자연인에게는 하나님을 사랑하는 마음이 없다. 「로레인 뵈트너(Loraine Boettner)」는 그의 저서 예정론에서 "자연인은 자선사업을 위해서는 많은 돈을 바치지만 예수님의 이름으로 제자들에게는 냉수 한 그릇도 주지 아니한다"고 말했다. 과연 그렇다. 자기 이름을 나타내는 일에는 많은 재산을 바치나 하나님을 사랑하고 하나님을 위하여서는 안 바친다. 만일 인간에게서 공명심(功名心)과 명예욕을 뺀다면 인간의 선행 중에서 무엇이 남을까?

「스미드(W.D.Smith)」는 말하기를, 해적들이 국가에 대하여 역행하고 있지만 배안에서 자기 동료들끼리는 협력하며 선행을 하고 있다. 그러나 본 정부에 대하여는 반역자라고 했다. 하나님을 떠나서는 선행도 이와 마찬가지가 아니겠는가?

「워버튼(Ben A.Warburton)」은 다음과 같이 말하였다. "인간의 내면은 죄로 구박되어 있기 때문에 자유를 상실했다. 왜냐하면 인간의 판단은 자기의 욕망과 의지로 움직이는데 이것은 마치 스팀이 피스톤을 움직이고 피스톤은 바퀴를 돌리는 것과 같다. 인간은 자기의 원하는 대로 행한다. 인간은 자기의 본성을 거스려서는 아무것도 행할 수 없다. 인간의 타락한 본성은 자기를 얽매고 있다. 인간이 외부의 사물에 대하여는 자유 할 수 있으려니와 내면적 자아 즉 자기 자신 속에 도사리고 있는 악에 대하여는 자유 할 수 없다. 이것을 육의 생각이라고 하는데 이것으로는 하나님을 기쁘시게 할 수 없다.(로마서8:7~8)

인간의 본성이 부패했다는 것은 무엇을 의미하는가? 인격전체 즉, 지(知), 정(情),의(意)를 말하는 것이다. 「칼빈」은 "지성이 의지를 지배한다"했고, 「촬스 하지」는 "의지는 그의 이성에 부속되었다(Man's will was subject to his reason)"라고 했고, 「로버트 J.브랭쿤릿지」는 "의지에 관한 우리의 개념은 그것이 지능에 의하여 지배를 받는다"고 했다.

1. 인간의 지성은 타락했다.

이 말은 인간의 지성이 활동을 못한다는 말이 아니라 인간의 지성은 과학, 철학, 문학, 예술, 교육 각 부분에서 나타난다. 그러나 하나님을 아는 올바른 지식에서 타락했다. 고전1:19~20에 "내가 지혜 있는 자들의 지혜를 멸하고, 총명한 자들의 총명을 폐하리라 하였으니 지혜 있는 자가 어디 있느뇨, 선비가 어디 있느뇨, 이 세대에 변사가 어디 있느뇨, 하나님께서 이 세상의 지혜를 미련케 하신 것이 아니뇨.

마11:27에 "내 아버지께서 모든 것을 내게 주셨으니 아버지 외에는 아들을 아는 자가 없고 아들과 또 아들이 소원대로 계시를 받은 자 외엔 아버지를 아는 자가 없느니라" 엡4:17~18에 "그러므로 내가 이것을 말하며 주안에서 증거 하노니 이제부터는 이방인이 그 마음의 허망한 것으로 행함 같이 너희는 행하지 말라 저희 총명이 어두워지고 저희 가운데 있는 무지함과 저희 마음이 굳어짐으로 말미암아 하나님의 생명에서 떠나 있도다"라고 했다.

2. 감정이 타락하였다. (엡4:22, 갈5:24)

인간의 감정이 타락한 증거는 인간이 보고 기뻐해서는 안될 것을 보고 기뻐한다는 것이다. 이것은 여러 방법으로 나타나는데 스포츠, 예술에도 나타난다. 정상적인 스포츠가 아닌 피 흘리는 경기를 보고 좋아한다. 예술도 정상적인 미가 아닌 퇴폐적인 것을 따르고 있다. 청교도(Puritan)들은 영국에 살 때 오락장에도 가지 않았었다. 당시 오락장에서는 짐승을 매달고 곡예사가 치면 짐승이 괴로워하는 광경을 보고 좋아했다. 왜, 청교도들이 그런 오락장소에 가지 않았는가? 동물의 고통을 생각해서가 아니고 인간이 그런 것을 보고 기뻐하는 것이 정상적인 정서생활이 아니기 때문이다. 엄밀한 의미에서 복싱이나 레스링은 스포츠가 아니라, 인간의 탈을 쓴 동물의 난투극이다. 현대 사회에서 폭력을 제거하려면 난폭한 스포츠나 퇴폐적인 예술을 없애야 한다.

3. 의지가 타락하였다.

「루터」는 다음과 같이 말하였다. "인간의 자유의지란 사실상 잃어버린 빈 말에 불과하다. 내 말대로 말한다면 인간의 자유란 전혀 없는 것이다" 그는 말하기를 "타락한 인간은 죄악의 노예로 묶여 있기 때문에 하나님에 대한 선의 자극을 자신의 힘으로는 받을 수 없다. 선에 대한 성격은 하나님께 회개한 후부터 시작되는데 이것은 하나님의 은혜로서만 가능하다. 그러므로 예레미야 선지는 하나님께 기도하기를 '나를 이끌어 돌이키소서 그리하면 내가 돌아 오겠나이다' 라고 한 것이다"

「칼빈」은 다시 말하기를 "인간의 자유의지가 타락했다는 말은 악에 대한 행위의 자유가 없다는 말이 아니고 선행에 대하여 말하는 것이다.

사단이 악에 대하여 자유하는 것처럼 인간도 악에 대한 자유는 있다. 자기 충동을 인하여 움직이는 타락한 인간의 자유의지를 말할 때는 선에 대한 능력과 악에 대한 능력을 분별해야 한다"고 했다. 인간은 왜 자유의지를 말하나 선행은 못하는가? 그들의 마음속에 하나님을 사랑하는 마음이 없기 때문이다. 인간은 마치 날개 부러진 새와 같다. 날고싶어 하지만 날수는 없다. 타락한 인간은 왜 선행을 못하는가? 선행을 하려면 하나님을 사랑하는 마음이 있어야 하는데 인간은 하나님을 미워하고 있다. 선행을 하려면 악에서 떠나야만 하는데 인간은 죄를 죽도록 사랑하고 있다. 바울 사도는 무엇이라고 했는가? 롬7:17~24에서 "이제는 이것을 행하는 자가 내가 아니요 내 속에 거하는 죄니라 내속 곧 내 육신에 선한 것이 거하지 아니하는 줄을 아노니 원함은 내게 있으나 선을 행하는 것은 없노라. 내가 원한바 선은 하지 아니하고 도리어 원치 아니하는 바 악은 행하는 도다. 만일 내가 원치 아니하는 그것을 하면 이를 행하는 자가 내가 아니요, 내속에 거하는 죄니라. 그러므로 내가 한법을 깨달았노니 곧 선을 행하기 원하는 나에게 악이 함께 있는 것이로다. 내속 사람으로는 하나님의 법을 즐거워하되 내 지체속에 한 다른 법이 내 마음의 법과 싸워 내 지체속에 있는 죄의 법 아래로 나를 사로 잡아 오는 것을 보는 도다. 오호라 나는 곤고한 사람이로다. 이 사망의 몸에서 누가 나를 건져내랴"고 했다.

「어거스틴」은 그의 참회록 중에서 말하기를 "사람의 영혼이 부패할 때 악한 행동이 나타나고 또 거기서 격정(激情)이 생겨나고 또한 우리 영혼의 애정이 잘 다스려지지 않은 그때 육욕이 솟아나서 온갖 순간적 환락에 빠져 잘못을 범하고 반드시 가져야 할 정당한 영혼이 썩어졌기 때문에 거짓된 의견이 피차의 교체를 더럽히고 마는 것이다. 이런 상태가 내 영혼을 점령하고 있습니다"라고 했다. 예레미야 선지자는 13:23에 "구스인이 그 피부를, 표범이 그 반점을 변할 수 있느뇨 할 수 있을진대 악에 익숙한 너희도 선을 행할 수 있으리라"고 했다. 이 말은 인간의 전적부패를 보여주는 말이다. 예수님은 무엇이라고 말씀하셨는가? 요8:44에 "너희는 너희 마귀에게서 났으니 너희 아비의 욕심을 너희도 행하고자 하느니라. 저는 처음부터 살인자요, 진리가 그 속에 없으므로 진리에 서지 못하고 거짓을 말할 때마다 제것으로 말하나니 이는 저가 거짓말쟁이요 거짓의 아비가 되었음이니라"

① 그들은 마귀의 자녀요 ② 마귀의 종이라고 했다. 요2:24에 "예수는 그 몸을 저희에게 의탁지 아니 하셨으니 이는 친히 모든 사람을 아심이요"라고 했다. 인간은 아무도 인간의 마음을 들여다 보지 못한다. 그러나 예수님은 인간의 마음을 들여다 보셨다. 인간의 마음에는 죄악이 꽉 차 있다고 하신다.

창세기 6:5에 "여호와께서 사람의 죄악이 세상에 관영함과 그 마음의 생각의 모든 계획이 항상 악할 뿐임을 보시고"라고 했고 8:21에는 "여호와께서 그 향기를 흠향 하시고 그 중심에 이르시되 내가 다시는 사람으로 인하여 땅을 저주하지 아니하리니 이는 사람의 마음이 계획하는 바가 어려서부터 악함이라 내가 전에 행한 것같이 모든 생물을 멸하지 아니하리니"라고 했다.

제20과 언약 안의 인간
[A Human in the Covenant]

〈본문〉 히브리서 9:11~28

그리스도께서 장래 좋은 일의 대제사장으로 오사 손으로 짓지 아니한 곧 이 창조에 속하지 아니한 더 크고 온전한 장막으로 말미암아 염소와 송아지의 피로 아니하고 오직 자기 피로 영원한 속죄를 이루사 단번에 성소에 들어가셨느니라 염소와 황소의 피와 및 암송아지의 재로 부정한 자에게 뿌려 그 육체를 정결케 하여 거룩케 하거든 하물며 영원하신 성령으로 말미암아 흠 없는 자기를 하나님께 드린 그리스도의 피가 어찌 너희 양심으로 죽은 행실에서 깨끗하게 하고 살아 계신 하나님을 섬기게 못하겠느뇨 이를 인하여 그는 새 언약의 중보니 이는 첫 언약 때에 범한 죄를 속하려고 죽으사 부르심을 입은 자로 하여금 영원한 기업의 약속을 얻게 하려 하심이니라 우연은 유언한 자가 죽어야 되나니 유언은 그 사람이 죽은 후에야 견고한즉 유언한 자가 살았을 때에는 언제든지 효력이 없느니라 이러므로 첫 언약도 피 없이 세운 것이 아니니 모세가 율법대로 모든 계명을 온 백성에게 말한 후에 송아지와 염소의 피와 및 물과 붉은 양털과 우슬초를 취하여 그 책과 온 백성에게 뿌려 이르되 이는 하나님이 너희에게 명하신 언약의 피라 하고 또한 이와 같이 피로써 장막과 섬기는 일에 쓰는 모든 그릇에 뿌렸느니라 율법을 쫓아 거의 모든 물건이 피로써 정결케 되나니 피 흘림이 없은즉 사함이 없느니라 그러므로 하늘에 있는 것들의 모형은 이런 것들로써 정결케 할 필요가 있었으나 하늘에 있는 그것들은 이런 것들보다 더 좋은 제물로 할지니라 그리스도께서 참것의 그림자인 손으로 만든 성소에 들어가

> 지 아니하시고 오직 참하늘에 들어가사 이제 우리를 위하여 하나님 앞에 나타나시고 대제사장이 해마다 다른 것의 피로써 성소에 들어가는 것같이 자주 자기를 드리려고 아니하실지니 그리하면 그가 세상을 창조할 때부터 자주 고난을 받았어야 할 것이로되 이제 자기를 단번에 제사로 드려 죄를 없게 하시려고 세상 끝에 나타나셨느니라 한 번 죽는 것은 사람에게 정하신 것이요 그 후에는 심판이 있으리니 이와 같이 그리스도도 많은 사람의 죄를 담당하시려고 단번에 드리신 바 되셨고 구원에 이르게 하기 위하여 죄와 상관 없이 자기를 바라는 자들에게 두 번째 나타나시리라

1. 서 론

우리는 앞서 모든 인간이 아담 안에서 죄인 되었음을 알았고 또 지, 정, 의가 모두 전적으로 부패한 죽은 자이었음을 알았다. 그래서 사도 바울은 다음과 같이 부르짖었다. "내가 원하는 바 선은 하지 아니하고 도리어 원치 아니하는 바 악은 행하는 도다.... 그러므로 내가 한 법을 깨달았노니 곧 선을 행하기 원하는 나에게 악이 함께 있는 것이로다. 내 속으로는 하나님의 법을 즐거워 하되 내 지체속에서 한 다른 법이 내 마음의 법과 싸워 내 지체속에 있는 죄의 법 아래로 나를 사로잡아 오는 것을 보는도다. 오호라, 나는 곤고한 사람이로다. 이 사망의 몸에서 누가 나를 건져내랴? 우리 주 예수 그리스도로 말미암아 하나님께 감사하리로다!"

바울의 고백에 담긴 내용은 이렇다. 하나님이 주신 양심의 법대로 살려하는 "나"는 도저히 "나를 사로 잡아 가고자 하는 마귀의 힘"에 견딜 수 없는 것이다. 그때마다 죄인은 부르짖는다. "오호라, 나는 불쌍한

사람이로다", "오호라, 나는 괴롭고 비참한 슬픔의 사람이로다", "죄로 완전히 죽어버린 이 시체를 과연 누가 살려 줄 수 있겠는가?" 그런데 희한한 일이 벌어졌다. 그리스도 예수로 말미암아 죄인이 구원을 받게 되어 사망에서 생명으로, 마귀의 자녀에서 하나님의 자녀로 전환하게 되었다. 이런 변화는 행위언약으로서는 엄두도 못낼 일이다. 그래서 성경은 그것을 "은혜(Grace)"라고 표현하며 구원받은 우리들로서도 이구동성으로 "은혜였을 뿐"이라고 눈물겨운 고백을 하게 된다. 그러므로 우리는 "예수 안에서(In Christ Jesus)" 은혜언약의 인간 곧, "구원받은 인간"이 되었다고 말하게 된 것이다. 따라서 이 언약은 인간의 그 어떤 조건도 배제한 채 하나님의 일방적인 "사랑의 강권"에 의해 체결되었고 선포된 것임이 분명하다.

"너희가 그 은혜를 인하여 믿음으로 말미암아 구원을 얻었나니 이것이 너희에게서 난 것이 아니요 하나님의 선물이다. 행위에서 난 것이 아니니 이는 누구든지 자랑치 못하게 하려 함이니라"(엡2:8~9)

1. 구속의 언약(The Covenant of Redemption)

우리 인생들은 하나님께 범죄한 죄인들로서 소망 없는 불쌍한 자들이 되었다. 그러나 은혜로우신 하나님께서는 이 죄인들을 구속하실 계획을 영원 전부터 세우셨다. 이것이 구속의 언약으로 나타났다. 하나님은 말세 전에 그리스도 안에서 인간을 구속하기 위한 한 언약을 설정하셨다. "창세 전에 그리스도 안에서 우리를 택하사…. 그 기쁘신 뜻대로 우리를 예정하사…. 우리가 그리스도 안에서 그의 은혜의 풍성함을 따라 그의 피로 말미암아 구속 곧 죄사함을 받았으니"(엡1:4~7) "하나님이 우리를 구원하사 거룩하신 부르심으로 부르심은 우리의 행위대로 하심이 아니요 오직 자기의 뜻과 영원한 때 전부터 그리스도 예수 안에서 우리에게 주신 은혜대로 하심이라"(딤후1:9), (참고: 엡3:11, 살후

2:13, 요5:30, 6:37~39, 17:4,6, 딛1:2)

    이와 같은 성경의 증거로 미루어 보건데, 하나님(성부)은 삼위(三位)의 대표로서, 그리고 성자 예수님은 모든 선택받은 성도들의 대표로서, 양자간에 인간구원을 위한 어떤 계약이 이루어진 것을 알 수가 있다. 이리하여 예수 그리스도는 구속계약의 머리가 됨과 동시에 보증(保證)이 되신다. "이와 같이 예수는 이 좋은 언약의 보증이 되셨느니라"(히7:22) "아담 안에서 모든 사람이 죽은 것 같이 그리스도 안에서 모든 사람이 삶을 얻으리라"(고전15:22) "곧 한 사람의 범죄를 인하여 많은 사람이 죽었은즉 더욱 하나님의 은혜와 또는 한 사람 예수 그리스도의 은혜로 말미암은 선물이 많은 사람에게 넘쳤으리라"(롬5:12~21)

    죄인의 보증이 된 그리스도는 모든 법적 의무(죄 값으로 사망을 당해야 될 의무)를 자신이 지시고 십자가의 형벌을 받아 죽으심으로서 율법의 요구에 응하시고 완전히 성취하신 것이니 이것을 "구속의 언약"이라고 하는 것이다. 아무리 하나님의 자녀라 하더라도 죄는 그냥 없어질 수는 없는 것이다. 왜냐하면 율법은 분명히 "순종치 아니하면 죄요, 죄의 값은 사망이라"고 하였는데 이것은 바로 하나님 자신이 세운 완전한 "공의의 법"이기 때문이다. 하나님은 선택된 백성을 사랑하시므로 우리가 멸망치 않고 구원 받기를 열망하시나 하나님의 공의는 죄 값에 대해 어쩔 도리가 없는 것이다. 대통령이라도 자기 아들이 범죄 하면 어쩔 수 없이 법의 요구에 응해야 하는 이치와 같은 것이다.

    우리 인생들은 행위언약을 지키지 못하여 타락한 죄인이 되었으며 소망 없는 슬픈 자가 되었다. 그러나 성부와 성자 사이에 죄인들을 구원하시기 위한 구속의 언약이 체결되었는데, 이 언약에서 그리스도께서 보증이 되어 주시는 일, 몸소 행위언약의 모든 요구를 다 응수하시어서 우리의 구속을 확보하신 일 등이다. 이 얼마나 은혜로운 조치인가!

2. 은혜의 언약

은혜의 언약은 하나님과 택함을 입은 죄인 사이에 맺어진 협정인데 이 협정에 하나님은 그리스도에 대한 신앙을 통하여 얻을 구속을 약속하시고 죄인은 그 약속을 신념적(信念的)으로 받아 들여 신앙과 순종을 약속한다. 이것이 은혜의 언약인데 이것은 구속의 언약에 기초를 두고 있는 것이다.

1) 당사자와 중보(보증자)

(1) 제1당사자 : 하나님
은혜의 언약에서 제1당사자는 하나님이시다. 성경에서 보면 하나님과 사람 사이의 언약은 항상 하나님의 일방적인 조치에 의해 계약 설정되었다. 그러나 그 계약의 성격은 항상 은혜롭게 결정하셨다.

(2) 제2당사자 : 선택된 죄인
이 언약의 제2당사자는 피택 죄인이다. (이것은 개혁파 신학자들의 지배적인 주장이다) 어떤 이들은 단순히 하나님이 일반적인 죄인으로 더불어 언약을 맺으셨다고 말하지만 성경의 뜻을 깊이 살펴보면 하나님이 피택자 즉, 피택 죄인들로 더불어 언약관계를 맺으셨다고 하신다. 이 언약의 제2당사자가 피택 죄인이라고 할 때에 구속의 언약이나 제한 속죄설이나 예정 교리에 맞는 이론이 된다.

(3) 중보(보증자) : 예수 그리스도
성경에서 그리스도는 이 언약의 중보로 계시되었다. 그리스도는 죄인들의 죄책을 다 지시고 그 형벌을 다 갚아 주셨기 때문에 합법적인 보증자가 되셨다.(히8:6, 9:15, 12:24, 7:22) 따라서 그리스도께서 우리를 위해 희생해 주셨기 때문에 우리는 감히, 그리고 담대하게 우리 하나님께 접근할 수 있게 된 것이다.(딤전2:5)

2) 약속과 요구

(1) 약 속
은혜언약의 약속은 성경에 자주 나타나 있다. "나는 그들의 하나님이 되고 그들은 내 백성이 될 것이라"(렘31:33, 38~40, 겔34:23~25,30,31, 36:25~28, 히8:10, 고후6:16~18)
이 약속에는 여러 가지 의미가 포함되어 있다. ① 현세적 축복의 약속 ② 칭의의 약속 ③ 성령의 약속 ④ 영화(榮化)의 약속 등이다.(욥 19:25~27, 시16:11, 73:24~26, 사43:25, 렘31:33,34, 겔36:27, 단 12:2,3, 갈4:4~6, 딛3:7, 히11:7, 약2:5)

(2) 요 구
은혜의 언약은 행위의 언약이 아니다. 약속된 것을 얻기 위하여 어떤 행위를 요구한 것이 아니다. 다만 하나님께서 약속하신 축복을 받음에 있어서 우리에게 요구하신 것은 예수 그리스도에 대한 신앙(믿을 것)이다. 즉 이 언약의 혜택에 참여하기 위하여 우리는 반드시 주 예수 그리스도를 하나님의 아들로 받아야(믿어야) 한다. 이것은 공로로 간주할 만한 어떤 선행이 못되고 단순히 하나님께서 피택 죄인들에게 하신 요구에 불과한 것이다.

3) 이 언약의 특성
(1) 은혜성.
(2) 영원불가피성.
(3) 특수성.

(4) 동일성.

(5) 조건적이며 무조건적이다.

(6) 유언성.

은혜 언약은 항상 은혜(Grace)에 기초한다. 하나님의 전 역사가 모두 은혜이다. 그래서 우리는 메시야(그리스도)를 기점으로 해서, 오실 그리스도를 예표로 하고 은혜의 약속을 베푼 것을 "구약(Old Testament)"이라 하고 오신 그리스도를 근거로 은혜의 약속을 베푼 역사를 "신약(New Testament)"이라고 칭한다.

IV

기독론

THE DOCTRINE OF THE PERSON AND WORK OF CHRIST

제21과 그리스도의 신분(Ⅰ)
[The Indentity of Christ]

〈본문〉 마태복음 16:1~28

바리새인과 사두개인들이 와서 예수를 시험하여 하늘로서 오는 표적 보이기를 청하니 예수께서 대답하여 가라사대 너희가 저녁에 하늘이 붉으면 날이 좋겠다 하고 아침에 하늘이 붉고 흐리면 오늘은 날이 궂겠다 하나니 너희가 천기는 분변할 줄 알면서 시대의 표적은 분변할 수 없느냐 악하고 음란한 세대가 표적을 구하나 요나의 표적밖에는 보여 줄 표적이 없느니라 하시고 저희를 떠나가시다 제자들이 건너편으로 갈새 떡 가져가기를 잊었더니 예수께서 이르시되 삼가 바리새인과 사두개인들의 누룩을 주의하라 하신대 제자들이 서로 의논하여 가로되 우리가 떡을 가져오지 아니하였도다 하거늘 예수께서 아시고 가라사대 믿음이 적은 자들아 어찌 떡이 없음으로 서로 의논하느냐 너희가 아직도 깨닫지 못하느냐 떡 다섯 개로 오천 명을 먹이고 주운 것이 몇 바구니며 떡 일곱 개로 사천명을 먹이고 주운 것이 몇 광주리이던 것을 기억지 못하느냐 어찌 내 말한 것이 떡에 관함이 아닌 줄을 깨닫지 못하느냐 오직 바리새인과 사두개인들의 누룩을 주의하라 하시니 그제야 제자들이 떡의 누룩이 아니요 바리새인과 사두개인들이 교훈을 삼가라고 말씀하진 줄을 깨달으니라 예수께서 가이사랴 빌립보 지방에 이르러 제자들에게 물어 가라사대 사람들이 인자를 누구라 하느냐 가로되 더러는 세례 요한, 더러는 엘리야, 어떤 이는 예레미야나 선지자 중의 하나라 하나이다 가라사대 너희는 나를 누구라 하느냐 시몬 베드로가 대답하여 가로되 주는 그리스도시오 살아 계신 하나님의 아들이시니이다 예수께서 대답하여 가라사대 바요나 시몬아 네가 복이 있도다 이를 네게 알게 한 이는 혈육이 아니요 하늘에 계신 내 아버지시니라 또 내가 네게 이르노니 너는 베드로라 내가 이 반석 위에 내 교회를 세우리니 음부의 권세가 이기지 못하리라 내가 천국 열쇠를 네게 주리니 네가 땅에서 무엇이든지 매면 하늘에서도 매일 것이요 네가 땅에서 무엇이든지 풀면 하늘에서도 풀리리라 하시고 이에 제자들을 경계하사 자기가 그리스도인 것을 아무에게도 이르지 말라 하시니라 이때로부터 예수 그리스도께서 자기가 예루살렘에 올라가 장로들과 대제사장들과 서기관들에게 많은 고난을 받고 죽임을 당하고 제삼일에 살아나야 할 것을 제자들에게 비로소 가르치시니 베드로가 예수를 붙들고 간하여 가로되 주여 그리 마옵소서 이 일이 결코 주에게 미치지 아니하리이다 예수께서 돌이키시며 베드로에게 이르시되 사단아 내 뒤로 물러가라 너는 나를 넘어지게 하는 자로다 네가 하나님의 일을 생각지 아니하고 도리어 사람의 일을 생각하는도다 하시고 이에 예수께서 제자들에게 이르시되 아무든지 나를 따라오려거든 자기를 부인하고 자기 십자가를 지고 나를 좇을 것이니라 누구든지 제 목숨을 구원코자 하면 잃을 것이요 누구든지 나를 위하여 제 목숨을 잃으면 찾으리라 사람이 만일 온 천하를 얻고도 제 목숨을 잃으면 무엇이 유익하리요 사람이 무엇을 주고 제 목숨을 바꾸겠느냐 인자가 아버지의 영광으로 그 천사들과 함께 오리니 그때에 각 사람의 행한 대로 갚으리라 진실로 너희에게 이르노니 여기 섰는 사람중에 죽기전에 인자가 그 왕권을 가지고 오는 것을 볼 자들도 있느니라

Ⅰ. 서 론

우리 기독교인이 예수 그리스도가 어떤 분이시며 그의 근본은 무엇인가 하는 것을 아는 것은 매우 중요하다.
　마태복음 16:13에 보면 예수님께서 예루살렘으로 올라가시다가 도

중(道中)에서 제자들에게 사람들이 인자를 누구라 하느냐고 물으셨다. 사람들의 대답은 여러 가지였다. 세례 요한, 엘리야, 예레미야나 선지자 중의 하나일 것이라고 했다. 이 말은 예수님을 단순한 유대인으로, 선지자로, 이상적인 인간의 모델로, 성인군자로 보았다는 말이다. 예수님께서는 다시 제자들에게 묻기를 "그러면 너희들은 나를 누구라 하느냐?"고 했다. 시몬 베드로가 대답하기를 "주는 그리스도시요 살아 계신 하나님의 아들이시니이다"라고 했다. 이때 예수님께서는 "바요나 시몬아 네가 복이 있도다. 이를 네게 알게 한 이는 혈육이 아니요 하늘에 계신 내 아버지시니라"고 칭찬했다. 베드로의 대답에는 예수님을 단순한 사람으로 본 것이 아니라 하나님으로 본 것이다.

1. 그리스도의 선재(先在)

그리스도의 선재란 예수님이 베들레헴에 탄생(강생) 하시기 전부터 계셨다는 것이다.

"하늘에서 내려 온 자 곧 인자 외에는 하늘에 올라 간 자가 없느니라"(요3:13)

"그러면 너희가 인자의 이전 있던 곳으로 올라가는 것을 볼 것 같으면 어찌하려느냐"(요6:62)

"하늘에서 내려왔다"는 말씀이나 "이전 있던 곳"이란 말씀은 다 예수님이 세상에 오시기 전부터 계셨다는 증거이다. 그러므로 예수님의 기원은 땅 위에서 부터가 아니고 하늘로부터 오신 것이다.

사도 요한은 요한복음 1:1~3에서 "태초에 말씀이 계시니라. 이 말씀은 곧 하나님이시니라. 그가 태초에 하나님과 함께 계셨고 만물이 그로 말미암아 지은 바 되었으니 지은 것이 하나도 그가 없이는 된 것이 없느니라"고 했다. 요한복음 8:56~58에 보면 예수님께서 유대인들에게 "너희 조상 아브라함은 나의 때 볼 것을 즐거워하다가 보고 기뻐하였느니라"고 하매 유대인들은 "네가 아직 오십도 못되었는데 아브라함을 보았느냐?"고 반문했다. 이때 예수님께서 대답하시기를 "나는 아브라함이 나기 전부터 있느니라"고 하였다. 아브라함은 예수님보다 몇 천년 전 사람이었다. 그런데 어떻게 예수님이 아브라함보다 먼저 있었단 말인가? 물론 예수님의 인성은 아브라함보다 뒤에 오셨지만 예수님은 화육(化肉) 하시기 전에도 하나님(靈)으로 선재 하셨다는 것이다. 세례요한은 예수님의 선재에 대하여 요한복음 1:30에서 "내가 전에 말하기를 내 뒤에 오는 사람이 있는데 나보다 앞선 것은 그가 나보다 먼저 계심이라 한 것이 이 사람을 가리킴이라" 했는데 예수님은 세례요한 자기보다 먼저 계셨다고 증거 했다. 물론 세례요한과 예수님의 인성을 비교할 때 세례요한이 육 개월 먼저 세상에 왔지만 영으로는 예수님이 먼저 계셨다는 말이다.

"그리스도의 화육(化肉)은 단지 위대한 인물의 출생이 아니고 하나님의 독생자가 인간세계에 개입할 것으로 보는 것이 중요하며 우리는 그리스도 안에서 신인(神人)되는 분의 얼굴을 대하여 볼 수 있다."「사무엘지, 크레이그 박사」

2. 화육(化肉-육신을 입으심)

일반적으로 화육이라 하면 하나님이 사람의 몸을 입고 세상에 오신 것으로 생각한다. 물론 성경이 그렇게 말하고 있다. 그 이유는 예수 그리스도 자신이 하나님이시기 때문이며, 또 예수님께서 화육하시는 때에 삼위일체 하나님께서 다같이 역사하셨기 때문이다.(마1:20, 눅1:35, 요1:14, 행2:30, 빌2:7) 그러나 엄격하게 말해서 하나님 전체가 사람이 되었다는 뜻은 아니다. 왜냐하면 성자 하나님만이 화육하셨기 때문이다. 그렇기 때문에 사도 요한은 그리스도의 화육을 "말씀이 육신이 되었다"고 한 것이다. 이 화육은 무한한 존재가 유한한 세계에, 또는 초자연적 존재가 자연계에 개입하는 방편이라고 할 수 있다. 구약시대에는 성부 하나님이 선지자를 통하여 말씀으로 자기 백성을 찾아 주셨으나 신약시대는 성자 하나님이 사람의 몸을 입으시고 역사세계에 찾아 오신 것이다. 요한복음 1:14에 "말씀이 육신이 되었다"는 말씀의 원문은 「에게네토」인데, 이 뜻은 로고스(제 이 위의 하나님)가 육신으로 변하거나 본질이 변했다는 뜻이 아니고 로고스가 지금까지 없던 육신을 덧입었다는 뜻이다. 로고스는 화육하신 후에도 무한하신 존재로 남아 계신다. 구약시대에도 하나님께서 나타나셨는데 하나님을 본 자들은 두려움에 사로잡혀 기절하였다. 그러나 신약시대에 그리스도를 통하여 하나님을 본 자는 두려움이 없었다. 그러므로 이사야 선지자는 예언하기를 "보는 자의 눈이 감기지 아니할 것이요 듣는 자의 귀가 기울어지리라"(사32:3)고 했다.

3. 동정녀 탄생

그리스도의 동정녀 탄생에 대하여는 마태복음과 누가복음에 말하고 있다. 마태복음 1장에는 "그 모친 마리아가 요셉과 정혼하고 동거하기 전에 성령으로 잉태된 것이 나타났다"고 했고 누가복음 1장에는 천사와 마리아의 대화 중에 나타나 있다. 성경이 이처럼 동정녀 탄생을 말하고 있기 때문에 초대교회가 이 진리를 믿었고 또 고백하였다. 사도신경에 "그 외아들 예수 그리스도를 믿사오니 이는 성령으로 잉태하사 동정녀 마리아에게 나시고"라고 고백하고 있다. 사도시대 이후 오늘에 이르기까지 성경을 믿는 역사적 기독교에서는 그리스도의 동정녀 탄생을 믿어왔다. 그러나 근래에 와서는 이 교리를 부인하는 신학자들이 생기게 되었다. 「에밀·부르너」는 "동정녀 탄생교리를 포기한지는 벌써 오래되었다"고 했다.(The Mediator, P.324)

그러면 동정녀 탄생 교리가 우리의 구원과 어떤 관계가 있는가? 오늘날 자유주의자들은 말하기를 "그리스도의 동정녀 탄생교리는 우리의 구원과 하등의 관계가 없다. 단지 그리스도가 인간의 죄를 대신하여 십자가상에서 죽으신 것을 믿으면 족하다"고 말한다. 그러나 그렇지 않다. 동정녀 탄생 교리는 우리의 구원과 밀접하고 또 중대한 관계가 있다. 그것은 왜냐하면 만일 그리스도께서 참으로 동정녀의 몸에서 나지 아니하시고 부정모혈을 타고났다면 예수님도 우리와 조금도 다를 바 없는 죄인이 되실텐데 그렇게 되면 죄인은 죄인을 구원할 수 없다는 원리를 피할 수 없게 되는 것이다. 그러므로 동정녀 탄생을 부인하는 것은 결과적으로 그리스도의 구주 되시는 자격을 박탈하는 것이다. 구주의 참 자격은 자신이 범한 죄도 없어야 하는 동시에 또한 조상때 부터 내려오는 원죄도 없어야 한다. 그리스도는 원죄와 관계없이 세상에 오시기 위해 깨끗한 동정녀의 몸에서 나신 것이다. 구약시대에 죄를 속하기 위해 드린 양은, 유월절 양을 비롯해서 모든 양은 흠이 없어야 한다. 구약시대의 모든 무흠한 양은 무죄하게 오실 그리스도의 모형이다. 동정녀 탄생에 대해서 두 계층에서 잘못된 주장을 하고 있다.

그 첫째는 천주교의 주장이다. 마리아의 동정녀성(처녀성)을 지나치게 옹호하려는 의도에서, 마리아가 예수님 외에는 다른 자녀를 낳지 않았다고 주장하고 있다. 그러나 성경 4복음에서는 예수님에게 동복 남녀동생들이 여섯 명 이상이나 있었다고 말씀하고 있다.(막6:3) 그러면 천주교에서는 왜 이런 주장을 하게 되었을까? 그것은 예수님의 무죄하심을 강조하려는 의도 못지 않게 마리아를 필요이상으로 높이려는 의도 때문에 저지르는 실수이다. 그리스도께서 동정녀의 몸에서 나신 것은 그리스도의 무죄하심을 위한 것일 뿐 마리아를 높이려는 뜻은 전혀 없다. 그러므로 천주교에서 마리아를 성인으로 높이는 것은 과오이다.

둘째는 자유주의자들의 주장이다. 그들은 마리아가 동정녀가 아니었다고 주장한다. "보라 처녀가 잉태하여 아들을 낳을 것이요 그 이름은 임마누엘이라 하리라"(사7:14)고 한 예언에서 "처녀"(히브리 원어로는 "알마"라고 읽는다)가 결혼하지 아니한 처녀를 말하는 것이 아니고 처녀나 부인이나 구분하지 않고 여성에게 공용하는 말이라고 한다. 그래서 트리보(Trypho)나 킴키(Kimchi)는「알마」를 처녀(Virgin)로 해석하지 않고 여인(Woman)으로 해석한다. 그러나 어의상으로 볼 때「알마」는 결혼하지 아니한 처녀(남자를 가까이 한 바 없는 소녀)를 의미한다. 구약성경에서는 처녀를 말할 때「베틀라」나「알마」라는 말을 사용했는데 이중「알마」라는 말을 더 많이 사용했다.(출2:8, 창24:16) 구약성경에서 가정생활이나 동거생활을 했던 여자를 말할 때는「이쉬」나「나아」라는 말을 사용하고 있다.

신약성경에서도 순수한 처녀를 의미하는 말「팔테노스」라는 말을 마리아에게 적용하여 사용했다. 자유주의자들이 동정녀 탄생 교리를 믿지 아니하는 둘째 이유가 있는데 그것은 자연법칙에 맞지 않는다는 것이다. 그들의 주장은, 인간에게는 출생법칙이 있는데, 사람이 동정녀의 몸에서 난다는 것은 비과학적이라는 것이다. 그들 중 지나치게 말하는 사람들은 동정녀 탄생에 대한 이 말씀을 하나의 신화(神話)로 꾸며서 만든 것이라고 주장한다. 그래서 자유주의 자들은 동정녀 탄생 교리는 신학상으로 논란 할 바 아니고 의학의 해석에 맡겨야 한다고 주장한다. 동정녀 탄생에 대한 것을 의학의 판단에 맡기자는 말은 무슨 뜻인가? 이 말은 곧 믿을 수 없다는 뜻이다. 그러면 우리들(칼빈주의자들)은 어떻게 그리스도의 동정녀 탄생을 믿는가? 우리가 이것을 믿는 것은 자연법칙에 맞거나 현대의학이 납득이 갈 만큼 설명해 주기 때문이 아니다. 기독교는 출발의 시초부터가 자연법칙에 기반하고 있는 것이 아니고 초자연 법치에 기초하고 있다. 하나님이 아무 것도 없는데서 만물을 창조하셨다는 것은 자연법칙에 맞는가? 그리스도께서 동정녀의 몸에 나셨다는 것은 자연법칙에 맞는가? 그리스도가 죽은 가운데서 부활하셨다는 것은 자연법칙에 맞는가? 그러므로 마리아가 성령의 권능(초자연법칙)으로 잉태된 것을 모르는 요셉은 자연법칙으로만 생각할 때 도저히 납득이 가지 않는 일이므로 마리아와의 약혼 관계를 가만히 끊으려고 생각했었다. 그러면 이러한 것을 우리가 어떻게 납득할 수 있겠는가? 그것은 하나님께서 자연법칙 이상인 성령의 역사로 알게 해 주셔야만 된다.(마1:20) 오늘도 동정녀 탄생 교리를 안 믿는 사람들에게 믿게 하는 힘은 자연법칙의 설명이 아니고 하나님께서 성령으로 역사 하는데 있다. 왜 칼빈주의자들은 동정녀 탄생 교리를 믿는가?

① 성경이 그리스도의 동정녀 탄생 교리를 말하기 때문에 믿는다.(사7:13, 마1:18)

② 마리아 본인이 증거 했다. 무슨 사건이든지 진상을 규명하려면 사건 당사자의 증거가 제일 유력하다. 세상 법정에서도 사건에 대하여 언도하기 전에 본인의 진술을 듣는다. 누가복음 1:34에 천사가 마리아에게 그리스도의 탄생을 예고했을 때 그녀가 말하기를 "나는 사내를 알지 못하니 어찌 이 일이 있으리까"라고 진술했다.

③ 요셉이 고민하였다. 마태복음 1:19에 보면 요셉은 자기가 마리아와 동거하기 전에 잉태된 것이 나타났을 때 고민하였다. 만일 요셉이 동거 생활을 했다면 하등 고민할 필요가 없다. 그가 이 문제로 고민했다는 것은 곧 아직 동거하기 전에 잉태되었기 때문이다.

제22과 그리스도의 신분(Ⅱ)
[The Identity of Christ]

⟨본문⟩ 빌립보서 2:1~18

그러므로 그리스도 안에 무슨 권면이나 사랑에 무슨 위로나 성령의 무슨 교제나 긍휼이나 자비가 있거든 마음을 같이하여 같은 사랑을 가지고 뜻을 합하여 한 마음을 품어 아무 일에든지 다툼이나 허영으로 하지말고 오직 겸손한 마음으로 각각 자기보다 남을 낫게 여기고 각각 자기 일을 돌아볼뿐더러 또한 각각 다른 사람들의 일을 돌아보아 나의 기쁨을 충만케 하라 너희 안에 이 마음을 품으라 곧 그리스도 예수의 마음이니 그는 근본 하나님의 본체시나 하나님과 동등됨을 취할 것으로 여기지 아니하시고 오히려 자기를 비어 종의 형체를 가져 사람들과 같이 되었고 사람의 모양으로 나타나셨으매 자기를 낮추시고 죽기까지 복종하셨으니 곧 십자가에 죽으심이라 이러므로 하나님이 그를 지극히 높여 모든 이름 위에 뛰어난 이름을 주사 하늘에 있는 자들과 땅에 있는 자들과 땅 아래 있는 자들로 모든 무릎을 예수의 이름에 꿇게 하시고 모든 입으로 예수 그리스도를 주라 시인하여 하나님 아버지께 영광을 돌리게 하셨느니라 그러므로 나의 사랑하는 자들아 너희가 나 있을 때 뿐 아니라 더욱 지금 나 없을 때에도 항상 복종하여 두렵고 떨림으로 너희 구원을 이루라 너희 안에서 행하시는 이는 하나님이시니 자기의 기쁘신 뜻을 위하여 너희로 소원을 두고 행하기 하시나니 모든 일을 원망과 시비가 없이 하라 이는 너희가 흠이 없고 순전하여 어그러지고 거스리는 세대 가운데서 하나님의 흠 없는 자녀로 세상에서 그들 가운데 빛들로 나타내며 생명의 말씀을 밝혀 나의 달음질도 헛되지 아니하고 수고도 헛되지 아니함으로 그리스도의 날에 나로 자랑할 것이 있게 하려 함이라 만일 너의 믿음의 제물과 봉사 위에 내가 나를 관제로 드릴찌라도 나는 기뻐하고 너희 무리와 함께 기뻐하리니 이와 같이 너희도 기뻐하고 나와 함께 기뻐하라

I. 서 론

신분(身分)이란 무엇인가? 한 예를 들면 어느 나라 왕의 아들이 전쟁터에 나가서 싸움을 할 때, 아무리 그가 왕자라 해도 그는 평범한 군인의 처지요, 따라서 그 신분을 가지고 피흘려 임무를 수행해야 할 것이다. 그러다가 후에 그 왕자가 승전의 공을 세우고 입궐할 때는 그는 군인 이상 가는 전공의 명예와 왕자된 승리자의 신분을 겸하여 획득하게 될 것이다. 이와 같이 그리스도의 신분에 있어서도 그렇다. 그리스도께서 죄악 세상에 오셔서 평범한 목수의 아들로 자라시고 고난의 생애를 거쳐 십자가에 죽으시는 그 처지(상태)를 우리는 「그리스도의 낮아지신 신분」 즉, 「비하(卑下)의 신분」이라고 부른다. 또한 그가 부활 승천하신 후 하나님 우편에 앉아 계시다가 재림하게 될 처지(상태)를 우리는 「그리스도의 높아지신 신분」 즉, 「승귀(昇貴)의 신분」이라고 부르는 것이다.

〈비하〉 빌립보서2:6~8
그는 근본 하나님의 본체시나 하나님과 동등 됨을 취할 것으로 여기지 아니하시고 오히려 자기를 비어 종의 형체를 가져 사람들과 같이 되었고 사람의 모양으로 나타나셨으매 자기를 낮추시고 죽기까지 복종하셨으니 곧 십자가에 죽으심이라

〈승귀〉 빌립보서2:9~11
이러므로 하나님이 그를 지극히 높여 모든 이름 위에 뛰어난 이름을 주사 하늘에 있는 자들과 땅에 있는 자들과 땅 아래 있는 자들로 모든 무릎을 예수의 이름에 꿇게 하시고 모든 입으로 예수 그리스도를 주라 시인하여 하나님 아버지께 영광을 돌리게 하셨느니라

1. 낮아진 신분(卑下)

이것은 그리스도께서 율법아래 처하심으로써 율법 아래 있는 죄인을 구속하려 하는 "자기 낮추심"의 상태이다.

1) 육신을 입으심(성육신 Incarnation)

하나님의 아들이신 그리스도께서 사람의 몸을 입으시고 오셨다.(요1:14, 갈4:4) 이것은 죄를 지은 사람의 속죄주가 되시기 위해서였다.(히2:14~18) 사람의 몸을 찾으시되 동정녀 마리아에게서 성령으로 나셨다.(요일4:2) 이것은 죄인을 구속하시고자 죄 없으신 육신을 입으시기 위함이었다. 그러므로 성탄(Christmas)은 "구령(救靈)"이 목적이지 "현실구원"(해방신학이니 종속이론이니… 하는 등등)이 목적이 아니다.

2) 율법아래 복종하심

사람은 하나님의 법을 불순종하여 범죄 하였다. 그러므로 예수님은 율법을 내신 주님이시지만 율법 아래 나셨으며(갈4:4) 전 생애를 통하여 우리를 대신하여 율법아래 복종하시고 철저하고 완전하게 율법을 지켜 주시므로 율법의 마침이 되어 주신 것이다.(롬10:4, 빌2:8) 이렇게 율법을 이루어 주신 것이 바로 우리의 영생의 기초가 되는 것이다.

3) 수난의 일생

예수님의 생애는 수난으로 점철되었다. 구유에 나신 일, 헤롯의 암살명령, 애굽에서의 피난생활, 가난한 목수의 가정에서의 생활, 40일의 금식기도, 백성과 친척의 배척, 수시없이 대어드는 원수들의 발악, 고달픈 전도생활, 이 모든 것이 수난 아닌 것이 하나도 없다. 실로 예수님은 여우도 굴이 있고 공중의 새도 거처가 있으되 오직 인자는 머리

둘 곳이 없는 생활을 하였다.(마8:20)

4) 십자가에서 죽으심

"엘리 엘리 라마 사박다니, 나의 하나님, 나의 하나님, 어찌하여 나를 버리셨나이까?" 수치와 비하의 절정이다.

예수님은 죽으셨다. 질병으로 죽으심이 아니라 빌라도의 법정에서 십자가형의 언도로서 형을 받아 죽으셨다. 예수님은 죄없으신 분(히2:15, 벧전2:22)이시나 죄인 된 우리의 죄를 담당하시고 십자가형을 대신 받으셨다. 십자가에서 죽으심은 가장 부끄럽고, 고통스럽고, 저주스러운 죽음이었는데(히12:2, 막15:25, 34~37, 신21:23, 갈3:13) 예수님은 우리를 위하여 이러한 죽음을 맛보셨다.

5) 장사지냄

사람이 흙으로 돌아가는 것은 죄의 결과인데(창3:1) 죄 없으신 예수님이 무덤에 장사되심은 또한 그의 낮아지심이다.(시16:10, 행2:27, 31) 예수님의 장사는 예수님의 구속의 완성을 실증하여 주는 증표인 것이다. 예수님은 결코 기절하셨다가 희생하신 것이 아니라 참으로 죽으심으로 속죄를 완성하신 것이다.

2. 높아지신 신분(昇貴)

그리스도께서 사망 권세를 이기심으로 이제는 율법에서 완전히 해방되셨으니 그것이 그리스도의 높아지신 신분(상태)이다.

1) 부활(復活 Resurrection)

예수님은, 우리 범죄 함을 위하여 내어줌이 되고 또한 우리를 의롭다 하심을 위하여 살아나셨다.(롬4:25) 죽으심이 없이 살아만 계시는 예수님이시거나 죽으시고 다시 사시지 못한 예수님이시라면 그 예수님은 범죄한 우리의 구속주가 되시기에는 부족하다. 그러나 예수님은 우리 죄를 위하여 죽으실 뿐 아니라 사흘만에 다시 사신 것이다. 이것이 복음이다.(고전15:1~4)

예수님이 부활하셨으니

① 사망은 물러가고 영생이 약속되었음을 하나님이 선언하신 것이며

② 믿음으로 그리스도와 연합된 성도(롬6:1~11)들도 거듭나며, 칭의하며, 부활하게 된 것을 상징으로 보여 주셨으며

③ 믿는 성도가 구원과 부활에 참여할 수 있는 근거가 되었다.(롬4:24,25, 벧전1:3)

2) 승천(昇天 Ascension)

그리스도께서 부활 후 40일간 세상에 더 계신 후 감람산에서 500여 형제가 보는 가운데 하늘로 들려 올라 가셨다.(마28:17, 요20:14~19, 행1:9~12, 고전15:5~7) 지상에서 살았던 모습 그대로 승천하신 것이다.

승천하심으로

① 예수님은 대제사장으로서 자기 제사를 성부께 드리기 위하여 지성소에 들어가신 것이며(히4:14, 6:20, 9:24)

② 보좌 앞에서 성도를 위하여 간구하시게 되었고(롬8:34, 히7:25)

③ 성도들이 영원히 살게 될 것을 미리 보이셨으며(엡2:6, 요17:24)

④ 성도를 위하여 있을 곳을 준비하시게 되신 것이다.(요14:2~3)

3) 하나님 우편에 계심

승천하신 예수님은 하나님의 우편에 앉으셨다.(엡1:20~22, 히10:12, 벧전3:22) 그는 거기에서 성도와 교회를 다스리시며, 보호하시며, 성도를 위하여 사죄의 은총을 구하는 중보기도를 계속하고 계신

다.(히7:24,25, 9:11,12, 요일2:2) 그리고 지금도 성령을 파송하여 심판하시는 그날까지 구속운동을 전개하시고 성도의 거룩하게 되는 일에 효력 있게 하시며 그의 종들을 통하여 말씀을 가르치시며 선포하신다.

4) 재림(再臨 Re-Coming)

"너희 가운데서 하늘로 올리우신 이 예수는 하늘로 가심을 본 그대로 오시리라"(행1:11) 그리스도께서 장차 산 자와 죽은 자를 심판하여 믿는 자에게는 영생(천국)을, 불신자에게는 영벌(지옥)을 주기 위해 이 세상에 다시 오실 것이다. 이것은 미래사이다. 그러므로 재림교리는 이론이 아니라 적극적인 신앙의 차원을 요구한다. 예수님의 재림은 우리가 분명히 볼 수 있는 가시적(可視的) 모습(肉體的)으로 강림하신다.(행1:11) 재림은 계시의 완전성취이며 구속사역의 완전승리이다.

낮아지셨다가 높아지신 예수님만이 우리의 유일무이하신 구주이시다.

제23과 그리스도의 양성(兩性)
[Two Character of the Christ]

〈본문〉 요한복음 1:1-18

태초에 말씀이 계시니라 이 말씀이 하나님과 함께 계셨으니 이 말씀은 곧 하나님이시니라 그가 태초에 하나님과 함께 계셨고 만물이 그로 말미암아 지은바 되었으니 지은 것이 하나도 그가 없이는 된 것이 없느니라 그 안에 생명이 있었으니 이 생명은 사람들의 빛이라 빛이 어두움에 비취되 어두움이 깨닫지 못하더라 하나님께로서 보내심을 받은 사람이 났으니 이름은 요한이라 저가 증거하러 왔으니 곧 빛에 대하여 증거하고 모든 사람으로 자기를 인하여 믿게 하려 함이라 그는 이 빛이 아니요 이 빛에 대하여 증거하러 온 자라 참빛 곧 세상에 와서 각 사람에게 비취는 빛이 있었나니 그가 세상에 계셨으며 세상은 그로 말미암아 지은바 되었으되 세상이 그를 알지 못하였고 자기 땅에 오매 자기 백성이 영접지 아니하였으나 영접하는 자 곧 그 이름을 믿는 자들에게는 하나님의 자녀가 되는 권세를 주셨으니 이는 혈통으로나 육정으로나 사람의 뜻으로 나지 아니하고 오직 하나님께로서 난자들이니라 말씀이 육신이 되어 우리 가운데 거하시매 우리가 그 영광을 보니 아버지의 독생자의 영광이요 은혜와 진리가 충만하더라 요한이 그에 대하여 증거하여 외쳐 가로되 내가 전에 말하기를 내 뒤에 오시는 이가 나보다 앞선 것은 나보다 먼저 계심이니라 한 것이 이 사람을 가리킴이라 하니라 우리가 다 그의 충만한 데서 받으니 은혜 위에 은혜러라 율법은 모세로 말미암아 주신 것이요 은혜와 진리는 예수 그리스도로 말미암아 온 것이라 본래 하나님을 본 사람이 없으되 아버지 품속에 있는 독생하신 하나님이 나타내셨느니라

Ⅰ. 서 론

그리스도의 본질적인 성품에는 두 가지가 있는데, 우리는 그것을 "인적성품(人的性品, 혹은 人性)", 그리고 "신적성품(神的性品, 혹은 神性)"이라고 부른다. 이것은 신학적인 학설 정립이라기 보다는 성경 말씀이 그렇게 가르치고 있다. 이 말은 곧 그리스도는 하나님이시며 동시에 사람이시라는 말씀이다.

1. 그리스도의 양성

1) 그리스도의 인성

성경은 그리스도에 대한 이단설을 두 가지로 말하고 있는데 하나는 그리스도의 신성을 부인하는 것이고, 또 다른 하나는 그리스도의 인성을 부인하는 이단이다. 그런데 교회 역사상에 나타난 첫 이단은 그리스도의 신성을 부인한 이단이 아니고 인성을 부인하는 이단이었다. 그러므로 사도 요한은 경고하기를 "사랑하는 자들아 영을 다 믿지 말고 오직 영들이 하나님께 속하였나 시험하라. 많은 거짓 선지자가 세상에 나왔음이니라. 하나님의 영은 이것으로 알지니 곧 예수 그리스도께서 육체로 오신 것을 시인하는 영마다 하나님께 속한 것이요, 예수를 시인하지 않는 영마다 하나님께 속한 것이 아니니 이것이 곧 적그리스도의 영이니라"(요일4:1-3)

그러면 왜 초대교회의 변증가들은 그리스도의 인성을 옹호했는가? 그리스도의 인성을 부인하게 될 때 화육(化肉, 몸을 입으심)의 교리가 무너지며 화육의 교리가 무너질 때 구주의 자격이 상실되기 때문이다.

성경에는 그리스도의 인성에 대한 증거가 많다. 그 증거를 제시하면 다음과 같다.

① 탄생
"헤롯왕 때에 예수께서 유대 베들레헴에서 나시매"(마2:1)
"오늘날 다윗의 동리에 너희를 위하여 구주가 나셨으니"(눅2:11)
② 장성했다
"아기가 자라며 강하여 지고 지혜가 충족하며 하나님의 은혜가 그 위에 있더라"(눅2:40)
"예수는 그 지혜와 그 키가 자라가며 하나님과 사람에게 더 사랑스러워 가시더라"(눅2:52)
③ 피곤하셨다
"예수께서 행로에 곤하여 우물곁에 그대로 앉으시니 때가 제 육시쯤 되었더라"(요4:6)
④ 주무셨다
"배에 오르시매 제자들이 좇았더니 바다에 큰 놀이 일어나 물결이 배에 덮이게 되었으되 예수는 주무시는지라 그 제자들이 나와 깨우며 가로되 주여 구원하소서"(마8:23~25)
⑤ 배고프셨다
"이른 아침에 성으로 들어오실 때에 시장 하신 지라"(마21:18)
"사십 일을 밤낮으로 금식하신 후에 주리신지라(마4:2)
⑥ 목마르셨다
"내가 목마르다 하시니"(요19:28)
⑦ 분히 여기셨다
"예수께서 보시고 분히 여겨 이르시되 어린 아이들의 내게 오는 것을 용납하고 금하지 말라"(막10:14)
⑧ 동정하셨다
"무리를 보시고 민망히 여기시니 이는 저희가 목자 없는 양과 같이 고생하며 유리함이라"(마9:36)
⑨ 기뻐하셨다

"내가 이것을 너희에게 이름은 내 기쁨이 너희 안에 있어 너희 기쁨을 충만하게 하려 함이니라"(요15:11)

⑩ 슬퍼하셨다

"고민하고 슬퍼하사 이에 말씀하시되 내 마음이 심히 고민하여 죽게 되었으니"(마26:38)

⑪ 시험받으셨다

"그때에 예수께서 성령에게 이끌리어 마귀에게 시험을 받으러 광야로 가사"(마4:1)

⑫ 고난받으셨다

"그가 찔림은 우리의 허물을 인함이요 그가 상함은 우리의 죄악을 인함이라. 그가 징계를 받음으로 우리가 평화를 누리고 그가 채찍에 맞음으로 우리가 나음을 입었도다"(사53:5)

⑬ 죽 으 심

"예수께서 다시 크게 소리지르시고 영혼이 떠나시다"(마27:50)

이상의 증거로 보아 그리스도께서 인성을 입으신 것은 분명하다. 이와 같이 그리스도는 참 사람이셨으나 죄는 없으셨다. 그는 범죄치 아니하셨고, 범죄할 수도 없었다.(요8:46, 고후5:21, 히4:15, 9:14, 벧전2:22, 요일3:5)

2) 그리스도의 신성

오늘날에는 그리스도의 신성을 부인하는 사람들이 많기 때문에 그리스도의 신성에 대한 성경적 증거가 많이 제시되어야 한다.

① 구약의 증거

구약의 여러 말씀들이 그리스도를 하나님의 아들, 영원한 보좌를 가지신 하나님, 주, 전능하신 하나님, 여호와, 우리의 의, 하늘에서 오신 인자, 주 곧 언약의 사자로 말씀하여 그리스도의 신성을 증거하고 있다.(시2:6~12, 45:6,7, 110:1, 사9:6, 렘23:6, 단7:13, 미5:2, 슥13:7, 말3:1)

② 예수님 자신의 주장(증거)

예수님 자신이 하나님의 아들 되심을 의식하셨으며(마11:27, 21:37,38, 22:41~46, 24:36, 28:19), 또 그렇게 주장하기도 하셨다.(요3:13, 10:30)

③ 그가 하신 일을 증거

그리스도께서 하신 일을 보아서도 그가 하나님이심을 알 수 있다. 예를 들어 말하면, 여기 어떤 남루한 옷을 입은 한 거지가 왔다고 가정하자. 그런데 그 거지가 하는 말이 "내가 대통령이라"고 했다. 그리고 말 뿐 아니라 실제로 실력행사를 한다. 내무장관을 부르니 그가 오고, 외무장관을 불러도 온다. 이때 비록 그가 거지의 옷차림을 했다고 해도 대통령으로 인정해야 할 것이다. 왜냐하면 대통령으로서의 실력행사를 하기 때문이다. 이와 마찬가지로 그리스도께서 비록 사람의 몸을 입고 세상에 오셨지만 하나님이 아니고는 할 수 없는 실력행사를 하셨다. 이 점을 보아서 하나님인 것을 알 수 있다.

④ 사도들의 증거

사도들은 예수님의 신성을 증거 하였다.(마16:16, 요20:28, 롬1:4, 골1:15, 빌2:6~11)

2. 양성(兩性)의 필요성

그리스도는 하나님인 동시에 사람이셔야 했다. 그 이유는, 죄인 된 인생들의 대속자가 되고, 수난을 당하고 죽기까지 하시기 위하여서는 인성을 입으셔야 했다. 다만 다른 사람의 죄를 속죄하기 위하여서는 죄 없으신 사람이셔야만 했다. 또한 그리스도는 무한한 가치의 제사를 드리기 위하여서나, 하나님의 진노를 담당하여 우리를 구원하시기 위하여서나 절대적으로 하나님이셔야만 했다. 예수 그리스도는 이러한 뜻에서 참 하나님이시며 참 사람으로, 곧 신성과 인성을 가지고 오신 것이다.

3. 그리스도의 단일인격(單一人格, Unipersonality)

그리스도께서 인성을 가지심으로 하나님 되신 그의 본질이 하나님이 아닌 인간의 성질로 변질되었다거나 사람의 몸을 입으시기 이전보다 못한 신성으로 바뀌었다는 것이 아니다. 인성을 가지신 이후에도 여전히 변함 없이 하나님의 아들로 계시는 것이다. 그리스도께서 생육하심으로 하나님 되심을 그치시고 사람이 되신 것이 결코 아니다. 다만 그의 신성에 더하여 인성을 취하여 입으셨던 것이다. 이것을 신학적으로 정의하면, 예수 그리스도는 완전한 하나님이요 완전한 사람이시다. 즉, 예수 그리스도는 참 하나님이시오 참 사람이시다. 이 양성일체(兩性一體)의 교리는 삼위일체 교리만큼이나 신비로운 진리이다. 이 말은 예수님이 하나님과 인간으로 혼합된 반신반인(半神半人)이라는 뜻도 아니요, 경우에 따라 하나님일 때도 있고 사람일 때도 있다는 뜻이 아니다. 예수 그리스도는 인성과 신성의 모든 본질적인 특성을 다 가진 신인(神人)이신 것이다. 그는 인간적인 의지와 신적인 의지를 가지셨으며 또한 사람으로서의 의식과 신으로서의 의식을 다 가지고 있으시다. 다시 말하면 예수 그리스도는, 인성을 입으신 후로는, 하나님이자 사람이시다. 이것을 신앙고백서에서는 「한 인격 안에 두 가지 성품이 있을 뿐이다」(Two whole, perfect and distinct natures, the Godhead and the Manhood, are in one Person. 웨스터민스터 신앙고백서 8:2)라고 했다. 이것이야말로 우리가 미쳐 다 헤아릴 수 없는 신비요 오묘한 비밀이다.(딤전3:16)

예수 그리스도는 하나님과 우리 인생들 사이의 중보자이시다. 이 예수 그리스도에 대한 이단설이 많이 있어 왔다. 예수 그리스도의 신성을 부인하는 사람도 있었다. 예수 그리스도의 신성이나 본성을 절반쯤 부인하는 사람도 있었고 예수 그리스도를 하나님으로서의 인격과 사람으로서의 인격이 따로 따로 있는 것처럼 가르치는 사람도 있었다. 예수님을 바로 알고 믿는 것은 얼마나 중요한 일인가? 완전한 하나님이시며, 완전한 사람이시면서 죄 없으신 예수님은 신인(神人)으로서의 인격을 가지신 분이심을 분명히 믿어야 한다. 예수 그리스도께서 이 양성을 반드시 갖추셔야 하는 이유는 무엇일까? 죄인의 참 구원자는 하나님이어야 한다. 그것은 인간이 인간을 구원할 수 없기 때문이다. 하나님만이 인간을 구원할 수 있다.(시3:8, 62:2, 욘2:9, 사43:11, 눅3:6) 동시에 죄인의 참 구원자는 무죄한 인간이어야 한다. 죄인이 죄인을 구원할 수 없기 때문에, 죄인의 입장에 있으면서도 그 죄인의 죄를 대신 질 수 있는 죄 없는 순수한 인간(無罪人)만이 구원자가 될 수 있는 것이다.(무흠한 양으로 상징되어 있다) 그런 인물이 과연 누구겠는가? "예수 그리스도" 밖에 없다.

　"하나님은 한 분이시오, 또 하나님과 사람 사이에 중보도 한 분이시니 곧 사람이신 그리스도 예수라"(딤전:5, 히2:9, 17~18)

　"다른 이로서는 구원을 얻을 수 없나니 천하 인간에 구원을 얻을만한 다른 이름을 우리에게 주신 일이 없음이니라"(행4:12)

제24과 그리스도의 칭호
[The name of Christ]

> 〈본문〉 마태복음 1:18~25
>
> 예수 그리스도의 나심은 이러하니라 그 모친 마리아가 요셉과 정혼하고 동거하기 전에 성령으로 잉태된 것이 나타났더니 그 남편 요셉은 의로운 사람이라 저를 드러내지 아니하고 가만히 끊고자 하여 이 일을 생각할 때에 주의 사자가 현몽하여 가로되 다윗의 자손 요셉아 네 아내 마리아 데려오기를 무서워 말라 저에게 잉태된 자는 성령으로 된 것이라 아들을 낳으리니 이름을 예수라 하라 이는 그가 자기 백성을 저희 죄에서 구원할 자이심이라 하니라 이 모든 일이 된 것은 주께서 선지자로 하신 말씀을 이루려 하심이니 가라사대 보라 처녀가 잉태하여 아들을 낳을 것이요 그 이름은 임마누엘이라 하리라 하셨으니 이를 번역한즉 하나님이 우리와 함께 계시다 함이라 요셉이 잠을 깨어 일어나서 주의 사자의 분부대로 행하여 그 아내를 데려왔으나 아들을 낳기까지 동침치 아니하더니 낳으매 이름을 예수라 하니라

I. 서 론

우리의 구주이신 예수 그리스도는 여러 가지 칭호로 불려 진다. 이러한 예수 그리스도의 칭호들에 대하여 연구하고 아는 것은 예수 그리스도를 깨닫는데 크게 도움이 되는 것이다. 그러므로 예수 그리스도에 관한 가장 중요한 칭호 몇 가지를 공부하기로 한다.

1. 예수(Jesus)

"예수"란 칭호는 구세주의 개인적인 명칭(자신적 명칭)이다. "아들을 낳으리니 그 이름을 예수라 하라"(눅1:31, 마1:21,25) "예수"라는 이름의 기원은 구약의 "여호수아", 혹은 "예수아", 혹은 "호세아" 등의 이름이 헬라어형으로 바뀔 때 발음된 이름으로서 그 이름 뜻은 "여호와는 구원이시라"(to save)이다. 그러므로 예수 그리스도는 자기 백성을 죄에서 구원할 자이시라는 뜻에서 붙여진 칭호이다. 이 칭호는 천사의 지시를 따라서 지은 것이었다. "아들을 낳으리니 이름을 예수라 하라. 이는 그가 자기 백성을 저희 죄에서 구원할 자이심이라 하니라"(마1:21)

2. 그리스도(Christ)

"그리스도"란 칭호는 구세주의 직위적인 칭호 혹은 공적인 칭호이다. "그리스도"란 "기름 부음을 받은 자"라는 뜻으로서 구약의 "메시야"(Messiah)와 같은 말이다.(요1:41) 그러므로 사적(私的) 이름이라기보다는 사역(事役)의 의미가 더 강한 호칭이라고 할 수 있다. 구약에서는 선지자들이나(왕상19:16), 제사장들이나(출29:7), 왕들이(삼상9:16, 10:1, 삼하19:10) 각기 기름부음을 받았다. 구약시대에 선지자들이나 제사장들이나 왕들은 성령을 상징으로 기름으로 기름부음을 받아서 각기 그 직임을 위하여 거룩하게 구별되었고 기름부음을 받음으로서 그 직임을 감당할 자격을 받았었다. 그리스도는 성령으로 기름부음을 받이 선지자와 제사장과 왕의 직임을 맡으셨다. 예수님께서는 성령으로 잉태되셨을 때, 그리고 세례를 받으셨을 때에 이러한 기름부음을 받으셨다.

3. 인자(人子, Son of Man)

"인자"란 칭호는 예수님께서 종종 자신을 가리켜서 사용하신 칭호이다. 이 칭호는 구약의 다니엘 7:13에서 유래한다. 이 칭호는 먼저 그리스도께서 참된 인성을 가졌다는 뜻을 나타내는 호칭이다. 그러면서도 이 칭호는 예수님께서 하늘로부터 오신 메시야 되심을 지적한 것으로서 그가 낮아져 사람이 되신 면보다는 하나님에게서 오신 메시야, 곧 신적 존엄성을 강조하는 이름이다. "인자가 그 왕권을 가지고 오는 것을 볼 자들도 있느니라"(마16:27~28, 단7:13, 마26:64, 눅21:27)

"보스"(Vos)라는 신학자는 이 칭호가 나타나는 성구들을 네 가지로 분류하고 그 대부분에서 이것이 예수님의 하나님 아들 되심을 나타내고 있고, 그 중에 오직 지극히 작은 부분에서만 그의 인성을 나타내고 있다고 말하였다.

4. 하나님의 아들(神子, Son of God)

"하나님의 아들"이란 칭호는 예수님에게 적용된 가장 숭고한 명칭들 중의 하나로서 특히 그의 신성에 주의를 모은다.

이 칭호는 여러 가지 의미로 사용되었다.

① 예수님은 곧 하나님이시라는 뜻으로 사용되었다. 예수님은 하나님의 아들이시다. 삼위(三位)중 제2위(第二位)이신 성자 하나님이시다. 성부 하나님과 완전 동일(同一)하시다는 의미에서 그는 곧 하나님 자신이시라는 뜻이다.

"주는 그리스도시요, 살아 계신 하나님의 아들이시니라"(마16:16, 마27:54, 3:17, 11:27, 눅1:35)

② 직임적 의미 곧 메시야적 의미로 사용되었는데 그가 하나님의 후사요 대표자라는 뜻으로 그를 하나님의 아들이라고 칭한 것이다.

③ 강탄적 의미(탄생적 의미)에서 사용되었는데 메시야의 인성이 하나님의 초자연적 능력의 역사로 탄생되었기 때문에 하나님의 아들이시라고 하는 것이다.(눅1:35)

5. 주(主, Lord)

예수님께 대한 존칭어로서 주로 예외적 형식을 따라 호칭되었다.(눅14:21~22, 마27:63, 요일2:21, 20:15) 그러나 "주"라는 칭호는 그리스도가 부활하신 이후에는 보다 더 깊은 의미를 갖게 되었다. 즉 "주님"은 교회와 성도의 주인이시며, 통치자 되시는 분임을 강조하는 호칭이다.(롬:7, 엡1:17) 때로는 하나님의 명칭과 같은 것으로 나타내기도 하였다.(고전7:34, 빌4:45)

II. 결 론

우리의 구세주는 예수님이시며, 그리스도이시며, 인자이시며, 하나님의 아들이시며, 주님이시다.

우리를 죄에서 구원하여 주시는 그 분이시며, 선지자, 제사장, 왕으로 기름부음 받으신 그 분이시며, 인성을 가지셨으나 하늘에서 오신 메시야시며, 하나님의 삼위중의 제 2위시며, 성령의 특별공작으로 잉태하여 나셨으며, 하나님의 후사요 대표자이시며 교회의 소유자와 통치자이시며, 하나님 자신이신 그분이 바로 우리들의 구세주이심을 바로 알자!

제25과 그리스도의 직임
[The offices of Christ]

〈본문〉사도행전 3:11~26

나은 사람이 베드로와 요한을 붙잡으니 모든 백성이 크게 놀라며 달려 나아가 솔로몬의 행각이라 칭하는 행각에 모이거늘 베드로가 이것을 보고 백성에게 말하되 이스라엘 사람들아 이 일을 왜 기이히 여기느냐 우리개인의 권능과 경건으로 이 사람을 걷게 한 것처럼 왜 우리를 주목하느냐 아브라함과 이삭과 야곱의 하나님 곧 우리 조상의 하나님이 그 종 예수를 영화롭게 하셨느니라 너희가 저를 넘겨주고 빌라도가 놓아 주기로 결안한 것을 너희가 그 앞에서 부인하였으니 너희가 거룩하고 의로운 자를 부인하고 도리어 살인한 사람을 놓아 주기를 구하여 생명의 주를 죽였도다 그러나 하나님이 죽은자 가운데서 살리셨으니 우리가 이 일에 증인이로라 그 이름을 믿으므로 그 이름이 너희 보고 아는 이 사람을 성하게 하였나니 예수로 말미암아 난 믿음이 너희 모든 사람 앞에서 이같이 완전히 낫게 하였느니라 형제들아 너희가 알지 못하여서 그리하였으며 너희 관원들도 그리한 줄 아노라 그러나 하나님이 모든 선지자의 입을 의탁하사 자기의 그리스도의 해 받으실 일을 미리 알게 하신 것을 이와 같이 이루셨느니라 그러므로 너희가 회개하고 돌이켜 너희 죄 없이함을 받으라 이같이 하면 유쾌하게 되는 날이 주 앞으로부터 이를 것이요 또 주께서 너희를 위하여 예정하신 그리스도 곧 예수를 보내시니 하나님이 영원 전부터 거룩한 선지자의 입을 의탁하여 말씀하신 바 만유를 회복하실 때까지는 하늘이 마땅히 그를 받아 두리라 모세가 말하되 주 하나님이 너희를 위하여 너희 형제 가운데서 나 같은 선지자 하나를 세울 것이니 너희가 무엇이든지 그 모든 말씀을 들

> 을 것이라 누구든지 그 선지자의 말을 듣지 아니하는 자는 백성 중에서 멸망 받으리라 하였고 또한 사무엘 때부터 옴으로 말한 모든 선지자도 이때를 가리켜 말하였느니라 너희는 선지자들의 자손이요 또 하나님이 너희 조상으로 더불어 세우신 언약의 자손이라 아브라함에게 이르시기를 땅 위의 모든 족속이 너의 씨를 인하여 복을 받으리라 하셨으니 하나님이 그 종을 세워 복 주시려고 너희에게 먼저 보내사 너희로 하여금 돌이켜 각각 그 악함을 버리게 하셨느니라

I. 서 론

그리스도의 하시는 일이 무엇인지를 배우고자 한다. 성경에 나타난 그리스도의 직무는 크게 세 가지로 구분된다. 그것은 선지자, 제사장, 왕의 직임이다.

1. 그리스도의 선지자직(대 선지자이신 그리스도)

선지자란 하나님의 뜻(말씀)을 백성에게 선포하는 자이다. 구약은 그리스도께서 선지자로 오신 것을 예언하였다. "네 하나님 여호와께서 너희 중 네 형제 중에서 나와 같은 선지자 하나를 너를 위하여 일으키시리니 너희는 그를 들을지니라"(신명기18:15)

그리스도는 자기가 선지자라고 말하셨다. "그러나 오늘과 내일과 모레는 내가 갈 길을 가야 하리니 선지자가 예루살렘 밖에서는 죽는 법이 없느니라"(눅13:33) 아버지에게서 말씀을 받아 왔음을 주장하였으며 (요8:26,28, 12:49,50, 14:10,24), 앞일을 예언하시며(마24:3~35, 눅19:41~44), 특별한 권위를 가지고 말씀하셨다.(마7:29)

그러므로 사람들도 그리스도를 선지자로 인정하였다.(마21:11,46, 눅24:19, 요6:14, 7:40, 9:17) 모든 사람이 두려워하며 하나님께 영광을 돌려 가로되 큰 선지자가 우리 가운데 일어나셨다 하고 또 하나님께서 자기 백성을 돌아 보셨다 하더라.(눅7:16)

선지자나 꿈이나 환상 또는 언어전달을 통해 하나님의 과거, 현재, 미래의 계시역사(啓示歷史)를 백성에게 알려 줌으로 백성에게 경고와 위로와 축복을 주는데 그리스도께서도 이와 같은 사역을 담당하신 대선지자시다. 그리스도는 과거, 현재, 미래를 통하여 선지자의 직임을 행하신다. 그리스도께서는 구약시대에 이미 선지자로서 일하셨고(벧전1:11, 3:18~20), 또 세상에 계실 때에도 계속하셨고, 승천 후에도 성령과 사도들을 통하여서 계속하셨다.(요14:26, 16:12~14, 행1:1) 그리고 지금도 그리스도의 선지자직은 말씀의 사역과 성령의 조명하시는 사역으로 계속되고 있다.

2. 그리스도의 제사장직(대제사장이신 그리스도)

제사장은 백성을 대표하여 하나님께 제사를 드리며 중보의 기도를 드리는 자이다.(히5:1,3)

그리스도는 멜기세덱의 반차(班次, 순서)를 좇는 대제사장이셨다.(창14:18~20, 시110:4)

신약 히브리서에서 그를 제사장이라 부르고 있으며 반복하여 언급하고 있다.(히3:1, 4:15, 5:5, 6:20, 7:26, 8:1) 신약의 다른 성경에서도 그의 제사장사역을 말하고 있다.(마10:45, 요1:29, 롬3:24,25, 고전5:7, 요일2:2, 벧전2:24, 3:18)

1) 그리스도의 제사 드리는 일(희생적 사역)

제사장으로서의 그리스도께서 하신 일은 무엇보다도 사죄를 위한 희생제물이 되었던 일이다. 구약의 중심은 율법이다. 율법의 중심은 제사라 할 수 있다. 또한 제사의 중심은 "피"이다. 흠없고 점없는 유월절 어린양의 피이다.(고전5:7) 그것은 두말할 것 없이 갈보리 산상 십자가 위에 속죄제물이 되신 그리스도 예수를 예표한다. 그와같이 구약에서는 모두가 어린양의 피에 감추어진 예수님으로 묘사되어 있다. 이것을 은닉(隱匿)된 메시야라고 한다. 그러므로 성경에서 그리스도를 "하나님의 어린양"이라고 불렀으며(요1:29), "우리의 유월절 양"이라고 불렀다.(고전5:7)

그리스도는 하나님의 어린양으로써 세상 죄를 지고 율법아래 희생제물(화목제물)이 되심으로 그 자신이 친히 제사 드림이 되셨다.(히9:22, 10:12,20, 롬3:24,25, 5:6~8, 고전5:7, 갈1:4, 엡5:2, 벧전2:24, 3:18, 요일2:2, 4:10, 계5:12)

2) 그리스도의 중재, 대언 하시는 일(중재사역)

그리스도는 제사장으로서 자기 백성을 위하여 중재, 대언 하신다. 그는 우리의 대언 자이시다.(요일2:2) 그리스도는 하나님과 인간 사이에 "가교(架橋)" 역할을 하는 분이라고 비유할 수 있다. 이를 다른 말로는 중보자(仲保者, Mediator)라고 부른다. 신약은 그리스도께서 우리를 위하여 중재하시는 중보자이심을 증거 한다.(롬8:34, 히7:25, 9:24, 요일2:1) 그는 하나님과 원수된 죄인의 처지에 서셔서 하나님과 우리 사이에 막힌 두터운 담을 자신의 육체로 폐하시고 양쪽을 화해 연결시키는 평화의 화목제물이 되셨으니 그것을 그리스도의 중재사역이라고 하는 것이다.(히10:20, 엡2:11~22) 이 중재사역의 근거는 그의 속죄제사에 있다. 그리스도는 자신이 하나님께 드리신 속죄 제사를 근거하여 자기 백성을 위한 신령한 복을 요구하시며, 단과 율법과 양심의 송사에 대하여 그 백성들을 변호하시며, 용서를 요구하시며, 그들의 예배와 봉사를 성별 하여 하나님께서 받으심직 하게 하신다. 이 중재 대언 하시는 일은 선택받은 자들만을 위한 것이다.

3) 그리스도의 축복하시는 일(축복사역)

중생한 인간은 그리스도로 말미암아 하나님과 가까워졌을 뿐만 아니라 그의 자녀가 되었으니 하나님의 영광스러운 축복을 받게 될 것은 당연지사라 하겠다. 복의 근원이신 그리스도께서는 지금도 아론의 축도권(祝禱權, 민6:23~26)을 가지시고 성도에게 마음껏 복을 빌어 주시고 있으니 그의 축복사역은 성도의 영혼과 육신과 모든 기업과 소산에 온전히 효능을 발생시킨다. 「목사의 축도권」이란 바로 이런 그리스도의 축복사역에 근거한 대리적 행위인 것이다.(축도권은 반드시 제사장적 권위를 위임받은 자만이 할 수 있다.)

3. 그리스도의 왕직(만왕의 왕이신 그리스도)

왕은 다스리며 통치하시는 자이다. 그리스도는 선지자, 제사장으로서만 아니라 하나님의 모든 권세를 받아 세상을 통치하시는 왕으로도 오셨다.(마28:18, 빌2:9~11, 엡1:17~23) 왕권은 크게 두 가지로 구분할 수 있다.

1) 신령적 왕권(神靈的 王權)

이는 자기 자녀인 교회의 성도들에게 베푸시는 왕권을 말한다.

그리스도는 먼저 신령한 나라인 교회를 다스리신다. 그리스도는 교회의 머리이시다.(엡1:22, 4:15, 5:23, 골1:18, 2:19) 그러므로 교회는 왕이신 그리스도의 보호를 받으며 그 지도를 받는 것이다. 이것은, 특히 성도의 마음과 신앙생활에 작용하여, 말씀과 성령의 힘으로 성도를 보호하시고 통치하신다. 여기에 교회와 성도의 복스러움이 있는 것이며 순종의 의무가 있는 것이다.

2) 우주적 왕권

다윗의 왕통을 이어받아 오신 그리스도는 왕으로서 우주를 통치하시는 것이다.

감사하게도 그리스도께서 천하의 만사 만물을 통치하시되 개인과 국가의 장래를 다스리시며 하나님의 나라의 원수(마귀)를 굴복시키며(히10:12,13, 고전15:25) 하나님의 공의를 나타내시며(요5:22~27, 9:39), 교회의 완성을 목적하며 통치하시는 것이다.

그리스도는 우리의 선지자, 제사장, 왕이 되신다. 선지자이신 그리스도의 말씀을 듣고 회개하고 믿어서 하나님의 나라에 참여하여야겠으며, 제사장이신 그리스도의 속죄의 공효를 날마다 의지하며, 지금도 날 위해 기도하며 중재하심을 기억하여 하나님께 담대히 나아가 용서를 받으며, 은총을 누리며, 예배하여 섬기기를 힘쓰며, 왕이신 그리스도께서 교회와 성도를 위하시고 보호하심을 믿어 담대한 마음으로 살아가되, 왕께 경배 드리며 순복하며 살아야 하겠다.

여기에 성도된 우리의 특권과 축복이 있다.

제26과 그리스도의 속죄
[The atonement of Christ]

〈본문〉 누가복음 23:26~56

저희가 예수를 끌고 갈 때에 시몬이라는 구레네 사람이 시골로서 오는 것을 잡아 그에게 십자가를 지워 예수를 좇게 하더라 또 백성과 및 그를 위하여 가슴을 치며 슬피 우는 여자의 큰 무리가 따라오는지라 예수께서 돌이켜 그들을 향하여 가라사대 예루살렘의 딸들아 나를 위하여 울지 말고 너희와 너희 자녀를 위하여 울라 보라 날이 이르면 사람이 말하기를 수태 못하는 이와 해산하지 못한 배와 먹이지 못한 젖이 복이 있다 하리라 그때에 사람이 산들을 대하여 우리 우리에 무너지라 하며 작은 산들을 대하여 우리를 덮으라 하리라 푸른 나무에도 이같이 하거든 마른 나무에는 어떻게 되리요 하시니라 또 다른 두 행악자도 사형을 받게 되어 예수와 함께 끌려가니라 해골이라 하는 곳에 이르러 거기서 예수를 십자가에 못박고 두 행악자도 그렇게 하니 하나는 우편에, 하나는 좌편에 있더라 이에 예수께서 가라사대 아버지여 저희를 사하여 주옵소서 자기의 하는 것을 알지 못함 이니이다 하시더라 저희가 그의 옷을 나눠 제비뽑을 쌔 백성은 서서 구경하며 관원들도 비웃어 가로되 저가 남을 구원하였으니 만일 하나님의 택하신 자 그리스도 여든 자기도 구원할찌어다 하고 군병들도 희롱하면서 나아와 신 포도주를 주며 가로되 네가 만일 유대인의 왕이어든 네가 너를 구원하라 하더라 그의 위에 이는 유대인의 왕이라 쓴 패가 있더라 달린 행악자 중 하나는 비방하여 가로되 네가 그리스도가 아니냐 너와 우리를 구원하라 하되 하나는 그 사람을 꾸짖어 가로되 네가 동일한 정죄를 받고서도 하나님을 두려워 아니하느냐 우리는 우리의 행한 일에 상당한 보응을 받는 것이

> 너 이에 당연하거니와 이 사람의 행한 것은 옳지 않은 것이 없느니라 하고 가로되 예수여 당신의 나라에 임하실 때에 나를 생각하소서 하니 예수께서 이르시되 내가 진실로 네게 이르노니 오늘 네가 나와 함께 낙원에 있으리라 하시니라 때가 제 육시쯤 되어 해가 빛을 잃고 온 땅에 어두움이 임하여 제 구시 까지 계속하며 성소의 휘장이 찢어지더라 예수께서 큰소리로 불러 가라사대 아버지여 내 영혼을 아버지 손에 부탁 하나이다 하고 이 말씀을 하신 후 운명하시다 백부장이 그 된 일을 보고 하나님께 영광을 돌려 가로되 이 사람은 정녕 의인이었도다 하고 이를 구경하러 모인 무리도 그 된 일을 보고 다 가슴을 두드리며 돌아가고 예수의 아는 자들과 및 갈릴리로부터 따라온 여자들도 다 멀리 서서 이 일을 보니라 공회의원으로 선하고 의로운 요셉이라 하는 사람이 있으니 (저희의 결의와 행사에 가타 하지 아니한 자라) 그는 유대인의 동네 아리마대 사람이요 하나님의 나라를 기다리는 자러니 빌라도에게 가서 예수의 시체를 달라 하여 이를 내려 세마포로 싸고 아직 사람을 장사한 일이 없는 바위에 판 무덤에 넣어 두니 이날은 예비일이요 안식일이 거의 되었더라 갈릴리에서 예수와 함께 온 여자들이 뒤를 좇아 그 무덤과 그의 시체를 어떻게 둔 것을 보고 돌아가 향품과 향유를 예비하더라 계명을 좇아 안식일에 쉬더라
>
> 마가복음 10:45
> 인자가 온 것은 섬김을 받으려 함이 아니라 도리어 섬기려 하고 자기 목숨을 많은 사람의 대속물로 주려 함이니라

I. 서 론

여기서는 앞서 배운 제사장적 의미를 좀더 구체적으로 연구하고자 하는데 그것은 기독교의 가장 중요한 과제인 「속죄」에 대한 문제이다. 「속죄(Redemption)」란 말은 "대속" 혹은 "속량"이라고 표현되기도 한

다. 히브리어 원어는 다음 두 가지로 나타난다.

① 「파다아(Pada)」- 이 말은 "되찾는다(redeem)", "몸값을 주고 구해내다" 등의 상(商)행위 적인 의미가 있는 말이다. 쉽게 말하며, 물건을 전당 잡혔다가 나중에 값을 지불하고 그 물건을 되찾아 온다고 하는 의미이다. 이것을 성경에서는 "토지 무르기"(레25:23~28), "기업 무르기"(룻4:1~17) 등으로 실제화 시키고 있는데 확실히 "속죄적 의미"가 있다. 죄의 종으로 팔렸던 우리를 그리스도의 피로 값을 치루고 잃었던 하나님의 형상을 되찾아 온 사건, 이것이 십자가의 속죄의 사건이다. 그러므로 속죄는 반드시 그 댓가(price)가 따른다.

② 「카파르(Kapar)」- "덮다(cover)", "용서하다(pardon)"의 뜻이다. 있는 죄를 없는 듯이 덮어주고, 면제하고(forgive), 용서해 준다는 의미이다. 과거의 죄를 기억도 않으시는 하나님의 사랑의 솔직한 표현이다.(렘31:34)

이 두 의미를 합한 말이 「구속(Atonement)」이다. 창세기에서 요한계시록까지에는 한 줄기 피가 흐르고 있다. 그것은 그리스도께서 흘리신 피를 상징한 것이다.

1. 속죄의 주체와 필요성

속죄의 주체자는 하나님이시다. 어디까지나 하나님의 공의와 사랑에 근거한 "죄 없애는 작업"이다. 그리스도는 이 작업의 희생제물 곧 "피값"을 지불하시는 구속주로 등장하셨다. 우리는 하나님을 단지 공포의 심판관으로만 생각하면 안된다. 물론 율법에 대하여 엄정하게 요구(죄에 대한 값으로 사망을 요구하시는 것)하는 공의의 하나님이시지만 또한 죄인들에게 피할 길을 제공하시는 사랑의 하나님이시다. 그래서 그의 공의성을 만족시키시기 위해 죄인이 아닌 무죄의 그리스도를 십자가에 죽게 함으로 그 피값을 치루게 하셨던 것이다.(롬3:23~26)

죄의 삯이 사망이라는 이 엄격한 율법의 요구가 있기 때문에(롬 6:23) 당연히 죄를 없애기 위한 속죄가 요구된 것이다.

2. 그리스도의 속죄의 특성

1) 그리스도의 속죄는 하나님께 만족을 드리는 것임

그리스도의 속죄는 하나님의 공의에 대한 만족이었다는 말이다. 어떤 이들은 속죄의 필요성을 부정한다. 이유인즉, 하나님께서는 죄인을 용서하시려면 굳이 죄의 댓가를 받지 아니하고서도 용서하실 수 있지 않으시겠느냐는 것이다.

그러나 한번 생각해 보자! 세상 주권자도 폭군이 아닌 이상 공포된 법을 준수하려고 하지 않겠는가? 대통령의 아들이라도 죄를 지었으면 법의 요구(죄를 범했으면 벌을 받아야 한다는 사실)에 철저하게 응해야 하듯이, 아무리 하나님의 사랑이 "용서하다, 용서하자!" 해도 공의가 요구하는 「죄값=사망」의 원칙이 시행되지 않으면 안 된다. 그 원리원칙의 시행이 곧 "그리스도의 십자가 수난"이었고, 그의 수난은 하나님의 공의에 완전히 만족되었던 것이다. 그러므로 이것이 있었기에 죄인들이 회개하고 하나님께 담대하게 나아갈 수 있게 된 것이다.

2) 그리스도의 속죄는 대신 속죄이다.

옛날에는 부자가 잘못을 저질렀으면 맷꾼을 사서 부자 대신 매를 맞게 했던 적이 있었지만 요즘 세상에는 그것이 통하지 않게 됐다. 그래서 「대신 속죄」라는 말을 이해하지 못하게 됐다. 그러나 이것은 성경에서 밝힌 명백한 진리이다. 하나님께서는 그의 공의로 인하여 죄인들에게 죄의 대가를 요구하시나 죄인들은 그것을 감당할 수가 없다. 그러므로 은혜로우신 하나님께서는 대안을 마련하셨다. 그것은 예수 그리스도께서 죄인들을 대신하여 속죄하신 것이다. 이를 대신 속죄라고 하는 것이다. 예수 그리스도는 대속주로서 우리의 죄를 대신 지시고 형벌을 당하시므로 우리의 죄를 지워 없애시고 율법의 모든 요구를 다 만족시키시고, 죄인을 위한 영원한 구속을 마련하셨다.

3) 그리스도의 속죄는 순종하심으로 이루셨다.

속죄를 이루심에 있어서 그리스도의 순종을 둘로 나눈다. 하나는 능동적 순종이고 다른 하나는 피동적 순종이다.

능동적 순종이란 그리스도께서 죄인을 대신하여 모든 율법을 다 지켜주신 것인데 이것으로 영생을 얻게 하신 것이다.

피동적 순종이란 자기 백성의 죄를 담당하여 죄의 대가를 치르기 위하여 고난 당하신 것이다. 이렇게 하여 사죄의 근거를 마련하신 것이다. 이와 같이 예수 그리스도는 우리를 대신하여 죄의 형벌을 받으실 뿐만 아니라 모든 율법을 지켜 주심으로 사죄와 영생을 우리를 위하여 확보하여 주신 것이다.

3. 그리스도에 대한 오해

1) 불란서의 「르낭」이란 사람은 예수님의 죽으심에 대하여 잘못 말하여 이르기를 "정치적 혁명을 통하여 유대나라를 독립하려다가 실패해서 처형되었다"고 했다. 그러나 이 견해가 잘못된 것은 예수님이 이 세상에 계실 때 한번도 현실의 정치나 혁명을 선동하신 적이 없으셨다. 만일 예수님이 혁명가였다면 로마에 대하여 항거할 수 있는 기회가 많이 있었고 그럴 능력도 얼마든지 있었으므로 이를 단행했을 것이다. 그러나 예수님께서는 가이사의 것은 가이사에게 바치라고 가르치셨다.(마22:21) 예수님이 정치가였다면 왕이 되었을 것이다. 벳세다 들에서 오천 명 군중에게 떡을 나누어주실 때 유대 군중은 예수님을 억지로 왕으로 세우려고 했으나 예수님은 거절하셨었다.(요6:15)

2) 「데이빗 스미드(David Smith)」는 예수님의 죽으심에 대하여 도덕적 감화설을 주장하여 예수님의 죽으신 것은 군중에게 도덕적 감화를 주기 위한 것이라고 했다. 예컨대 어떤 애국지사가 국민의 수난에 동정하여 동참, 수난 받다 죽임을 당하면 국민이 감격하고 반성하여 뒤를 따른다는 것이다. 그러나 예수님은 세상에 계실 때 죄인을 동정했으나 자신이 사람들에게 동정을 구하지는 아니하셨다. 동정을 받는 자는 약자이다. 약자는 타인을 구원할 수가 없다.

3) 또한 오늘의 많은 자유주의자들은 예수님의 죽으심을, 정의를 위해서는 생명이라도 기탄 없이 버려야 할 것을 가르치기 위한 죽음으로 본다. 그러나 만일 그리스도의 죽음을 정의를 위해 생명을 바치는 모범적 죽음으로만 본다면 모범이 될 수가 없다. 왜냐하면 역사상에는 죽음에 직면해서 예수님보다 더 용감했던 사람이 얼마든지 있는 것이다. 독배를 들고 꿀꺽꿀꺽 마셨던 「소크라테스」를 보라. 수많은 군대를 통솔하고 적군의 화살이 빗발치는 전장에서 용감했던 「씨저」를 보라.

4) 또 예수님의 죽음을 단순한 순교자의 죽음으로만 본다면 잘못이다. 왜냐하면 예수님께서 죽음을 직면했을 때 취했던 그의 자세를 보면 우리가 모방할 순교자는 못되기 때문이다. 기독교 역사상에 나타난 순교자들 중에는 예수님보다 용감했던 사람들이 얼마든지 있다. 스데반은 돌무더기 속에 묻히면서도 얼굴이 천사와 같이 빛났으며 원수를 축복해 주었다. 베드로는 자원해서 십자가를 앞에 두고 고민했다. 그리고 아버지여 이 잔을 내게서 옮기시옵소서 라고 기도하셨다.

5) 그러면 왜 예수님이 십자가에 죽으셨는가? 이사야 53장 5~7절이 바른 대답을 주고 있다. "그가 찔림은 우리의 허물을 인함이요, 그가 상함은 우리의 죄악을 인함이라. 그가 징계를 받으므로 우리가 평화를 누

리고 그가 채찍에 맞으므로 우리가 나음을 입었도다. 우리는 다 양 같아서 그릇 행하여 각기 제길로 갔거늘 여호와께서는 우리 무리의 죄악을 그에게 담당시키셨도다. 그가 곤욕을 당하여 괴로울 때에도 그 입을 열지 아니하였음이여, 마치 도수장으로 끌려가는 어린양과 털 깎는 자 앞에 잠잠한 양같이 그 입을 열지 아니하였도다."

우리는 그리스도의 피가 우리의 죄를 사하셨다는 진리를 성경에 입각하여 믿는다.(요6:53~57) 그리스도께서 십자가를 통하여 행하신 일 중에 가장 큰 일이 무엇인가? 자유주의에서는 박애주의, 희생정신을 인간에게 보여 준 것이라고 한다. 물론 십자가 사건에 박애주위와 희생정신이 없는 것은 아니다. 그러나 이것의 큰 잘못은 십자가의 일로 인해 우리와 하나님 사이에 어떤 일이 일어났는가를 말하지 않은 것이다. 인간의 범죄로 말미암아 하나님과 인간사이에는 죄의 장벽이 생겼다. 죄는 하나님과 인간 사이에 교제를 단절시킨다.(사59:1~2) 인간은 자력으로 이 장벽을 헐고 하나님께 나갈 수가 없었다. 그런데 그리스도는 십자가상에서 이 장벽을 허시고 하나님과 인간 사이를 화목 시켰다. 예수님께서 십자가상에서 고난 받으실 때 성소의 휘장이 위에서부터 아래까지 찢어졌다. 이것은 죄로 말미암아 막혔던 하나님에게로 가는 길이 열렸다는 것이다.(롬5:10)

그러면 예수님께서 터 놓은 십자가의 길을 통하여 인간이 하나님과 화목 하는 방법은 무엇인가? 인간이 하나님에게 돌아오는 길은 무조건 항복이다. 협상이란 쌍방간에 다 잘못이 있는 것을 시인하는 데서 오는 것이고 무조건 항복은 나만의 잘못을 시인하는 것이다. 하나님도 잘못이 있었고 나도 잘못한 것이 있었던 게 아니라 나만의 잘못을 인정해야 한다. 탕자가 아버지에게 돌아올 때 "내가 하늘과 아버지께 죄를 범하였사오니 이제부터는 아버지의 아들이라 일컬음을 감당 못하겠나이다"라고 했다. 이와 같은 고백이 있어야 한다. 신앙인은 죄로 훼파된 자신의 요새 속에 흰 기를 꽂는다. 흰 기는 귀순의 표시이다. "악인은 그 길을, 불의한 자는 그 생각을 버리고 여호와께로 돌아 오라. 그리하면 그가 긍휼히 여기시리라. 우리 하나님께로 나아오라 그가 널리 용서하시리라"(사55:7)

4. 속죄의 범위

「로마 카톨릭(천주교)」이나 「알미니안 주의」에서는 그리스도의 속죄를 우주적이며 보편적인 것으로 주장한다. 그리스도는 만인을 위해 죽으셨으므로 궁극적으로는 지구상의 모든 인류가 다 구원받는 것이 당연하지 않겠느냐는 말이다. 그러나 성경은 분명히 제한속죄(Limited Redemption)를 말씀하고 있다. 즉 그리스도께서는 모든 사람을 위하여 속죄하신 것이 아니라 택함을 받은 제한된 사람들만을 위하여 속죄하신 것이다. 그리스도께서는 피택자들만을 구원하실 목적으로 수난 당하시고, 죽으셨으며 그 목적은 완전히, 현실적으로 성취된 것이다. 그리스도께서 단순히 구원을 가능케만 하신 것(천주교, 알미니안의 주장)이 아니라 그가 속죄하신 모든 자의 구원을 완전히 확보하신 것(우리의 신앙고백)이다.(눅19:10, 롬5:10, 고후5:21, 갈1:4, 엡1:7)

성경은 그리스도께서 자기 백성을 위하여(마1:21), 자기 양을 위하여(요10:11,15), 교회를 위하여(행20:28, 엡5:25~27), 선택자를 위하여(롬8:32~35) 죽으셨다고 가르친다. 성경에 세상을 위하여(요1:29, 요일2:2, 4:14), 또는 모든 사람을 위하여(딤전2:6, 딛2:11, 히2:9) 죽으셨다는 말씀이 있으나 이것은 세상의 모든 민족들 중에서 구원받게 될 피택자와 여러 종류와 계층으로부터 불러 낸 피택자들을 가리키는 말씀이다.

II. 결 론

속죄의 길을 마련해 주신 하나님의 사랑, 속죄를 대신 이루어 주신 그리스도의 은혜를 깊이 생각하며 감사하는 자가 되자!

<참고> 속죄일의 양(레16:6~22)

이스라엘의 속죄일인 7월10일은 저들의 죄가 모두 속량받는 날이므로 무척이나 기쁜 날이다. 그 날에는 두 종류의 제물이 등장한다. 하나는 하나님의 성전에 드려지고, 또 하나는 광야에 버려져 죽도록 한다.

첫 번째 양(羊)은 잡힌 후 그 피가 대제사장의 손에 의해 성소를 거친 후, 휘장을 통과하여 지성소의 법궤 위에 있는 속죄소에 부어진다. 피를 보신 여호와께서 이스라엘 백성의 죄를 용서하시고 그 싸인으로 「쉐키나(영광의 구름 혹은 강한 빛)」가 임하고 대제사장에게 말씀을 명하신다. 초조와 긴장 속에 기다리던 숨막히는 순간이 지나고 대제사장의 뒤꿈치에 붙은 방울소리가 울리자, 밖에서 부복하여 결과를 기다리던 백성들은 일제히 일어나 "할렐루야!"를 외치며 춤을 추기 시작한다.(만일 방울소리가 울리지 않고 시간이 지체되면 그 대제사장은 저주받아 죽은 것이므로 몸에 매고 간 끈에 의해 밖에서 잡아당김으로 시체로 끌려 나오게 되며, 그 해 백성들은 속죄를 못 받은 저주와 고통으로 비참한 세월을 보내야 한다는 것이다.

두 번째 양(혹은 염소)은 그 이름을 "아사셀 양"이라고 칭한다. "버려진 양"이라는 의미로 해석된다. 먼저 제사장이 양에게 안수하면서 이스라엘의 모든 죄를 한 몸에 지는 것이다. 미리 선택된 한 사람에 의해 끈에 매여 드디어 「수난행보」를 시작한다. 예루살렘거리를 통과하여 감람산을 지나 동쪽 요단강까지 가서 거기서 배를 타고 광야에 이르기까지의 머나먼 행보길이 이어진다. 거리를 지나 갈 때 인도에 인산인해를 이룬 군중들이 기다렸다는 듯이 아사셀 양을 향해 저주를 퍼붓기 시작한다. 어떤 자는 그 양에게 접근하여 양의 털을 휙 잡아 뽑는다. 어떤 자는 침을 뱉는다. 또 어떤 자는 돌 팔매질을 한다. 거리를 다 빠져 나오지 못해서 양은 어느새 털이 다 뽑히운채 피투성이가 된다. 기진 맥진하여 질질 끌려 온 양은 요단강에서 배를 탄다. 강을 건너 광야에 내려진 양은 한참을 더 들어간다. 끌고 간 사람이 끈을 놓고 잘 가라고 밀쳐 넣는다. 그리고 그 사람은 재빨리 되돌아와 배를 타고 강을 건넌다. 아사셀 양은 뒤따라 뛰어와 강언덕에 올라 보지만 그 사람과 배는 이미 떠난 후이다. "음매애애.... 음매애애...." 양은 피투성이 몸을 부들부들 떨면서 강 위아래를 이리저리 미친 듯이 뛰다가 되돌아갈 수 없는 처지를 느끼고 목놓아 처절하게 울기 시작한다. "엘리, 엘리, 라마사박다니!"

어느새 날이 기울고 어둠이 깔린다. 추위를 피하려 광야로 나가면 어디선가 맹수가 피냄새를 맡고 그를 덮쳐 끝을 맺는다. 아사셀 양은 백성들의 죄를 지고 그렇게 죽는다. 이 아사셀 양은 누구인가?

V

구원론

THE DOCTRINE OF THE APPLICATION OF THE WORK OF REDEMPTION

제27과 구원의 의미와 서정(순서)
[The meaning and description of salvation]

⟨본문⟩ 마태복음 19:13~30

때에 사람들이 예수의 안수하고 기도하심을 바라고 어린아이들을 데리고 오매 제자들이 꾸짖거늘 예수께서 가라사대 어린아이들을 용납하고 내게 오는 것을 금하지 말라 천국이 이런 자의 것이니라 하시고 저희 위에 안수하시고 거기서 떠나시니라 어떤 사람이 주께 와서 가로되 선생님이여 내가 무슨 선한 일을 하여야 영생을 얻으리이까 예수께서 가라사대 어찌하여 선한 일을 내게 묻느냐 선한 이는 오직 한 분이시니라 네가 생명에 들어가려면 계명들을 지키라 가로되 어느 계명이오니이까 예수께서 가라사대 살인하지 말라, 간음하지 말라, 도적질하지 말라, 거짓 증거하지 말라, 네 부모를 공경하라, 네 이웃을 네 몸과 같이 사랑하라 하신 것이니라 그 청년이 가로되 이 모든 것을 내가 지키었사오니 아직도 무엇이 부족하니이까 예수께서 가라사대 네가 온전하고자 할찐대 가서 네 소유를 팔아 가난한 자들을 주라 그리하면 하늘에서 보화가 네게 있으리라 그리고 와서 나를 좇으라 하시니 그 청년이 재물이 많으므로 이 말씀을 듣고 근심하며 가니라 예수께서 제자들에게 이르시되 내가 진실로 너희에게 이르노니 부자는 천국에 들어가기가 어려우니라 다시 너희에게 말하노니 약대가 바늘귀로 들어가는 것이 부자가 하나님의 나라에 들어가는 것보다 쉬우니라 하신대 제자들이 듣고 심히 놀라 가로되 그런즉 누가 구원을 얻을 수 있으리이까 예수께서 저희를 보시며 가라사대 사람으로는 할 수 없으되 하나님으로서는 다 할 수 있느니라 이에 베드로가 대답하여 가로되 보소서 우리가

> 모든 것을 버리고 주를 좇았사오니 그런 즉 우리가 무엇을 얻으리이까 예수께서 가라사대 내가 진실로 너희에게 이르노니 세상이 새롭게 되어 인자가 자기 영광의 보좌에 앉을 때에 나를 좇는 너희도 열두 보좌에 앉아 이스라엘 열두 지파를 심판하리라 또 내 이름을 위하여 집이나 형제나 자매나 부모나 자식이나 전토를 버린 자마다 여러 배를 받고 또 영생을 상속하리라 그러나 먼저 된 자로서 나중 되고 나중 된 자로서 먼저 될 자가 많으니라

I. 서 론

"구원"이란 "도와서 건져준다"는 뜻을 가졌다. 즉 인간이 죄로 말미암아 영원한 멸망을 받게 될 자리에서 그 인간을 건져내어 영생을 주시는 하나님의 행위를 가리킨다. 누가 스스로의 힘으로 구원을 얻을 사람이 있는가? 실로 구원문제에 있어서 인간에게는 전혀 발언권도 없고 그럴 가능성도 없다.

1. 구원의 적용은 성령을 통하여 이루어진다.

그래서 구원론을 성령론이라고 부르기도 한다. 왜냐하면 하나님은 그리스도께 완성해 놓으신 구원의 역사를 성령을 통하여 사람의 마음 속에 적용시키시기 때문이다. 이해를 돕기 위하여 한 예를 들어보자!
어떤 마을에 가뭄이 들어 초목과 가축이 말라 죽어가고 사람들마저 먹을 물이 없어 기근과 아사의 위기를 맞았다. 이러한 형편은 해마다 가뭄이 들면 항상 겪는 고통이었다. 그때 한 유능한 설계사가 나타나서 천수답(天水畓)을 개혁하고 냇물 상류에 저수지를 만들자고 제안했다.

많은 반발과 조소 속에 그는 저수지의 설계도를 완성하여 건축가에게 넘겼다. 건축가는 또한 빗발치는 조롱과 기근 중에 난공사를 거쳐 드디어 큰 저수지를 완성시켜 놓았다. 대단히 높은 뚝 저 안에는 많은 물이 차오르기 시작하더니 마침내 그것은 온 마을을 메마른 가뭄에서 구원해 내기에 족한 용수가 되었다. 이제 가뭄과 아사에서 구원해 낼 수 있는 그 많은 물을 어떻게 분배시키느냐가 문제이다. 그리하여 세 번째 등장한 이가 관리인이다. 그는 수로(水路)를 정하여 알맞은 용량의 물을 나눠준다. 이 지혜로운 관리인이 배치한 각양각색의 수도관을 따라 저수지의 물은 모든 생물에게 전달되고 그 물을 취한 사람과 가축과 산천초목과 곡식들은 생기와 힘을 얻어 싱싱하게 성장해 나갔다. 그리고 정한 시기에 이르러 열매 맺어 풍성한 수확을 거두게 되었으니 「설계가」의 예정된 설계와 「건축가」의 피나는 완성의 공로와 「관리인」의 선한 적용과 분배가 조화 있게 진행된 것에 대해 백성들은 소리 높여 찬사를 보내었던 것이다.

성부 하나님께서 예정된 선택 가운데 이미 계획해 놓으신 「구원의 사역」을 성자 예수님께서 십자가에 피흘리심으로 구원을 완성하셨으니 그 속죄의 피는 지금 넘치도록 풍성하다. 이제 완성된 구원의 피를 어떻게 각 개인의 「마음」과 「생활」에 실제로 적용시키느냐가 주요관건이다. 그 「적용 사역」을 맡은이가 바로 성령 하나님이시다. 성령은 구속운동의 실제 실시자 이시다.

2. 구원의 서정(序程, 순서)

성자 예수님께서 완성한 구원을 성령께서 각 사람의 마음에 적용을 시킴으로 나타난 현상이 "부르심(소명)"이요, "거듭나게 하심(중생)"이요, "회개"요, "믿음"이요, 그리고 "의롭다 하심(칭의)"이요, "자녀 되게 하심(양자)"이요, "거룩케 하심(성화)"이요, "끝까지 붙들어 주심(성도의 견인)"이요, "영화롭게 하심"이다. 이렇게 성령의 구원 적용사역의 내용은 크게 아홉 가지로 나타난다. 우리는 이것을 「구원의 서정」 9단계라고 부르는 것이다. 이 구원의 서정은 시간적으로 발생하는 순서라기보다는 논리적인 순서이다.

3. 구원의 의미

다같이 "구원받았다"는 말을 사용하지만 엄밀히 말하면 세 가지로 나누어 생각할 수 있다.

1) 과거의 구원

성도는 이미 구원을 얻었다. 이에 대하여 바울은 "허물로 죽은 우리를 그리스도와 함께 살리셨고 너희가 은혜로 구원을 얻은 것이라"(엡2:5)라고 했고, "너희가 그 은혜를 인하여 믿음으로 말미암아 구원을 얻었나니 이것이 너희에게서 난 것이 아니요 하나님의 선물이라"(엡2:8)고 했다. 예수 그리스도는 십자가 위에서 "다 이루었다"(요19:30)고 하셨다. 그러므로 우리의 구원이 객관적으로는 그때에 성취된 것이고, 주관적으로는 이미 성취된 그 구원을 내가 마음으로 믿고 입으로 시인한 그 믿음으로 그 구원이 우리의 것이 되었다. 그래서 사도요한은 "믿는 자는 영생을 가졌다"(요6:47)고 했다. 성도는 이미 구원을 얻었고(요5:24) 벌써 그 속에 영생이 있다.(요3:36) 그리고 율법의 의가 있는 유대인이나 율법이 없는 이방인이나 차별이 없다.(행15:9) 그래서 바울이 "예수 그리스도를 믿음으로 말미암아 모든 믿는 자에게 미치는 하나님의 의니 차별이 없느니라"(롬3:22)고 했다. 이것이 성도이면 이미 얻은 구원이요, 과거의 구원이다.

2) 현재의 구원

성경은 죄의 지배에서 구원받아야 할 것을 가르치고 있다.(롬6:12, 갈5:16) 사실 물에 빠진 자가 구명대에 탔으면, 이제는 열심히 노를 저어 나아가야 할 것이다. 그래서 사도 바울은 "너희 구원을 이루라"(빌2:12)했고 베드로도 "너희로 구원에 이르도록 자라게 하려 함이라"(벧전2:2)고 했다. 이 지상의 교회는 전투적 교회이다. 그러므로 성도는 날마다 선한 싸움을 싸워야 한다. "믿음의 선한 싸움을 싸우라, 영생을 취하라"(딤전6:12)고 하지 않았는가? 현재의 구원은 계속적이고도 전적인 헌신에만 있다. 따라서 날마다 성령의 열매를 맺고, 순간마다 죄를 이기며, 항상 그리스도 안에서 사나 죽으나 우리가 "주의 것"(롬14:8) 임을 감사해야 할 것이다.

"할렐루야 내 주 예수, 지난 죄는 사함 받고, 주 예수와 동행하니, 그 어디나 하늘나라"

정말 그렇다. 천국은 벌써 성도의 마음속에 있다. 그러므로 우리도 현재의 구원을 위하여 계속적인 수고를 아끼지 말아야 한다. 그래서 바울이 "이를 위하여 나도 내 속에서 능력으로 역사하시는 이의 역사를 따라 힘을 다하여 수고하노라"(골1:29)고 한 것이다.

3) 미래의 구원

성도는 과거의 죄의 형벌에서 구원을 얻었다. 또 현재는 죄의 지배에서 구원을 얻었고, 미래에는 죄의 실재에서 구원을 얻게 될 것이다. 그때에는 우리가 하늘에 속한 자의 형상을 입을 것이고(고전15:49) 또한 우리의 몸은 영화롭게 될 것이다.(롬8:30) 그러므로 우리의 장래에 대해서, "장차 내가 어떻게 될 것인가?"에 대하여 근심할 바가 아무것도 없다. "너희 염려를 다 주께 맡겨 버리라"(벧전5:7) 그리고 "너희 구할 것을 감사함으로 하나님께 아뢰라"(빌4:6) 정말 우리는 아무것도 염려할 것이 없다. 왜냐하면 영생은 벌써 나의 것이기 때문이다.(요6:40)

"날 구원하신 주 모시옵고 영원한 영광을 누리리라. 그리던 벗들도 한 자리 만나리 돌아갈 내 고향 하늘나라" 이것이 장차 성도가 누릴 미래의 구원이다. "너희 속에 착한 일을 시작하신 이가 그리스도 예수의 날까지 이루실 줄을 우리가 확신하노라"(빌1:6) -아멘-

II. 결 론

"내가 무슨 선한 일을 하여야 영생을 얻으리이까?" 이는 모든 인생들의 심각한 질문이기도 하다. 그러나 답은 꼭 하나 뿐이다. 울어도 못하고, 힘써도 못하고, 참아도 못한다. 오직 믿음뿐이다. 예수 그리스도 외에 천하 인간에게 구원을 얻을 만한 다른 이름을 준 일이 없기 때문이다.(행4:12)

"찬송하리로다, 우리 주 하나님의 은혜여! 아멘"

제28과 하나님의 부르심(召命)
[God's Calling]

〈본문〉 고린도전서 1:18~31

십자가의 도가 멸망하는 자들에게는 미련한 것이요 구원을 얻는 우리에게는 하나님의 능력이라 기록된바 내가 지혜 있는 자들의 지혜를 멸하고 총명한 자들의 총명을 폐하리라 하였으니 지혜 있는 자가 어디 있느뇨 선비가 어디 있느뇨 이 세대에 변사가 어디 있느뇨 하나님께서 이 세상의 지혜를 미련케 하신 것이 아느뇨 하나님의 지혜에 있어서는 이 세상이 자기 지혜로 하나님을 알지 못하는 그러므로 하나님께서 전도의 미련한 것으로 믿는 자들을 구원하시기를 기뻐하셨도다 유대인은 표적을 구하고 헬라인은 지혜를 찾으나 우리는 십자가에 못 박힌 그리스도를 전하니 유대인에게는 거리끼는 것이요 이방인에게는 미련한 것이로되 오직 부르심을 입은 자들에게는 유대인이나 헬라인이나 그리스도는 하나님의 능력이요 하나님의 지혜니라 하나님의 미련한 것이 사람보다 지혜 있고 하나님의 약한 것이 사람보다 강하니라 형제들아 너희를 부르심을 보라 육체를 따라 지혜 있는 자가 많지 아니하며 능한 자가 많지 아니하며 문벌 좋은 자가 많지 아니하도다 그러나 하나님께서 세상의 미련한 것들을 택하사 지혜 있는 자들을 부끄럽게 하려 하시고 세상의 약한 것들을 택하사 강한 것들을 부끄럽게 하려 하시며 하나님께서 세상의 천한 것들과 멸시받는 것들과 없는 것들을 택하사 있는 것들을 폐하려 하시나니 이는 아무 육체라도 하나님 앞에서 자랑하지 못하게 하려 하심이라 너희는 하나님께로부터 나서 그리스도 예수 안에 있고 예수는 하나님께로서 나와서 우리에게 지혜와 의로움과 거룩함과 구속함이 되셨으니 기록된바 자랑하는 자는 주안에서 자랑하라 함과 같게 하려 함이니라

I. 서 론

성경은 죄인들을 찾으시고 부르시는 하나님의 음성으로 가득차 있다. 하나님께서는 죄인(인간)들을 향하여 부르고 계시는데 이 부르심에 응답하여 우리 주님께 나온 자들이 곧 신자요 성도들이다. 여기에서 말하는 「하나님의 부르심」을 신학적 용어로는 「소명(召命, Calling)」이라고 칭하는데 이는 예수 그리스도안에서 제시된 구원을 받아들이도록 죄인들을 초청하시는 하나님의 은혜로운 역사를 말한다. 바울은, 하나님께서 은혜로 자기를 부르셨다고 고백하고 있다.(갈1:15)

"그리스도인"은 곧 "부르심을 입은 자"(the called)라고 할 수 있다. 아담이 범죄한 이후의 모든 인간이 지옥을 향해 내려가고 있을 때, 어느 순간, 하나님이 자기의 택한 백성들을 하나 하나 불러들여 그들의 방향을 천국으로 돌려놓는 그 일이 곧 부르심(召命)이요, 또한 인간 편에서는 그 순간이 새로이 거듭나는 순간인데 이를 중생의 역사라고 한다.

그런데 성경에서는 부르심에 대한 두 가지 경우를 말씀하고 있으니 하나는 "외적인 부르심"(外的召命)이요, 또 하나는 "내적 부르심"(內的召命)이다.

1. 외적 부르심(外的召命, External Calling)

「외적 부르심」을 다른 말로는 「보편적 부르심」이라고 하는데, 이는 죄의 용서와 영생을 얻기 위하여, 그리스도를 믿고 영접하라고 간절하게 권고하는 것을 말한다. 이것은 보통 "전도(傳道)"의 행위로서 표현된다. "주 예수를 믿으라. 그리하면 너와 네 집이 구원을 얻으리라"(행16:31)는 말씀은 외적소명의 한 본보기이다.

외적 부르심에는 다음의 세 가지 요소들이 포함된다.

① 복음의 사실을 제시하여야 한다. 그리스도 안에 있는 구속의 도리를 제시하여야 한다. 즉 십자가의 죽으심과 부활을 중심한 구원의 도리를 정확하게, 세세하게, 또 계통 있게 제시하여야 한다.

② 회개하는 믿음으로 예수를 영접하도록 강하게 초청하여야 한다. "예수를 믿으라!"고 간절한 마음으로, 또한 진지하게 권면하는 것이다.

③ 사죄와 구원의 약속을 제시하여야 한다. 진정 회개하고 예수를 믿으면 우리의 모든 죄가 용서함 받고 하나님 앞에 의롭다 하심을 얻고, 영생을 얻게 됨을 말씀에 의지하여 확실히 약속해 주는 것이다.

「외적인 부르심(복음)」이 전파됨에도 불구하고 전혀 마음에 감동도 없고 혹은 믿지 않는 사람도 있다.(마23:37) 그러나, 안 믿는 사람이 많다고 하여 외적 부르심(복음전파)를 중단하거나 좌절해서는 안되고 사실이 또한 그렇다. 받아들이건, 배척하건 간에 복음의 초청은 계속되는 것이다. 그러므로 이 외적 부르심은 일방적이며 보편적인 소명이다. 이 외적 부르심은 장소와 시기에 구애됨이 없이 끊임없이 부르시는 우주적인 부름이다. 이것은 바로 하나님의 간절하신 천국초청의 열망인 것이다. 이 부르심은 비록 사람들을 통하여 전달될지라도 하나님에게서 오는 부르심이기에 신중한 소명이다. 그러므로 사람이 이 부르심을 받아들이지 아니하고 거절하면 인간(죄인)의 책임이 더 중대하여 지는 것이다. 하나님께서는 이 「부르심」으로써 죄인을 회개케 하고 믿게 하는 방편으로 삼으셨다.(롬10:14~17) 이렇게 하나님께서 부르셔도 죄인들이 응답치 아니하면 죄인을 정죄하며, 하나님을 정당화하며, 결국 죄인들은 정죄를 받을 지라도 핑계가 없게 된다. 그토록 전도자의 입을 통해서 돌아오라고 부르짖어도 버리운 자는 결국 돌아오지 못하고 만다.

2. 내적 부르심(內的召命, Effective Calling)

이것은 하나님의 진정한 부르심을 말한다. 이것은 성령의 역사로 외적 부르심을 아주 효과있게 만드는 것이다. 벌써 영생 받기로 예정되고 구원받기로 선택된 자는 "초청의 복음"이 귀를 통해 마음 깊숙이 파고 들어와 감동을 받고 회개하여 그리스도를 믿지 않고서는 견딜 수 없게 되는 것이다. 내적 부르심은 택함을 받은 자에게만 오며, 이 사람에게만이 외적 부르심이 성령의 역사로써 효과를 나타내게 된다. 그런 의미에서 이 내적 부르심을 「효력있는 부르심」 혹은 「유효적 소명」이라고 부른다.(롬8:28~30) 이 내적 부르심은 부르심을 받은 자는 반드시 구원을 얻게 하는 능력있는 「부르심(소명)」이다.(행13:48, 고전1:23~24) 또 이 「부르심」은 변치 않는 소명이다. "하나님의 은사와 「부르심」에는 후회하심이 없느니라"(롬11:29) 이 부르심을 받은 자는 의롭다 하심을 얻고 마침내는 영화롭게 되기까지 하는 것이다.(롬8:28~30) 성령께서 말씀(복음)이 전파될 때에 역사(役事)하시어서 우리의 죄와 비참을 깨닫게 하시고, 또 우리의 마음을 밝혀 그리스도를 알게 하시고, 우리의 의지를 새롭게 하시고, 우리를 권하사 능히 복음 중에 값없이 주시는 예수 그리스도를 믿도록 하시는 부르심이 곧 내적 소명이다. 그러므로 구원은 이 내적 부르심을 받아야 가능하다.

이 「내적 부르심(內的召命)」의 목적은
① 예수 그리스도와 교제케 하려는 것이며(고전1:9)
② 복을 유업으로 받게 하려는 것이며(벧전3:9)
③ 자유를 주기 위한 것이며(갈5:13)
④ 평화를 주시기 위한 것이며(고전7:15)
⑤ 거룩함을 위한 것이며(살전4:7)
⑥ 한 소망을 위한 것이며(엡4:4)
⑦ 영생을 얻게 하려는 것이며(딤전6:12)

⑧ 하나님의 나라와 그 영광에 이르게 하려는 것이다.(살전2:12)

중(僧侶)도 복음을 듣고 성경에 대해 아주 박식한 이가 간혹 있다. 그의 머리에는 성경 속의 그 뜨거운 복음의 진리가 꼭 찼으나 그는 결코 그리스도를 구세주로 믿지 못한다. 왜냐하면 그에게는 「성령의 감화」가 없기 때문이다(딤후3:7)

진리(문자) 자체만으로는 사람을 거듭나게 하지 못한다. 우리 주위에 학식 있는 불신자 중에는 오히려 기독신자보다 성경지식이 더 많은 경우를 볼 수 있다. 이 경우 그들이 성경을 알면서도 "왜 믿지 않는가?" 하고 이상하게 생각할 필요없다.

성경은 성령의 감동으로 쓰여진 책이다. 그러므로 성령을 떠난 그 어떤 성경지식도 한낱 교양에 불과할 뿐이니 구원하고는 전혀 무관하다. 단순히 성경을 많이 읽고 알고 외운다고 구원받는 것은 아니다. "십자가에 못박히신 그리스도의 도가 유대인과 헬라인에게는 그들의 귓가를 스쳐 가는 초청(외적소명)이 되어 배척을 당했으나 내적 부르심을 입은 우리에게는 하나님의 능력과 지혜가 되었다.(고전1:23~24)

이와 같이 같은 진리라도 성령의 역사하심과 아니하심에 따라 "복음"도 되고 "허탄한 소리"도 되는 것이다.

그런 의미에서 "전도"는 외적 부르심의 최고 수단이며 또한 택자들에게는 내적 부르심의 절호의 기회가 되는 것이다. 즉 우리가 길에서 전도할 때, 불택자들에게는 한낱 시끄러운 소리로서 귓전에 맴돌다 사라질 것이지만, 그중에 택자가 있다면 그에게는 "무서운 찔림"이 되어 주께로 돌아오게 된다. 이때 "무서운 찔림"이 되는 이유는 바로 그 말씀에 성령이 함께 하여 「탕자적 가책」을 일으키기 때문이다. 이 찔림에 과연 몇 번 거부하느냐가 문제이지 결국은 돌아오고야 말 것이다. "영생주시기로 작정된 자는 다 믿더라"(행13:48) 전도는 내적 부르심을 입은 자들의 양심을 향한 계속적인 호소(초청)이니 만큼 쉬지 말고 초청해야 한다. 그러므로 우리가 소명(구원) 받는 것은 절대적으로 성령의 내적인 힘으로 되며 그 "방편(수단)"으로써 진리(성경말씀)가 수반되었던 것이다.

II. 결 론

하나님께서 죄인들을 부르신다. 전도의 말씀으로서 복음을 알리고 사죄와 구원을 약속하면서 회개와 신앙을 촉구하신다. 이것이 외적 소명이다. 그러나 내적 소명을 받은 자만이 회개하는 믿음으로서 화답하게 된다. 내적 소명은 성령의 특별하신 은혜로서 선택받은 자들에게만 임한다. 그러므로 우리가 믿어 사죄의 은총과 아울러 의롭다 하심과 영생의 은총을 누렸다면 하나님의 크신 은혜로 내가 내적 소명을 받았기 때문임을 깨닫고 하나님께 감사하는 자가 되어야 한다.

제29과 거듭나게 하심
[Able to be reborn]

〈본문〉 요한복음 3:1~15

바리새인 중에 니고데모라 하는 사람이 있으니 유대인의 관원이라 그가 밤에 예수께 와서 가로되 랍비여 우리가 당신은 하나님께로서 오신 선생인 줄 아나이다 하나님이 함께 하시지 아니하시면 당신의 행하시는 이 표적을 아무라도 할 수 없음이니이다 예수께서 대답하여 가라사대 진실로 진실로 네게 이르노니 사람이 거듭나지 아니하면 하나님 나라를 볼 수 없느니라 니고데모가 가로되 사람이 늙으면 어떻게 날 수 있삽나이까 두 번째 모태에 들어갔다가 날 수 있삽나이까 예수께서 대답하시되 진실로 진실로 네게 이르노니 사람이 물과 성령으로 나지 아니하면 하나님 나라에 들어갈 수 없느니라 육으로 난 것은 육이요 성령으로 난 것은 영이니 내가 네게 거듭나야 하겠다 하는 말을 기이히 여기지 말라 바람이 임의로 불매 네가 그 소리를 들어도 어디서 오며 어디로 가는지 알지 못하나니 성령으로 난 사람은 다 이러하니라 니고데모가 대답하여 가로되 어찌 이러한 일이 있을 수 있나이까 예수께서 가라사대 너는 이스라엘의 선생으로서 이러한 일을 알지 못하느냐 진실로 진실로 네게 이르되 우리 아는 것을 말하고 본 것을 증거하노라 그러나 너희가 우리 증거를 받지 아니하는 도다 내가 땅의 일을 말하여도 너희가 믿지 아니하거든 하물며 하늘 일을 말하면 어떻게 믿겠느냐 하늘에서 내려온 자 곧 인자 외에는 하늘에 올라간 자가 없느니라 모세가 광야에서 뱀을 든 것같이 인자도 들려야 하리니 이는 저를 믿는 자마다 영생을 얻게 하려 하심이니라

I. 서 론

하나님께 범죄하여 타락한 인생은 영적으로 죽은 상태하에 있다.(엡 2:1) 이러한 영적 사망의 상태하에 있는 인생에게 새 생명을 주어 다시 살게 하는 하나님의 역사가 중생이며, 이를 "거듭난다", "다시 난다"고 한다.

1. 중생이란 무엇인가?

중생이란 새 생명(하나님의 생명)을 인간 심령 속에 심어 줌으로 마귀를 축출하고 성령의 지배 아래에 있게 하는 하나님의 창조적 사역이라고 할 수 있다.

장차 천국에 가서 살 하나님의 자녀는 한번은 육신의 어머니 태에서 육으로 나야하고 다음으로 육의 사람에서 영의 사람으로 나야한다. 「니고데모」는 거듭나는 진리를 육신적으로 생각하여 "사람이 늙으면 어떻게 날 수 있삽나이까? 두 번째 모체에 들어갔다가 날 수 있삽나이까?"라고 반문하였다. 사람의 육체가 모체에 다시 들어갔다가 나왔다고 해서 거듭나는 것은 아니다. 그런 식으로는 백 번을 다시 난다하더라도 육은 육이다. 예수님께서 거듭나라고 하신 것은 영으로 나는 것이다. 좀 더 정확하게 말하면 중생(重生)은 영혼의 부활이다. 시조 아담이 타락한 결과로 죽음을 맛본 순서를 보면 영혼이 먼저 죽고 나중에 육신의 죽음이 왔다. 그러므로 하나님의 구원역사도 먼저 영혼을 다시 살리고 육신은 나중에 다시 살린다. 그러면 죽었던 영이 다시 사는 때는 언제인가? 그것은 우리의 영혼이 중생할 때인데, 우리의 영혼은 우리가 거듭나는 그 순간에 이미 부활했고 우리의 육신은 예수님 재림하실 때에 부활하게 된다. 다시 말하면 중생한 우리 성도는 육신부활만 남았고 영혼은 중생할 때 이미 부활한 것이다.

2. 중생의 필요성

예수님께서 「니고데모」에게 "사람이 거듭나지 아니하면 하나님 나라를 볼 수 없느니라"고 하셨고 "사람이 물과 성령으로 나지 아니하면 하나님 나라로 들어갈 수 없느니라"고 하셨다. 원문의 뜻은 더 강하다. "중생하지 않으면 절대로 천국에 들어갈 수 없다"는 뜻이다.

구약시대 때, 하나님의 선민이 되려면 반드시 거쳐야 하는 것이 있었다. 그것은 할례였다. 할례는 이스라엘 선민이 되는 시민권과 같은 것이다. 신약시대에 와서 하나님 나라의 시민이 되려면 반드시 거쳐야 하는 것이 있다. 그것은 중생이다. 마태복음 13:47~50에 보면 천국은 마치 어부가 바다에서 고기를 잡는 것과 같은데 그물에 고기가 가득하매 물가로 끌어내어 좋은 것은 그릇에 담고 못된 것은 내어버린다고 하셨다. 바다는 이 세상이고 배는 교회이고 그물은 하나님의 말씀선포이다. 그러나 배안에 들어온 고기라고 다 가져가는 것이 아니고 나쁜 고기는 버리고 좋은 고기만 가져간다. 나쁜 고기는 무엇이고 좋은 고기는 무엇인가? 나쁜 고기는 중생하지 못한 사람이고 좋은 고기는 중생한 사람이다. 혹 어떤 이가 중생하지는 못했어도 지상교회 교인은 될 수 있다. 그러나 그는 천국에는 못 들어간다. 마태복음 22:1~14를 보면, 어떤 임금이 자기 아들을 위하여 혼인잔치를 베풀었다. 혼인좌석에 손님이 가득하매 들어와 보고 예복을 입지 아니한 사람이 있으매 내어쫓는 다고 하셨다. 혼인 잔치석은 교회요, 음식은 교회에서 선포되는 말씀이다. 간혹 교회 안에 예복을 입지 않은 채 들어와 있는 이가 있을 수 있다. 예복을 안 입은 사람은 어떤 사람인가? 중생하지 못한 사람이다. 중생의 필요성은 이 뿐만이 아니다. 성도가 하나님과 교통을 나누기 위하여서는 거듭나는 것이 필요하다. 우리의 영혼이 거듭나기 전에는 하나님께서 아무리 부르셔도 듣지도 못하며 대답할 수도 없는 것이다. 죽은 자에게 설탕물을 먹여도 그가 단 것을 알 수 없는 것처럼 영적 사망의 상태에 있는 인생에게 사죄와 영생을 약속하는 천국복음을 들려주어도 대답이 있을 수 없으며, 죽은 자에게 쓴 물을 먹여도 쓰다고 않는 것처럼 영적 사망의 상태에 있는 사람에게 지옥의 두려움을 이야기하여도 역시 대답은 있을 수 없는 것이다. 그러므로 여기에 중생이 절실하게, 절대적으로 필요하게 되는 것이다.

3. 중생의 방법

중생은 성령과 인간의 합동작업으로 이루어지는가? 아니면 성령님께서 홀로 하시는 일, 즉 성령의 독자적 역사(獨自的 役事)인가? 우리를 거듭나게 하시는 일은 성령 하나님께서 홀로 하시는 일이다. 천주교나 알미니안주의(인본주의)에서는 중생이 사람의 노력과 하나님의 사역이 협동 작용되어서 일어난다고 주장한다. 그러나 중생은 사람의 협력을 필요로 하지 않는 다는 것이 성경의 가르침이다. 다음으로 문제되는 것은 중생케 하는 성령님의 역사와 은혜 충만케 하는 성령의 역사가 어느 때에 나타나는가 하는 것이다. 성령께서는 말씀선포를 통하여 역사하신다. 말씀선포가 없이는 중생의 역사가 없다. 오순절에 성령이 임할 때도 성령의 역사보다 먼저 말씀선포가 있었다. 「고넬료」의 가정에 성령이 임할 때도 「베드로」의 설교가 있었다. 그러므로 로마서 10:14에 "그런즉 저희가 믿지 아니하는 이를 어찌 부르리요, 듣지도 못한 이를 어찌 믿으리요, 전파하는 자가 없이 어찌 들으리요"라고 했다. 여기 "듣지 못한 이를 어찌 믿으리요"하는 말은 말씀선포가 없이 어떻게 중생의 역사가 나타나겠는가라는 말과 같다. 이제 여기에서 문제가 되는 것은, 그러면 말씀을 선포할 때마다 성령이 역사하시는가, 말씀을 들을 때마다 성령을 받는가 하는 것이다. 그런 것은 아니다. 성령이 역사하시는 것은 인간의 권한(소원)에 속한 것이 아니고 오직 성령님의 주권에 달려있는 것이다. 그래서 말씀을 선포해도 또 말씀을 들어도 성령이 역사하지 않는 때도 있다. 그러나 낙심할 필요는 없다. 왜냐하면 말씀을 받는 사람은 언젠가 성령이 역사할 수 있는 기초공사가 되어 있기 때문이다. 말씀이 마음속에 뿌리워진 사람은 언젠가는 그 말씀을 통하여 성령이 중생 시킬 가능성이 있다. 그러나 말씀을 한번도 듣지 못한 사람이라면 중생의 가능성은 전혀 없는 것이다.

4. 중생의 결과

중생 하는 때를 알 수 있는가? "알 수 없다"는 것이 성경의 대답이다.(요3:8) 중생은 무의식적(無意識的)으로 일어난 단회적(單回的) 사건이다. 이는 마치 우리의 기억력이 아무리 비상해도 자기가 모태로부터 나온 때를 자력으로 기억해 낼 수 없음과도 같다. 우리가 아는 자신의 생년월일은 부모나 기록을 통해서 알게되는 "교육적 지식"인 것이다. 그러나 중생의 결과는 알 수 있다. 그러면 중생의 결과는 무엇인가?

1) 인격 전체가 새로워 진다.

인격 전체란 지, 정, 의(知, 情, 意)를 말한다. 중생 하면 지정의가 새로워진다. 그러면 지성이 새로워진다는 말은 무슨 뜻인가? 하나님의 말씀인 진리에 대하여 그의 지성이 타당성을 인정하게 된다는 말이다. 중생하기 전에는 하나님의 말씀이 비합리적인 것으로 생각되었으나 중생 하면 성경의 합리성을 인정하고 알게 된다. 그래서 자연적으로 계시(성경)의존사색(啓示依存思索)을 하게 된다. 즉 성경이 말하는 신관(神觀), 인생관, 사회관을 가지게 된다. 그러나 지성이 새로워진다는 것이 일반은총에 속한 과학적 지식을 말하는 것은 아니다. 중생 했다고 해서 무식하던 사람이 세상의 지식을 다 통달하게 된다는 말은 아니다. 일반은총에 관한 지식은 여전히 교육을 통해서 배워야 한다.

중생하면 감정이 새로워진다.

갈라디아서 5:24에 "그리스도 예수의 사람들은 육체와 함께 그 정과 욕심을 십자가에 못박았느니라"고 했다. 여기 정을 십자가에 못박았다는 말은 중생하기 전의 감정은 육신의 정욕과 이생의 자랑을 따랐지만 중생 후에는 깨끗한 것을 보고 기뻐하는 감정으로 정화됐다는 말이다.(시42:1~2, 마5:4, 벧전1:8)

중생 하면 의지가 새로워진다.

의지는 인격의 방향을 결정짓는다. 중생하기 전에는 죄악의 길을 갔지만 중생한 후에는 악에서 돌아선다.(히13:21, 롬9:16, 빌2:3, 살후3:5, 롬8:7) 성령 받기 전에는 육신의 열매뿐이다. 그런데 성령 받고 중생 하면 의지의 변화로 인하여 성령의 열매가 맺히기 시작한다.(갈5:19~23)

2) 말씀을 사모하게 된다.

우리 가정에서 태어난 신생아가 모유를 사모하듯이, 중생한 사람은 하나님의 가정에서 태어난 신생아인데, 영적으로 신생아로 태어났으니 자연히 신령한 젖, 곧 말씀의 젖을 사모하게 되는 것이다.(고전2:14, 벧전1:2)

3) 날마다 장성하게 된다.

모든 생명은 자연적 생장력이 있듯이 영적 새 생명을 받은 중생의 사람도 영적으로 신령하게 자라가야 하며 또한 자라 가는 것이다. 그러므로 참으로 거듭난 성도는 그 믿음과 생활이 항상 향상, 전진하는 것이다.

4) 믿음이 생긴다.

5) 주님을 사랑하는 마음을 가지게 된다.

하나님을 사랑하게 되는 것은 같은 생명 즉, 하나님의 생명을 가졌기 때문이다. 부모자식 형제간에는 같은 생명을 가졌기 때문에 자연히 끊을래야 끊을 수 없는 짙은 사랑의 정감에 끌리듯이, 중생 하면 하나님과 우리 사이에는 같은 생명을 받은 것이므로 지극히 자연스럽게 하나님을 사랑하는 마음, 주님을 사랑하는 마음을 가지게 되는 것이다. 그래서 주님께 향한 경배, 봉사, 헌신 등을 아끼지 않게 된다. 여기서 한 가지 더 부언할 것은 중생과 믿음과 회개의 관계이다. 많은 신학자들은 이것을 시간적으로는 동시에 되어지는 일로 생각한다. 그러나 논리적으로는 중생이 맨 먼저요 그 다음이 믿음과 회개이다. 왜냐하면 믿음이라고 하는 것은 마치 어린애가 부모를 전적으로 의지하는 것으로 비유할 수 있는데 어린애가 나지도 아니하고 어떻게 부모를 믿을 수 있다는 말인가? 또한 회개는 하나님께서 주신 정로(正路)에 서서 걸어가다가 넘어졌을 때 우는 것과 같은데 역시 어린애가 나지도 아니하고 어떻게 울 수 있다는 말인가? 어린 생명이 부모를 믿었기 때문에, 울고 보챘기 때문에 모태에 생명이 생기고 출생하게 된 것이 아니라 전혀 본인의 의사와는 관계없이 출생하게 되듯이 우리 인간들이 인간의 힘으로 믿으니까 중생 시킨 것이 아니고 하나님께서 우리에게 중생케 하시는 은혜를 주신 결과 믿게 됐고 중생 했으니 회개하게 된 것이다.

II. 결 론

중생한 사람만이 하나님 나라를 볼 수 있고, 하나님 나라에 들어 갈 수 있다. 중생한 사람만이 하나님의 자녀로서 살 수 있고, 하나님의 자녀의 축복을 누릴 수 있다. 그러므로 사람이 거듭난다는 것은 참으로 중대한 문제이다. 나는 진정 중생 하였는가! 새 생명을 받았는가! 중생은 하나님께서만 친히 역사하시는 일이다. 중생 하는 일은 순간적으로 완성된다. 보이지 않으나 결과로서 알 수 있다.

우리는 이미 중생 하는 은혜를 입었으니, 중생케 하시는 은혜를 입게 된 것을 우리 하나님께 무한 감사하면서, 중생인의 능력으로 보람차게 살아야 겠다.

제30과 돌이키게 하심(回心)
[Conversion]

〈본문〉 고린도후서 7:9-11

내가 지금 기뻐함은 너희로 근심하게 한 까닭이 아니요 도리어 너희가 근심함으로 회개함에 이른 까닭이라 너희가 하나님의 뜻대로 근심하게 된 것은 우리에게서 아무 해도 받지 않게 하려 함이라 하나님의 뜻대로 하는 근심은 후회할 것이 없는 구원에 이르게 하는 회개를 이루는 것이요 세상 근심은 사망을 이루는 것이니라 보라 하나님의 뜻대로 하게 한 이 근심이 너희로 얼마나 간절하게 하며 얼마나 변명하게 하며 얼마나 분하게 하며 얼마나 두렵게 하며 얼마나 사모하게 하며 얼마나 열심 있게 하며 얼마나 벌하게 하였는가, 너희가 저 일에 대하여 일절 너희 자신의 깨끗함을 나타내었느니라

I. 서 론

죄인이 거듭났으니 이제는 과거의 죄를 뉘우치고 하나님께로 돌아오는 마음과 생활의 변화가 뒤따르게 된다. 이러한 변화를 "개종"(改宗), "회심"(回心), 혹은 "개심"(改心)이라고 말하는 것이다. "회심"(Conversion)은 단순한 뉘우침이 아닌즉 그것은 반드시 "회개"와 "믿음"을 수반한다. 이 회심은 죄를 뉘우치는 회개(소극적 요소)와 그리스

도를 영접하는 믿음(적극적 요소)을 포함하는 것이다.

1. 회심이란 무엇인가?

회심은 중생한 사람에게 역사하여 하나님께로 돌아오게 하는 하나님의 역사이다. 그러므로 회심하게 하시는 이는 하나님이시다.(행 11:18, 딤후2:25) 중생한 새 생명은 성령의 특별하신 역사에 의하여 회심의 결과를 낳게 된다.(요6:44, 빌2:13) 그런데 중생과 회심간에는 차이가 있다. 즉 우리가 중생(거듭남)하는 일에는 하나님께서 홀로 역사하시는 일(독자적 역사)이나 회심은 하나님과 사람이 서로 협력하여서 이루어지는 것이다.(렘18:11, 행2:38,17:30) "악인은 그 길을, 불의한 자는 그 생각을 버리고 여호와께로 돌아 오라 그리하면 그가 긍휼히 여기시리라. 우리 하나님께로 나아오라. 그가 널리 용서하시리라"(사 55:7) 또한 중생이 순간적으로 일어나는 변화이듯이 회심도 역시 순간적인 변화라는 점에서는 같으나 중생은 무의식적 사건인데 반(反)해 회심은 의식적인 변화라는 점이 다르다. 우리가 구원을 얻기 위하여는 절대적으로 회심이 필요하다. "주 여호와의 말씀에 나의 삶을 두고 맹서하노니 나는 악인의 죽는 것을 기뻐하지 아니하고 악인이 그 길에서 돌이켜 떠나서 사는 것을 기뻐하노라. 이스라엘 족속아 돌이키고 돌이키라 너희 악한 길에서 떠나라 어찌 죽고자 하느냐 하셨다 하라"(겔 33:11)

2. 회개

회개란 죄인 된 과거를 돌이켜보고 참 마음으로 후회하여 애통하는 행위이다. 즉 회개란 죄인이 죄로부터 전환하는 그의 마음의 의식적 변화이다. 이 회개는 세 가지 요소가 있다.

1) 지성적 요소

이것은 죄에 대한 생각(견해)의 변화이다. 자신이 중생하기 이전까지의 모든 생활이 죄악된 것이었음과 온갖 부정(더러워졌음)에 빠져 있었던 그러한 죄들을 깨닫고 자인(自認)하는 것이다.(롬3:20) "대저 나는 내 죄과를 아오니 내 죄가 항상 내 앞에 있나이다..... 내가 죄악 중에 출생하였음이여, 모친이 죄중에 나를 잉태하였나이다..... 우슬초로 나를 정결케 하소서 내가 정하리이다. 나를 씻기소서 내가 눈보다 희리이다."(시51:3~7)

2) 감정적 요소

회개에는 죄에 대한 감정의 변화가 따르는데, 즉 거룩하고 자비로우신 하나님을 배반하고 온갖 흉악중에 있었던 자신의 죄로 인하여 근심하고 눈물 흘려 통회자복하는 행위이다.(시51:1,2,10,14, 고후7:9~10) 그러나 운다고 모두가 다 참 회개인 것은 아니다. 신약성경에는 "뉘우친다"고 하는 용어 「메타멜로마이」가 있는데 단순한 "후회", "뉘우침"을 말한다. 가룟 유다가 예수님을 판 후 일시적으로 뉘우친 행위(마27:3)가 바로 그것이니 그런 뉘우침은 참된 구원에 이를 수 없는 것이다. 그러므로 군중심리의 분위기에서 오는 울음이나 신세한탄에서 나오는 단순한 감정적 뉘우침이나 일시적인 눈물흘림은 참된 회개라 할 수 없는 것이다.

3) 의지적 요소

죄에 대한 의지적 변화이다. 잘못된 것을 생각하고, 방성대곡 한 것만으로 회개가 완전해 진 것은 아니다. 이제는 죄를 안 짓고 새롭게 살아야 겠다는 결단력 있는 의지(意志)와 각오가 필요한 것이다.(사51:5,7,10, 렘25:5, 롬2:4)

이 세 가지 요소가 겸비된 회개라야 진정한 회개이다. 신구약성경에 나타난 용어로서 "회개"에 관계된 말은 각각 두 가지이다.
① 「나캄」(구약)과 「메타노이아」(신약)
"후회한다", "개탄한다"는 뜻으로 깨닫게 된 죄를 인하여 뉘우치고 슬퍼하고 통회하는 마음을 강조한다.
② 「수브」(구약)와 「에피스트로페이」(신약)
"다시 전환하다(returning)", "전환하여 옴(turning back)", "돌아오는 전환(returning)"이란 뜻으로, 자신의 죄와 자신의 실상을 깨닫고 뉘우쳐 통회할 뿐만 아니라 죄를 현실적으로 버리고 하나님에게로 돌아오는 것을 강조한 말이다.

3. 회개의 열매(果　)

성경은 회개에 합당한 열매를 맺으라고 하신다. 또 진정한 회개에는 합당한 열매가 맺히는 것이다.

1) 성실한 자백
성실한 통회는 자신의 잘못이나 죄에 대하여 성실하게 자백한다. 첫째는 은밀한 기도 중에 하나님께 자기 자신의 모든 죄를 성실하게 고백하는 것이고, 둘째는 자신의 죄행으로 인하여 피해를 입은 다른 사람이 있을 경우에는 그 사람에게도 자신이 죄 되었음을 성실하게 고백하는 것이다. 하나님에게만 고백하는 것으로 적당하게 넘어가려 하는 것은 아직도 회개의 열매로서는 익지 않은 회개이다.

2) 수복(修復)과 개선(改善)
진정한 회개는 재빨리 우리 죄로 인한 파괴를 수복함이다. 회심은 옛 사람을 벗어버릴 뿐 아니라 또한 새 사람을 입는 일, 즉 죄를 떠나고 거룩한 생활을 위하여 힘쓰는 일을 의식적으로 시작한다.

3) 깨어 죄를 대적함

다시 그런 죄를 범하지 않으려고 경성 하게 되는데, 참 회개자는 다시금 죄에 빠지지 않고자 하여 깨어 근신하는 것이다.

4) 하나님에 대한 사랑이 생긴다

참으로 회개한 사람은 마음에 하나님을 사랑하는 마음이 있어서 이것이 동기가 되어 죄를 대적하게 된다.

II. 결 론

구원을 얻기 위하여 절대적으로 통과하여야 할 관문인 회개의 문을 바로 지나야 한다. 바른 회개로서 복스러운 삶에 이르기를 힘쓰자!

제31과 구원에 이르는 믿음
[Faith growing in salvation]

〈본문〉 고린도전서 15:1~8

형제들아 내가 너희에게 전한 복음을 너희로 알게 하노니 이는 너희가 받은 것이요 또 그 가운데 선 것이라 너희가 만일 나의 전한 그 말을 굳게 지키고 헛되이 믿지 아니하였으면 이로 말미암아 구원을 얻으리라 내가 받은 것을 먼저 너희에게 전하였노니 이는 성경대로 그리스도께서 우리 죄를 위하여 죽으시고 장사 지낸바 되었다가 성경대로 사흘만에 다시 살아나사 게바에게 보이시고 후에 열두 제자에게와 그 후에 오백여 형제에게 일시에 보이셨나니 그중에 지금까지 태반이나 살아 있고 어떤 이는 잠들었으며 그 후에 야고보에게 보이셨으며 그 후에 모든 사도에게와 맨 나중에 만삭되지 못하여 난 자 같은 내게도 보이셨느니라

Ⅰ. 서 론

예수님께서는 의심이 많아 믿지를 못하는 도마에게 믿음 없는 자가 되지 말고 믿는 자가 되라고 하셨다.(요20:27) 성경은 믿음을 일컬어서 "보배로운 믿음"(벧후1:1)이라고 하였다. 어찌하여 예수님은 도마가 믿는 자가 되기를 원하셨으며, 성경은 믿음을 보배롭다고 하였을까? 그것은

① 믿음은 구원을 얻는 단 하나의 방편이기 때문이며(엡2:8)
② 믿음은 자신과 세상과 마귀를 이기는 방편이기 때문이며(요일5:4)

③ 믿음은 하나님의 모든 은혜와 축복을 받는 그릇이 되기 때문이며 (마8:13, 9:29, 15:28)

④ 믿음은 하나님을 기쁘시게 하는 단 하나의 길이기 때문이다.(히11:6) 이토록 중대하고 귀한 믿음에 대하여 알아보자.

1. 믿음의 종류

성경에 근거하여 네 종류의 믿음에 대하여 생각할 수 있다.

1) 역사적 신앙

이 신앙은 성경의 진리를 지적으로만 받아 드릴 뿐 진정으로 은덕적으로나 영적으로 받아 드리지 않는 신앙이다. 이것은 심정에 뿌리를 박지는 않는 신앙이다.(마7:26, 행26:27,28, 약2:19) 이 신앙은 죽은 신앙일 뿐이다.

2) 임시적 신앙

이 신앙은 말씀을 듣고 어느 정도의 양심이 자극을 받아 새로워진 듯하며 그의 감정(정서)이 자극을 받아 열심을 내는 때도 있지만 중생한 심정에서 생겨나는 것들이 아니고 단순히 종교적인 진리들에 대해 납득이 갔기 때문에 생겨난 일들에 지나지 않는다. 이것을 임시적 신앙이라고 하는 것은, 이것은 영구하지 못하여 환난과 핍박에 견디지 못하고 신앙을 저버리기 때문이다.(마13:20,21)

3) 이적의 신앙

앞에서 말한 역사적 신앙을 가진 사람이나 임시적 신앙을 가진 사람은 구원에 이르는 신앙을 전혀 갖지 못하지만 이적을 행하는 신앙의 사람의 경우에는 그 사람에게 구원을 얻는 신앙이 있을 수도 있고 없을 수도 있다. 예컨대 베드로나 요한이나 바울은 저들이 이적을 베푸는 믿음(신앙)을 가졌던 분들인데 동시에 저들에게는 구원을 얻는 신앙이 함께 있었다. 그러나 가룟유다의 경우 그도 다른 사도들과 함께 전도를 위해 마을로 들어갔을 때 이적을 행하는 신앙을 가졌었지만 그에게는 구원적 신앙이 없었다. "그 날에 많은 사람이 나더러 이르되 주여 주여 우리가 주의 이름으로 선지자 노릇하며 주의 이름으로 귀신을 쫓아내며 주의 이름으로 많은 권능을 행치 아니하였나이까 하리니 그때에 내가 저희에게 밝히 말하되 내가 너희를 도무지 알지 못하니 불법을 행하는 자들아 내게서 떠나가라 하리라"(마7:22~23) 또한 하나님의 능력이 어떤 사람에게 나타나 그가 하나님의 이적을 체험했을 경우에도 그에게 구원 얻는 신앙이 있을 수도 있고 또는 없을 수도 있다. 예수님과 사도들의 손에 의해 하나님의 능력으로 병고침을 받은 사람들이 많이 있었지만 그들 중에는 이적을 체험했으나 구원적 신앙을 가지지 못한 자들도 있었던 것으로 보아 알 수 있다. 예컨대, 자기의 종의 병 낫기를 위하여 예수님께 간구한 백부장과 마리아, 마르다 같은 이들은 자기들을 위하여 이적이 행하여질 것을 확신하였을 뿐 아니라 실제로 그런 이적을 체험했었고 동시에 그들에게는 구원 얻는 신앙이 있는 것이 현저했었다. 그러나 예수님께서 찾아와 문둥병을 깨끗하게 고침 받았던 열명중에 아홉은 저들이 이적을 체험했으나(이적의 신앙은 가졌으나) 구원에 이르는 신앙은 가지지 않았던 것이 분명하다. 그러므로 이적을 행하는 일 때문에 현혹되어서도 안되고 이적을 체험한 일 때문에 스스로 속는 일이 있어서는 안되겠다.

4) 진정한 구원적 신앙

이 신앙은 선택받고 중생한 사람 안에 하나님의 역사로 시작되는 믿음으로서, 이것으로 죄인이 그리스도와 연합하고 그의 모든 혜택을 받아들이고 시간과 영원에서 그에게 의지한다. 신학자 뻴콥(Louis

Berkhop)은 "구원적 신앙은 성령께서 마음에 공작하신 결과로 복음의 진리에 대하여 가지는 견고한 확신과 그리스도안에 있는 하나님의 약속에 향한 성심적 의뢰(誠心的 依賴)이다"라고 정의하였다.

2. 구원적 신앙의 요소

우리가 가질 믿음은 구원적 신앙인데 이 신앙은 세 가지의 요소를 갖추어야 한다.

1) 지성적 요소

구원적 신앙에는 하나님의 말씀에 계시된 진리를 적극적으로 깨닫는 일이 요구된다. 이 신앙을 가지는 자가 모든 진리를 다 알아야 할 필요는 없으나 복음의 근본적인 진리들은 알아야 하고 구원을 얻기에 충족한 신앙적 지식은 그것으로 족하기도 하다. 여기서 말하는 복음의 근본적 진리라고 하는 것은 예수님에 관한 것, 즉 예수 그리스도의 "십자가의 피"와 "그의 부활하심"을 믿는 것이다.

"이 복음(십자가, 부활)은 모든 믿는 자에게 구원을 주시는 하나님의 능력이 됨이라"(롬1:16)

구원적 신앙을 위한 복음의 근본적인 진리를 도표로 정리한다면 다음과 같다.

구원의 주체자	구원의 대상	구원의 내용	구원의 조건	구원의 결과
하나님	죄 인	예수님	믿음(신앙)	영생(요3:16)

2) 정서적 요소

이것은 예수 그리스도 안에 나타난 하나님의 권능과 은혜의 계시를 받아들이기로 찬동하는 것을 말한다. 복음과 복음의 약속들을 기쁨(즐거운 마음)으로 받아들이는 것이다.

3) 의지적 요소

이것은 신앙의 대상이신 예수 그리스도에게 자기 자신을 맡겨 의뢰하는 것으로 최고의 요소이다. 이것은 그리스도 앞에서 죄인으로서 굴복하는 것과 사죄와 영생의 근거가 되시는 그리스도에게 의지하는 것이다. 신앙은 이 세 가지 요소가 겸비할 때 바른 믿음이요 구원을 얻을 만한 믿음인 것이다.

3. 신앙의 대상

우리가 믿는 것은 예수 그리스도와 그 안에 있는 구원의 약속들을 믿는 것이다.(요3:16,18,36, 6:40, 행10:43, 롬3:22, 갈2:16)

이 믿음은 신자 자신이 만들어 가지거나 다른 사람으로 말미암는 것이 아니라 하나님의 선물인 것이다.(고전12:8,9, 갈5:22, 엡2:8) 그러나 이 믿음이 하나님의 은혜의 선물이지만 이 선물을 받은 사람은 그 입술로 고백하는 일에 있어서나 일상 신앙생활에서 그 믿음이 활동적으로 나타나야 한다.

II. 결 론

믿음은 참으로 귀하고 값진 것이다.
그러므로 우리는 바른 믿음을 가져야 한다. 말씀에 근거하여서, 특히 복음진리에 기초를 둔, 지정의(知情意)가 겸비된 인격적인 믿음 곧 구원적 신앙을 가지자!

제32과 신앙의 가치
[The value of Christian belief]

⟨본문⟩ 히브리서 11:1~40

믿음은 바라는 것들의 실상이요 보지 못하는 것들의 증거니 선진들이 이로써 증거를 얻었느니라 믿음으로 모든 세계가 하나님의 말씀으로 지어진 줄을 우리가 아나니 보이는 것은 나타난 것으로 말미암아 된 것이 아니니라 믿음으로 아벨은 가인보다 더 나은 제사를 하나님께 드림으로 의로운 자라 하시는 증거를 얻었으니 하나님이 그 예물에 대하여 증거 하심이라 저가 죽었으나 그 믿음으로써 오히려 말하느니라 믿음으로 에녹은 죽음을 보지 않고 옮기웠으니 하나님이 저를 옮기심으로 다시 보이지 아니하느니라 저는 옮기 우기 전에 하나님을 기쁘시게 하는 자라 하는 증거를 받았느니라 믿음이 없이는 기쁘시게 못하나니 하나님께 나아가는 자는 반드시 그가 계신 것과 또한 그가 자기를 찾는 자들에게 상주시는 이심을 믿어야 할찌니라 믿음으로 노아는 아직 보지 못하는 일에 경고하심을 받아 경외함으로 방주를 예비하여 그 집을 구원하였으니 이로 말미암아 세상을 정죄하고 믿음을 좇는 의의 후사가 되었느니라 믿음으로 아브라함은 부르심을 받았을 때에 순종하여 장래 기업으로 받을 땅에 나갈 쌔 갈 바를 알지 못하고 나갔으며 믿음으로 저가 외방에 있는 것같이 약속하신 땅에 우거하여 동일한 약속을 유업으로 함께 받은 이삭과 야곱으로 더불어 장막에 거하였으니 이는 하나님의 경영하시고 지으실 터가 있는 성을 바랐음이니라 믿음으로 사라 자신도 나이 늙어 단산하였으나 잉태하는 힘을 얻었으니 이는 약속하신 이를 미쁘신 줄 앎이라 이러므로 죽은 자와 방불한 한 사람으로 말미암아 하늘에 허다한 별과 또 해변의 무수한 모래와 같이 많이 생육하였느니라 이 사람들은 다 믿음을 따라 죽었으며 약속을 받지 못하였으되 그것들을 멀리서 보고 환영하며 또 땅에서는 외국인과 나그네로라 증거 하였으니 이같이 말하는 자들은 본향 찾는 것을 나타냄이라 저희가 나온바 본향을 생각하였더면 돌아갈 기회가 있었으려니와 저희가 이제는 더 나은 본향을 사모하니 곧 하늘에 있는 것이라 그러므로 하나님이 저희 하나님이라 일컬음 받으심을 부끄러워 아니 하시고 저희를 위하여 한 성을 예비하셨느니라 아브라함은 시험을 받을 때에 믿음으로 이삭을 드렸으니 저는 약속을 받은 자로되 그 독생자를 드렸느니라 저에게 이미 말씀하시기를 네 자손이라 칭할 자는 이삭으로 말미암으리라 하셨으니 저가 하나님이 능히 죽은 자 가운데서 다시 살리실 줄로 생각한지라 비유컨대 죽은 자 가운데서 도로 받은 것이니라 믿음으로 이삭은 장차 오는 일에 대하여 야곱과 에서에게 축복하였으며 믿음으로 야곱은 죽을 때에 요셉의 각 아들에게 축복하고 그 지팡이 머리에 의지하여 경배하였으며 믿음으로 요셉은 임종시에 이스라엘 자손들의 떠날 것을 말하고 또 자기 해골을 위하여 명하였으며 믿음으로 모세가 났을 때에 그 부모가 아름다운 아이임을 보고 석 달 동안 숨겨 임금의 명령을 무서워 아니하였으며 믿음으로 모세는 장성하여 바로의 공주의 아들이라 칭함을 거절하고 도리어 하나님의 백성과 함께 고난 받기를 잠시 죄악의 낙을 누리는 것보다 더 좋아하고 그리스도를 위하여 받는 능욕을 애굽의 모든 보화보다 더 큰 재물로 여겼으니 이는 상 주심을 바라봄이라 믿음으로 애굽을 떠나 임금의 노함을 무서워 아니하고 곧 보이지 아니하는 자를 보는 것 같이 하여 참았으며 믿음으로 유월절과 피 뿌리는 예를 정하였으니 이는 장자를 멸하는 자로 저희를 건드리지 않게 하려 한 것이며 믿음으로 저희가 홍해를 육지같이 건넜으나 애굽 사람들은 이것을 시험하다가 빠져 죽었으며 믿음으로 칠 일 동안 여리고를 두루 다니매 성이 무너졌으며 믿음으로 기생 라합은 정탐군을 평안히 영접하였으므로 순종치 아니한 자와 함께 멸망치 아니하였도다 내가 무슨 말을 더 하리요 기드온, 바락, 삼손, 입다와 다윗과 사무엘과 및 선지자들의 일을 말하려면 내게 시간이 부족하리로다 저희가 믿음으로 나라들을 이기기도 하며 의를 행하기도 하며 약속을 받기도 하며 사자들의 입을 막기도 하며 불의 세력을 멸하기도 하며 칼날을 피하기도 하며 연약한 가운데서 강하게 되기도 하며 전쟁에 용맹 되어 이방 사람들의 진을 물리치기도 하며 여자들은 자기의 죽은 자를 부활로 받기도 하며 또 어떤 이들은 더 좋은 부활을 얻고자 하여 악형을 받되 구차히 면하지 아니하였으며 또 어떤 이들은 희롱과 채찍질 뿐 아니라 결박과 옥에 갇히는 시험도 받았으며 돌로 치는 것과 톱으로 켜는 것과 시험과 칼에 죽는 것을 당하고 양과 염소의 가죽을 입고 유리하여 궁핍과 환난과 학대를 받았으니 (이런 사람은 세상이 감당치 못하도다) 저희가 광야와 산중과 암혈과 토굴에 유리하였느니라 이 사람들이 다 믿음으로 말미암아 증거를 받았으나 약속을 받지 못하였으니 이는 하나님이 우리를 위하여 더 좋은 것을 예비 하셨은즉 우리가 아니면 저희로 온전함을 이루지 못하게 하려 하심이니라

Ⅰ. 서 론

　신앙의 가치는 어디에 있는가? 신앙은 하나님께로부터 받은 영적 생명이다. 그 유래가 인간에게서 난 것이 아니고 하나님께로부터 난 것이기 때문에 가치가 있다. 오늘날 많은 사람들은 신앙과 신념을 동일시하거나 혼돈 한다. 신앙은 하나님께로부터 온 것이고 신념은 인간의 마음 속에서 난 것이다. 신념은 무신론자도 가질 수 있으나 신앙은 못 가진다. 신앙은 유전도 아니요 모방도 아니다. 만약 신앙이 단순한 유전이거나 모방이라면 믿음의 가문에서는 언제나 믿음이 나야겠지만 실제적으로는 신앙의 가정에 불신의 자녀가 나는가 하면 불신의 가정에서 신앙의 인물도 난다. 이러한 것은 곧 신앙은 하나님이 내게 주신 선물이라는 사실을 말해 준다. "너희가 그 은혜를 인하여 믿음으로 말미암아 구원을 얻었나니 이것이 너희에게서 난 것이 아니요 하나님의 선물이라. 행위에서 난 것이 아니니 이는 누구든지 자랑치 못하게 함이니라" (엡2:8~9)

1. 이적(異蹟)과 신앙

　정통적 기독교는 이적 위에 서 있으며 또 이적을 믿어 왔다. 그러나 근래에 와서 합리주의 영향과 자연과학을 우상시 하는 영향으로 이적을 부인하는 사상이 기독교 내부에 많이 들어오게 되었다.
　「둔한(Dunhan)」은 말하기를 "이적은 신화의 다른 표현"이라 했고, 「니버(Niebuhr)」는 이적은 현대인이 받아들일 수 없는 사실이라고 했다. 「흄(Hume)」은 기독교의 이적은 자연법칙에 맞지 아니하기 때문에 받아들일 수 없다고 주장했다. 현대의 모든 자유주의 자들은 성경에 기록된 이적들을 부정하고 단순한 그리스도의 교훈과 도덕만 가지고 기독교를 세우려고 한다. 만일 자유주의자들의 생각대로 이적을 부인한다면 그때는 벌써 참 기독교가 아니다. 왜냐하면, 기독교는 처음에 이적으로 시작되어 이적을 통하여 이적으로 끝을 맺고 있기 때문이다. 그러므로 이적을 안 믿는 사람을 참 기독자라고 할 수 없다. 성경자체가 이적인데, 성경을 안 믿는 사람을 어떻게 신자라고 할 수 있겠는가?

성경에서 말씀하는 바대로, 하나님은 우주를 자연법칙으로도 통치하시지만 하나님이 필요하다고 생각하실 때에는 초자연적 능력으로도 역사하시는 것이다. 이것을 이적이라고 하는데, 이적을 행하셨다고 해서 하나님께서 자연법칙을 파괴하시는 것은 아니다. 예를 들면, 만유인력의 법칙에 의하면 어떤 물체든지 밑으로 떨어지기 마련이다. 그러나 내가 그 물체를 손에 잡고 있을 때는 안 떨어진다. 왜냐하면, 그것은 자연법칙의 파괴가 아니고 자연법칙 이상의 힘이 그 물체를 붙들고 있기 때문이다. 이적도 이와 마찬가지이다. 그러면 이적은 어떤 경우에 나타났는가?

(1) 거짓 종교와 참 종교를 분별하기 위해 나타났다.
(2) 하나님께서 필요하다고 생각될 때 나타났다.
(3) 예수님 자신이 메시야 되심을 증거 하려 하실 때 행하셨다.

예수님께서 세상에 오시어 복음을 증거 하실 때 자기가 메시야 이심을 말씀으로 증거 했으나 사람들은 안 믿었다. 그러므로 예수님께서는 이적으로 능력을 보여 주셨다. 자기가 만민을 구원할 것이라고 호언한 거짓 종교가는 많았다. 그러나 실력으로 보여주신 이는 예수님뿐이었다. 그 실력행사가 이적으로 나타났다.(요5:36) 부활을 믿는 신앙도 인간 편에서 생각하면 불가능하나 하나님 편에서는 가능하다. 개미 한 마리가 자동차를 움직이는 것은 불가능하나 운전사는 가능하다.

2. 지식과 신앙

알고 믿는가, 믿고 알게 되는가? 이것은 오랫동안 논란이 되어 온 일이다. 그러나 이것은 지식의 세계와 믿음의 세계를 구별짓지 못한데서 오는 혼란이다. 하나님께서는 두 가지 영역의 세계를 창조하셨다. 하나는 보이는 세계이요 또 하나는 보이지 않는 세계이다. 즉 하나는 물질세계이고 또 다른 하나는 영적 세계이다. 하나님께서는 인생들에게 이 두 가지 세계를 정복하라고 하셨다.(창2:28) 무엇으로 이 두 가지 세계를 정복할 수 있을까? 물질세계는 과학적 지식으로 할 수 있고, 영적 세계는 믿음으로써만 가능하다.

과학자들은 믿는다고 하지 아니하고 알았다고 한다. 과학의 세계는 오관(五官)을 통한 감각 외에는 인정하지 않는다. 그러므로 과학은 아무리 발달해도 시력으로 보고 피부로 느끼는 것 외에는 영적 세계를 알 수 없다. 여기서 우리는 과학의 한계를 겸손하게 인정해야 한다. 다시 말하면 아무리 자연과학에 대한 지식이 축적되어도 그것의 종합이 신앙이 될 수는 없다. 영적 세계를 이해하는 데는 지식이 먼저가 아니고 믿음이 먼저다. 즉 알고 믿게 되는 것이 아니고 믿고 알게되며, 알면 그것이 또한 믿음으로 전진케 된다. 이것이 영계의 법칙이다. 우리가 하나님을 아는데 있어서 전제조건은 믿음이다. 어거스틴(Augustine)은 "믿음은 이해의 길을 열어 주나 불신은 닫아 버린다"고 했고 안샘(Anselm)은 "나는 믿기 위해 아는 것이 아니라 알기 위해 믿는다. 믿음이 없이는 알 수 없기 때문에 나는 믿는다"라고 했다. 믿음에 들어 왔을 때 더 많은 것을 알게 되는 방법이 있다. 그것은 생활체험이다. 체험은 영적 세계에 있어서 과학적 방법이다. 그러므로 베드로는 "우리가 주는 하나님의 거룩하신 자신 줄 믿고 알았삽나이다"(요6:69)라고 했고 바울은 "믿음에서 믿음이 이르게 하나니"(롬1:17)라고 했다.

3. 감정과 신앙

감정은 신앙과 어떤 관계가 있는가? 감정은 신앙 속에 깊이 뿌리를 박고 있다. 우리가 가진 신앙의 체험은 어떤 것이든 감정과 깊은 관계가 있다. 또한 감정의 지지가 없이는 우리의 믿음이 격동적이며 생명적일 수 없다. 우리의 신앙생활에 있어서 감정적 요소가 줄어들면 신앙의 내용이 말라버리며 그 신앙은 형식주의화 되거나 그렇지 않으면 무미건조하게 되어 버린다. 신앙은 우리의 감정을 정화시키는데 공포, 절망, 분노 속에 살던 사람이 참 신앙을 가지게 될 때 그것은 소망과 사랑으로 바뀐다. 그리고 참 신앙 안에서 정화된 감정을 가진 자는 불평대신에 감사, 불신 대신에 신뢰, 투쟁 대신에 평화, 복수 대신에 관용하는 마음을 가지게 되며 이런 보배로운 마음의 생각이 개인의 생애와 사회생활을 건전한 방향으로 전진하게 만든다.

4. 의지와 신앙

인격 완성에 있어서 가장 중요한 것은 의지의 작용이다. 지식은 진상을 판단하며, 정(情)은 느끼게 하며, 의지는 결단케 한다. 의지는 결론을 맞는 중요한 역할을 한다. 하나님께서는 인간에게 의지의 결단을 요구하신다.

신명기 30:15~20을 보면 "보라 내가 오늘날 생명과 복과 사망과 화를 네 앞에 두었나니 너와 네 자손이 살기 위하여 생명을 택하고 네 하나님 여호와를 사랑하고 그에게 순종하라"고 하셨다.

여호수아는 이스라엘 백성 앞에서 "너희가 가나안 땅에 들어가서 살게 될 때 아모리 신이든지 하나님이든지 너희가 섬길 신을 택하라 오직 나와 내 집은 여호와만을 섬기겠다"고 했다.(수24:14~15)

엘리야 선지가 갈멜 산상에서 이스라엘 백성들에게 "너희가 어느 때까지 두 사이에서 머뭇머뭇 하려느냐, 여호와가 만일 하나님이면 그를 쫓고 바알이 만일 하나님이면 그를 쫓을찌니라"고 말했다.(왕상18:21)

예수님께서는 "생명의 길과 멸망의 길이 있는데 한 길을 택하라"고

명하셨다.(마7:13~14)

　이것이 의지의 결단이다. 그런데 의지의 결단이 신앙으로 조정을 받을 때 바른 선택을 할 수 있게 된다. 그 때에는 언제나 자기 의지의 희생이 뒤따르는 것을 볼 수 있다. 예컨대 아담의 선택방법은 자기 중심적이고 그것이 세속주의 생활이었으나 예수님은 자기의 뜻을 희생시키고 하나님 중심으로 선택했다.(요5:38, 4:34)

　참된 신앙생활은 자기 의지의 긍정이 아니라 부정이며, 하나님의 뜻을 따르는 데서 시작된다.

　신앙은 참으로 고귀하다. 왜냐하면 하나님이 특별히 내게 주신 최대의 선물이기 때문이다.

제33과 의롭다 하심(稱義)
[Justification]

〈본문〉 로마서 3:19~28

우리가 알거니와 무릇 율법이 말하는 바는 율법 아래 있는 자들에게 말하는 것이니 이는 모든 입을 막고 온 세상으로 하나님의 심판 아래 있게 하려 함이니라 그러므로 율법의 행위로 그의 앞에 의롭다 하심을 얻을 육체가 없나니 율법으로는 죄를 깨달음이니라 이제는 율법 외에 하나님의 한 의가 나타났으니 율법과 선지자들에게 증거를 받은 것이라 곧 예수 그리스도를 믿음으로 말미암아 모든 믿는 자에게 미치는 하나님의 의니 차별이 없느니라 모든 사람이 죄를 범하였으매 하나님의 영광에 이르지 못하더니 그리스도 예수 안에 있는 구속으로 말미암아 하나님의 은혜로 값없이 의롭다 하심을 얻은 자 되었느니라 이 예수를 하나님이 그의 피로 인하여 믿음으로 말미암는 화목 제물로 세우셨으니 이는 하나님께서 길이 참으시는 중에 전에 지은 죄를 간과하심으로 자기의 의로우심을 나타내려 하심이니 곧 이때에 자기의 의로우심을 나타내사 자기도 의로우시며 또한 예수 믿는 자를 의롭다 하려 하심이니라 그런즉 자랑할 데가 어디뇨 있을 수가 없느니라 무슨 법으로냐 행위로냐 아니라 오직 믿음의 법으로니라 그러므로 사람이 의롭다 하심을 얻는 것은 율법의 행위에 있지 않고 믿음으로 되는 줄 우리가 인정하노라

I. 서론

우리 인간 편에서 자신의 죄를 회개하고 예수그리스도를 구주로 믿

을 때에 하나님께서는 그를 "의롭다" 하시고, 그에게 "나의 자녀가 되었다"(양자)고 엄숙히 선포하신다.

어떤 사람이 예수 그리스도께서 이루어 놓으신 대속의 완전한 의를 자신의 것으로 믿고 받아들인 사실을 마음으로 믿고 입으로 고백할 때 하나님께서는 그 사람(죄인)을 "의롭다", "너는 의인이라"고 칭하신다고 성경은 말씀하고 있다. 이것을 신학적 술어로서 "칭의(Justification)"라고 한다. 「벌코프」라는 신학자는 칭의를 정의하기를 "성부 하나님께서 예수 그리스도의 십자가의 공로를 근거하고 죄인들을 의롭다고 선포하시는 법적 선포이다"라고 했다.

1. 칭의의 성질

칭의라는 말의 어원적 의미는 "판사가 판정권 봉을 친다"는 뜻이다. 그러므로 칭의는 의롭게 만든다는 뜻보다 의롭다고 선포한다는 뜻이 강한 것이다. 이해를 돕기 위해 삽화를 들어 보자

하늘 나라 보좌 앞에서 재판법정이 개정되었다. 그 보좌 위에는 재판장 되신 하나님께서 앉아 계신다. 그리고 그 앞 피고 석에는 한 성도가 서 있다. 하늘나라 법정의 검사가 율법을 들고 추상같은 호령으로 그 피고가 일생동안 저지른 죄목을 낱낱이 나열하고 있다. 그리고 검사가 최종적으로 "죄값은 사망인 즉 피고는 사형!"이라고 구형한다. 검사의 이와 같은 구형에 피고의 얼굴은 창백해지며 공포에 질려 버린다. 재판장은 묻는다.

"피고는 할 말이 없느냐?"

"........" 그때였다. "......장로들 사이에 어린양이 섰는데 일찍 죽임을 당한 것 같더라....." 그는 "일곱 뿔과 일곱 눈을 가진" 아사셀 양(계 5:5~14) 되시는 예수님, 그는 죄인 된 우리의 변호인이시다. 손을 들고 일어섰다. "재판관님! 나의 머리에 이 상처를 보시옵소서. 나의 손과 발

에 난 못자국을 보시옵소서. 그리고 이 옆구리의 창자국을 보시옵소서. 붉은 피를 기억하옵소서! 나의 죽음은 저 죄인을 위함이 아니었습니까?" 죄인의 변호자 되신 예수님의 애절한 호소가 계속된다. 이때 멋쩍은 율법이 슬그머니 퇴장한다. 재판장은 드디어 언도한다. "그리스도가 대속했은 즉 사면, 죄값은 영생!" 죄 없음이 선고된 것이다.

1) 칭의는 은혜성을 지닌다.

우리가 의롭다 하심을 얻은 것은 율법의 행위에 있지 않다. "그러므로 사람이 의롭다 하심을 얻는 것은 율법의 행위에 있지 않고 믿음으로 되는 줄 우리가 인정하노라"(롬3:28) 칭의는 전혀 우리의 공로가 없이 무상으로 받은 은혜의 행위이다. 그래서 바울이 "그리스도 예수 안에 있는 구속으로 말미암아 하나님의 은혜로 값없이 의롭다 하심을 얻은 자 되었느니라"(롬3:24)고 한 것이다.

2) 칭의는 법정성을 지닌다.

그것은 죄가 없기 때문에 의인이라고 부르는 것이 아니라 죄를 죄로 여기지 않겠다고 하는 하나님의 법정적 선포를 말한다. 인간의 실제 상태는 물론 죄인이지만 재판관이신 하나님이 무죄를 선포하여 죄인 된 신분에서 의인된 신분으로 공포해 주는 것이다.

3) 칭의는 최종성을 지닌다.

칭의는 결코 반복이 아니다. 그리스도와 연합되면 즉각적이면서도 최종적으로 "의롭다"고 칭해지는 행위이다. 그리고 하나님 자신께서 "의롭다"고 칭한 성도를 구원이 완성되도록 붙들어 주신다. 그래서 주님이 "저희를 내 손에서 빼앗을 자가 없느니라"(요10:28)고 하신 것이다.

2. 칭의의 근거

하나님은 그리스도의 구속사역(십자가의 부활)이 "칭의"의 기초가 됨을 인정하여 그리스도의 의를 죄인에게 끼쳐 주시므로 마침내 죄인을 의인으로 선언하신 것이다. 즉 그리스도의 거룩과 의를 죄인이 믿음으로 받을 때에 "의인"이라는 칭함을 받는다. 한자의 義는 양(羊)에 나(我)를 더한 것이다. 즉 "어린 양"(요1:29) 되신 예수님을 모시고 내가 그 밑에 겸손하게 부복하여 붙어만 있으면 의롭다 함을 입을 수 있다는 뜻으로 볼 수 있겠다. 이것은 결코 억설이 아니고 사실이다. 그래서 사도 바울은 로마서5:18의 말씀으로 이 사실을 분명히 밝힌 바 있다. 칭의의 근거는 결코 율법의 선한 행위가 아니다. 도덕적 선도, 철학적 진리도 아니다. 그것은 오직 예수 그리스도의 의 뿐이다. 우리에게는 전혀 의가 없다. 그러므로 사람이 의롭게 되는 것은 자신의 선한 행위에서 비롯되는 것이 아니라 우리가 그리스도의 의를 믿음으로 의롭다 하심을 얻는다.(롬5:1) "내가 가진 의는 율법에서 난 것이 아니요 오직 그리스도를 믿음으로 말미암은 것이니 곧 믿음으로 하나님께로서 난 의라"(빌3:9)고 바울은 말했다.

3. 칭의의 결과

우리는 성경에서 칭의에 관한 재판의 광경을 읽을 수 있다. 재판정에는 네 종류의 사람이 등장함으로 재판이 개정될 수 있다. 피고(죄인), 원고(피해 당사자 혹은 검사), 변호인, 재판장이다. 여기 원고는 율법(요5:45)과 양심(롬2:15)과 사단(계12:10)이다. 그리고 피고는 모든 인간이고(롬3:19), 재판장은 하나님 아버지이시다.(시7:11) 그런데 변호사 역을 맡으신 예수님께서 우리의 죄를 변호하시니(요일2:1) 무죄의 선고가 내린다. 재판장이신 하나님이 오히려 우리를 의롭다고 하신 것이다.(롬3:24) 이것이 바로 칭의의 법정이다. 그러면 그 결과는 무엇일까?

1) 죄책과 형벌을 지워 없앤다.
이제부터 성도는 의인이다.(롬5:10) 따라서 의인에게는 형벌이 있을 수 없다.(롬5:18) 실로 동이 서에서 먼 것 같이 우리 죄과를 멀리 옮기신 것이다.(시103:12)

2) 하나님의 자녀가 된다.
우리는 본질상 진노의 자녀이었다.(엡2:3) 그러나 이제는 하나님의 자녀다.(요1:12) 성도여! "열심을 품고 주를 섬기라"(롬12:11)

3) 영생을 얻게 된다.
본래는 "사망의 몸"(롬7:24)이요 "허물과 죄로 죽었던"(엡2:1) 우리가 아닌가? 그러나 이제는 "썩지 않고 더럽지 않고 쇠하지 아니하는 기업"(벧전1:4), 곧 영생을 얻은 것이다.(요3:16)

II. 결 론

율법의 행위로 의롭다 하심을 입을 자 누구인가? 세상에 그럴 육체는 아예 없다.(롬3:20) 하나님은 우리를 사랑하신다.(요3:16) 그러므로 우리에게 예수님의 의를 믿을 수 있는 그 믿음마저도 선물로 주시고 그러한 우리의 믿음을 의로 여기셨다.(롬4:5) 그러니까 의롭다 하심을 얻을 길은 오직 믿음뿐이다.(롬3:26)
성도여! "깨어 믿음에 굳게 서서 남자답게 강건하여라"(고전16:13)

제34과 하나님의 자녀 삼으심(養子)
[The adoption of God's child]

> 〈본문〉 요한복음 1:9~13
> 참빛 곧 세상에 와서 각 사람에게 비취는 빛이 있었나니 그가 세상에 계셨으며 세상은 그로 말미암아 지은바 되었으되 세상이 그를 알지 못하였고 자기 땅에 오매 자기 백성이 영접지 아니하였으나 영접하는 자 곧 그 이름을 믿는 자들에게는 하나님의 자녀가 되는 권세를 주셨으니 이는 혈통으로나 육정으로나 사람의 뜻으로 나지 아니하고 오직 하나님께로서 난 자들이니라

Ⅰ. 서 론

웨스트민스터 소요리문답 제34문에 "양자로 삼는 것은 하나님의 값 없는 은혜로 정하신 것인데 이로써 우리를 하나님의 자녀 수효 중에 들게 하시고 그 모든 특권을 누리게 하시는 것이니라"고 했다.

본래 인간은 "마귀에게서 난"(요8:44), "마귀의 자녀들"(요일3:10)이다. 그러나 예수그리스도(하나님)를 믿는 자들을 그의 자녀로 삼으신다. 이것을 조직신학의 구원론에서 수양(收養), 또는 양자(養子)의 교의라고 한다.

1. 하나님의 자녀가 되는 방법(길)

　사도 요한은 "우리가 지금은 하나님의 자녀라"(요일3:2)고 했다. 이 말씀은 우리가 본래는 하나님의 자녀가 아니었다는 뜻을 포함한다. 그리스도는 본질적으로 하나님의 영원한 아들이시요, 또 독특한 의미에서 "독생자"(요3:16)이시다. 그러나 우리는 하나님의 독생자를 믿음으로 양자가 된 것이다.(요1:12) 물론 인간이면 누구나 하나님의 피조물이다. 그렇다고 해서 인류전체가 그의 자녀일 수는 없다. 이는 마치 모든 피조물들이 모두다 그의 자녀일 수가 없는 거와 같다. 하나님의 자녀는 오직 "하나님께로서 난 자"이다. 즉 양자는 인적기원(human generation)에 있지 않고 신적기원(Divine generation)에 있다. 육으로 난 것은 육이요, 성령으로 난 것은 영이니(요3:6), 양자의 영을 받아야만 하기 때문이다.(롬8:15)
　혹자는 말하기를, 구원 얻기로 택함을 받은 사람은 예수그리스도를 믿기 전에 벌써 하나님의 자녀로 태어난다고 한다. 물론 성도는 창세 전에 그리스도 안에서 택함을 받았다.(엡1:4) 그러나 택함을 받았다고 원죄가 없이 태어나는가? 결코 그렇지 않다. "기록된 바 의인은 없나니, 하나도 없으며 깨닫는 자도 없고 하나님을 찾는 자도 없고 다 치우쳐 한 가지로 무익하게 되고 선을 행하는 자는 없나니 하나도 없도다"(롬3:10~12)
　또 택함을 받았다고 중생하지 않아도 좋은가? 그도 그렇지 않다.(요3:3) 하나님의 자녀가 되는 방법은 꼭 한 길이다. 자녀의 명분을 얻게 하시려고 율법 아래에 있는 우리를 속량 하신 하나님의 독생자를 믿는 믿음뿐인 것이다.(갈4:5)

2. 하나님의 자녀된 자의 축복

　악한 자라도 자기 자식에게는 좋은 것으로 줄 줄을 안다. 하물며 천부께서 그 자녀들에게 좋은 것으로 축복하시지 않겠는가? 그래서 산상보훈에 "하늘에 계신 너희 아버지께서 구하는 자에게 좋은 것으로 주시지 않겠느냐?"(마7:11)고 했다. 그러면 하나님의 자녀에게 주시는 특별한 축복은 무엇인가?

1) 자녀된 특권을 받는다.

하나님을 아버지라고 부르는 특권은 양자된 축복이 아닐 수 없다. 누구나 하나님을 아버지라고 부를 수 있는가? 그것은 오직 하나님의 자녀된 자만이 누리는 특권이다. 그래서 바울은 "양자의 영을 받았으므로 아바 아버지라 부르짖느니라"(롬8:15)고 했고, "너희가 아들인 고로 하나님이 그 아들의 영을 우리 마음 가운데 보내사 아바 아버지라 부르게 하셨느니라"(갈4:6)고 한 것이다.

2) 하늘의 유업을 받는다.

어떤 아버지에게 신실하지 못한 아들이 있다고 가정하자. 그런데 그 아들의 친구는 자기 아들 보다 매우 신실하다. 신실하지 못한 아들과 매우 신실한 아들의 친구! 아버지가 그의 유산을 넘기게 된다면 누구에게 넘기겠는가? 신실한 아들의 친구에게 그렇지 않을 것은 뻔하다. 마찬가지다. "네가 이 후로는 종이 아니요 아들이니 아들이면 하나님으로 말미암아 유업을 이을 자니라"(갈4:7) 자연히 천국과 모든 신령한 유업은 모두 나의 것이 되게 되어 있다. 얼마나 감격스럽고도 고마운 일인가!

3) 절대의 보호를 받는다.

황태자에게는 경호원이 따른다. 그렇게 되면 누구도 그 황태자를 건드리지 못한다. 마찬가지로 하나님은 그의 자녀를 잠시도 잊지 않으신다.(사49:15) 그리고 영접하시며(시27:10), 그의 출입을 영원까지 지키신다.(시121:8) 그래서 바울은 "하나님이 우리를 위하시면 누가 우리를 대적하리요"(롬8:31)한 것이다.

3. 하나님의 자녀의 의무

하나님의 자녀라고 어찌 그 특권을 누리고만 있을 수 있는가? 은혜를 입은 것만큼, 축복을 받은 것만큼, 그 의무에 대하여 더욱 성실해야 할 것이다.

1) 행실이 착해야 한다.
"너의 착한 행실을 보고 하늘에 계신 너희 아버지께 영광을 돌리게 하라"(마5:16)

2) 순종을 보여야 한다.
"사람보다 하나님을 순종하는 것이 마땅하니라"(행5:29)

3) 감사를 드려야 한다.
"무엇을 하든지 말에나 일에나 다 주 예수의 이름으로 하고 그를 힘입어 하나님 아버지께 감사하라"(골3:17)
"영접하는 자 곧 그 이름을 믿는 자들에게는 하나님의 자녀가 되는 권세를 주셨으니"(요1:12)
이와 같이 하나님의 가족의 일원이 된 우리는 현세에서도 "하나님의 아들"의 권세를 누릴 뿐 아니라 내세에서도 천군 천사 이상 가는 영원한 영광을 차지할 것이다.
성도여, 감사하자(살전5:18), 찬송하자.(엡1:3), 주께 영광을 돌리자.(고전10:31) 그리고 구하라, 찾으라, 두드리라(마7:7~8)
"할렐루야! 아멘"

제35과 거룩하게 하심(聖化)
[Whom who made holy]

⟨본문⟩ 베드로전서 1:13~25

그러므로 너희 마음의 허리를 동이고 근신하여 예수 그리스도의 나타나실 때에 너희에게 가져 올 은혜를 온전히 바랄찌어다 너희가 순종하는 자식처럼 이전 알지 못할 때에 좇던 너희 사욕을 본 삼지 말고 오직 너희를 부르신 거룩한 자처럼 너희도 거룩할 찌어다 하셨느니라 외모로 보시지 않고 각 사람의 행위대로 판단하시는 자를 너희가 아버지라 부른즉 너희의 나그네로 있을 때를 두려움으로 지내라 너희가 알거니와 너희 조상의 유전한 망령된 행실에서 구속된 것은 은이나 금같이 없어질 것으로 한 것이 아니요 오직 흠 없고 점 없는 어린 양 같은 그리스도의 보배로운 피로 한 것이니라 그는 창세 전부터 미리 알리신 바 된 자나 이 말세에 너희를 위하여 나타내신 바 되었으니 너희는 저를 죽은 자 가운데서 살리시고 영광을 주신 하나님을 그리스도로 말미암아 믿는 자니 너희 믿음과 소망이 하나님께 있게 하셨느니라 너희가 진리를 순종함으로 너희 영혼을 깨끗하게 하여 거짓이 없이 형제를 사랑하기를 이르렀으니 마음으로 뜨겁게 피차 사랑하라 너희가 거듭난 것이 썩어질 씨로 된 것이 아니요 썩지 아니할 씨로 된 것이니 하나님의 살아있고 항상 있는 말씀으로 되었느니라 그러므로 모든 육체는 풀과 같고 그 모든 영광이 풀의 꽃과 같으니 풀은 마르고 꽃은 떨어지되 오직 주의 말씀은 세세토록 있도다 하였으니 너희에게 전한 복음이 곧 이 말씀이니라

I. 서 론

"오직 너희를 부르신 거룩한 자처럼 너희도 모든 행실에 거룩한 자가 되라"(벧전1:15) 거룩이 무엇인가? "거룩"이란 세상으로부터 자신을 깨끗이 지키고 그리스도를 닮아 가는 성령의 부단한 정화작업이라 할 수 있다. "자기를 지켜 세속에 물들지 아니하는 이것이다"(약1:27)

"거룩하게 한다"는 말은 다른 말로는 "성화"되는 것이라고 한다. "성화란 죄인을 순결케 하시며, 죄인의 전(全) 성질을 하나님의 형상으로 새롭게 하시며, 죄인으로 하여금 선행을 행할 수 있도록 하시는 성령의 계속적이고도 은혜로우신 작용"이라고 정의할 수 있다.

성화는 두 부분으로 구성되는데, 하나는 인간성의 오염과 타락을 점진적으로 제거하는 것이고, 다른 하나는 하나님께 헌신하도록 하는 새 생활의 점진적인 발전이다.

1. 성화의 필요

성화는 칭의된 죄인(성도)을 죄의 더러움에서 구출하며, 그의 성질을 하나님의 형상으로 갱신하는 성령의 계속적인 역사(공작)이다. 왜 그것이 필요할까?

1) 하나님이 거룩하시기 때문이다.

히브리서 저자는 성도들에게 말하기를 '거룩함을 좇으라 이것이 없이는 아무도 주를 보지 못하리라"(히12:14)고 했다. 성도가 성화 되어야 함은 하나님이 거룩하시기 때문이다. 우리는 하나님의 자녀이다. 우리 아버지가 거룩하시니 우리 또한 당연히 그의 자녀답게 거룩(성화)하여야 한다.(레19:2, 11:4)

2) 성도의 의무이기 때문이다.

성도는 자기의 구원을 이루어야 하고(빌2:12), 자기의 몸을 하나님이 기뻐하시는 거룩한 산 제사로 드려야 한다.(롬12:1) 또 거룩함을 온전히 이루기 위하여(고후7:1), 믿지 않는 자와 멍에를 같이 하지 말아야 하고(고후6:14), 악을 도모하는 자와 멀리 하고(시1:1), 모든 착함과 의로움과 진실함, 곧 빛의 열매를 맺어야 한다.(엡5:9)

3) 아직도 죄(피의 성향, 요소)가 남았기 때문이다.

성도는 그리스도와의 연합에 의하여 죄의 권세로부터 해방되었다. 또 중생에 의해 죄의 오염으로부터 구출되었다. 그러나 모든 죄가 다 제거된 것은 아니다. 그래서 요한은 만일 죄 없다 하면 스스로 속이는 자라고 했다.(요일1:8) 그러므로 성도는 계속적인 성화가 필요한 것이다.

2. 칭의와 성화와의 관계

칭의와 성화는 어떤 관계가 있는가

1) 칭의는 밖에서 되어지는 것이고 성화는 내부에서 되어지는 것이다.

다시 말하면 칭의는 하나님의 의가 외부에서 우리에게 전가되는 것이고 성화는 하나님의 성결이 우리 마음 속에서 우리 자신의 성결로 성장되는 것이다.

2) 칭의는 원죄에서 놓이는 것이고 성화는 자범죄에서 놓이는 것이다.

인간에게는 누구에게나 두 가지 죄가 있다. 하나는 원죄이고 또 다른 하나는 자범죄이다. 원죄와 자범죄는 부자간의 관계와 같다. 그 이유는 원죄에서 자범죄가 나왔기 때문이다. 그러므로 우리가 원죄에서 놓이게 될 때 결과적으로 성결해 진다. 이 사실을 좀 더 이해하기 쉽게 하기 위해 한 예를 들어보자.

어떤 중환자가 있다면, 그가 건강을 회복하는데 있어서는 두 가지 계단을 거쳐야 한다. 그것은 먼저 병줄에서 놓이는 것과 다음으로는 회복의 계단이다. 만일 어떤 환자가 병줄에서 놓이지 못하고 외관상으로 병이 나은 듯이 보인다고 해도 그것은 병에서 낫는 것이 아니다.

오늘도 칭의를 통과하지 아니한 외관상의 성결이 있다. 그것은 기독교 밖의 여러 종교에서 말하는 성결이다. 그러나 하나님께서는 그 성결을 인정하지 아니하신다. 그것은 왜냐하면 죄악의 모태가 해결되지 아니했기 때문이다. 하나님께서 우리의 죄악을 해결하는 방법도 먼저 원죄를 해결해 주시고, 다음에 자범죄를 해결해 주신다. 원죄에서 놓이는 것이 칭의이고 자범죄에서 놓이는 것이 성화이다.

3) 칭의는 완성적이고 성화는 미완성적이다.

칭의는 단번에 다 주신 것이지만 성화는 시간과 함께 점차적으로 진행되는 것이기 때문에 상당한 시간이 걸린다. 그러면 성화는 언제 완성되는가? 성화의 완성은 그리스도의 재림과 함께 이루어진다.

우리는 가끔, 수 십년 예수를 믿고 상당한 직분을 가진 어떤 성도에게서 실망되는 일을 보고, "저만한 사람이 어찌 저럴 수 있을까?"하고 의아해 하는 것을 본다. 그러나 사실은 의아해 할 일이 못된다. 왜냐하면 그가 수 십년 예수 믿고 상당한 직분을 가졌다 하더라도 여전히 그는 아직도 성화 되어 가고 있는 부족한 인간이기 때문이다. 예수님의 대속의 죽음이 없이는 우리의 칭의가 있을 수 없는 것처럼 재림 없이는 완전 성화가 있을 수 없다. 만일 예수님의 재림이 없어도 완전성화가 된다면 그는 재림의 주님을 기다릴 필요가 없다. 사도요한은 재림 전에도 완전성화가 가능하다고 주장하는 사람들에게 요일3:2에서 다음과 같이 말한다. "그가 나타나심이 되면 우리가 그와 같을 줄을 아는 것은 그의 계신 그대로 볼 것을 인함이라"

3. 성화의 가능성

이 죄악 세상에서 신자들의 성결생활이 가능한가? 가능하다.(빌 2:15) 다만 많은 장애와 어려움을 겪어야 한다. 왜 성결생활이 어려운가 하면, 우리가 성결생활을 방해하는 장애물이 많은 세상에서 성결생활을 하기 때문이다. 그럼에도 불구하고 성결생활은 가능하다. 그 가능성은 어디에 근거하고 있는가?

1) 성결생활은 그리스도께서 우리를 구속하신 목적이기 때문이다.
주님께서 우리를 구원하신 목적은 두 가지인데, 소극적인 목적은 죄에서 구원하시는 것이요, 적극적인 목적은 성결생활을 하도록 하심에 있다.(롬8:29) "모든 사람에게 구원을 주시는 하나님의 은혜가 나타나 우리를 양육하시되 경건치 않은 것과 이 세상 정욕을 다 버리고 근심함과 의로움과 경건함으로 이 세상에 살고.... 우리를 깨끗하게 하사 선한 일에 열심하는 친 백성이 되게 하려 하심이니라"(딛2:11~14)고 했다. 그러므로 그리스도께서 우리를 구원하신 것은 단순한 사죄만이 아니고 성결하게 살도록 하시기 위함이시다.

2) 성령 강림의 목적이 성결생활에 있다.
성령이 지금도 우리 마음에 내재하시어서 성결생활을 하도록 돕고 계신다. 만유인력의 법칙대로 하면 모든 물체는 땅으로 떨어지기 마련이다. 그러나 내 팔이 강하게 붙들어 주면 인력의 법은 삼키워 지고 만다. 자연인은 죄와 사망에서 떨어지기 마련이지만 성령의 생명의 법이 붙들어 주실 때에는 성결생활이 가능하다.

3) 신자의 몸은 하나님이 거하시는 성전이기 때문이다.

고전3:16~17에 "너희가 하나님의 성전인 것과 하나님의 성령이 너희 안에 거하시는 것을 알지 못하느뇨?" 6:19에 "너희 몸은 너희가 하나님께로부터 받은 바 너희 가운데 계신 성령의 전인줄 알지 못하느냐?"라고 했다.

신자들의 몸을 성전이라고 하는 이유는 성전에는 하나님이 계신 것 같이 그들의 마음 속에 성령의 하나님께서 계시기 때문이다. 중생하기 전에는 죄악의 소굴이었으나 중생 후에는 날마다 성결해 가고 있는 것이다. 그래서 예수님께서는 마12:43~45에서, 은혜 받고 난 후에도 옛 생활로 되돌아 갈 위험성이 있음을 경고했고, 바울 사도는 고전3:17에 "누구든지 하나님의 성전을 더럽히면 하나님께서 그 사람을 멸하시리라"고 경고했고, 베드로는 벧후2:22에서 "개가 토했던 것을 다시 먹고 돼지가 씻었다가 더러운 구덩이에 도로 누운 것과 같다"고 했다. 누가복음 15장에 나타난 탕자 비유를 보면, 참 아들(진정으로 회개한 아들)은 돼지우리를 떠나 아버지에게 와서 새 옷을 입는다. 참 아들은 성결을 좋아한다.

4. 성화의 방편

성결의 작업은 성령의 사역이다. 성령은 더러워진 우리의 심령을 깨끗하게 하신다. 그러나 성령은 우리의 성화를 위해 몇 가지 방편을 사용하신다. 이는 마치 더러워진 옷을 가정주부가 깨끗하게 씻을때 비누나 기타 여러 가지 세제류를 방편으로 사용하는 것과 같다.

그러면 하나님께서 우리를 성화 시키는 방편이 무엇인가?

1) 하나님의 말씀이다.

예수님은 "저희를 진리로 거룩하게 하옵소서, 아버지의 말씀은 진리니이다."(요17:17)라고 하셨다. 엡5:26에 "이는 곧 물로 씻어 말씀으로 깨끗하게 하사 거룩하게 하시고"라고 했다. 시119:9에는 "청년이 무엇으로 그 행실을 깨끗하게 하리이까, 주의 말씀으로 삼갈 것이니이다"라고 했다. 이상의 여러 말씀을 비추어 보면 하나님의 말씀이 우리를 성화 시킨다. 하나님의 말씀은 우리를 거듭나게 하는 방편으로 사용될 뿐 아니라 또한 성화 시키는데 사용된다. 이 말은 하나님의 말씀 자체가 우리의 부정을 씻는다는 말이 아니고 우리 영혼의 부정을 알려주시고 성령께서 성결케 하신다는 의미이다. 그러므로 약1:23에는 하나님의 말씀을 거울이라고 했다. 얼굴의 더러움을 거울이 보여 주는 것처럼 말씀이 영혼의 모양을 보여준다. 얼굴의 더러움을 씻기를 원하는 자는 거울을 보아야 하는 것처럼 성화 되기를 원하는 사람은 부단히 성경을 읽어야 한다.

2) 성례(聖禮)는 성화의 방편이다.

3) 극기(克己)는 성화의 방편이다.

예수님께서 마16:24에 "아무든지 나를 따라오려거든 자기를 부인하고 자기 십자가를 지고 나를 좇을 것이니라"고 하셨다. 이것은 극기이다. 왜 우리는 예수님을 따르는데 있어서 극기하여야만 하는가? 자기 부정이 없이는 그리스도를 긍정할 수 없기 때문이다. 육을 부정하지 아니하고는 영을 긍정할 수 없기 때문이다. 극기는 수단이다.

오늘도 우리가 성결한 생활에 나아가려고 할 때 부패성이 방해한다. 육의 사람은 자기를 부정하지 말고 긍정하라고 한다. 바울은 성화된 자리에 나아갔다. 어떻게? 그는 날마다 죽었다.(고전15:31) 무엇에서? 육의 사람에서이다. 바울이 날마다 육에서 죽을 때 참으로 죽은 것이 아니라 도리어 산 것이다. 이와 반대로 육을 따르면 죽는다.(롬8:6, 딤전5:6) 바울이 날마다 육의 사람을 부정하고 성령을 따를 때 성화의 계단에 나간 것이다. 자기 부정의 횟수가 많아질수록 영의 사람은 강해진다. 힘은 사용할수록 강해진다. 바울은 성화 되기를 원하는 사람들에게 다음과 같이 말하고 있다. "그러므로 너희는 죄로 너희 죽을 몸에 왕노릇 하지 못하게 하여 몸의 사욕을 순종치 말고 또한 너희 지체를 불의의 병기로 죄에게 드리지 말고 오직 너희 자신을 죽은 자 가운데서 다시 산 자 같이 하나님께 드리며 너희 지체를 의의 병기로 하나님께 드리라"(롬6:12~13)

4)기도는 성화의 방편이다.

II. 결 론

성화는 짧은 세월에 이룩되지 않는다. 저 높은 곳을 향하여 날마다 나아가야 한다. 성도여! "그러므로 너희 마음의 허리를 동이고 근신하여 예수 그리스도의 나타나실 때에 너희에게 가져올 은혜를 온전히 바랄지어다"(벧전1:13)

제36과 성도의 견인(堅忍)과 영화(榮華)
[The perseverance and glory of a disciple of Christ]

> 〈본문〉 로마서 8:26~30
>
> 이와 같이 성령도 우리 연약함을 도우시나니 우리가 마땅히 빌 바를 알지 못하나 오직 성령이 말할 수 없는 탄식으로 우리를 위하여 친히 간구하시느니라 마음을 감찰하시는 이가 성령의 생각을 아시나니 이는 성령이 하나님의 뜻대로 성도를 위하여 간구하심이니라 우리가 알거니와 하나님을 사랑하는 자 곧 그 뜻대로 부르심을 입은 자들에게는 모든 것이 합력 하여 선을 이루느니라 하나님이 미리 아신 자들로 또한 그 아들의 형상을 본받게 하기 위하여 미리 정하셨으니 이는 그로 많은 형제 중에서 맏아들이 되게 하려 하심이니라 또 미리 정하신 그들을 또한 부르시고 부르신 그들을 또한 의롭다 하시고 의롭다 하신 그들을 또한 영화롭게 하셨느니라

I. 서 론

"성도의 견인과 영화"란 하나님께서 성도를 끝까지 붙들어 주시는 일과 우리를 선택하신 일에서부터 구속의 전 과정을 완성하는 일을 말한다.

이것을 칼빈주의 5대 교리에서는 "궁극적 구원 교리"라고 말한다.

1. 성도의 견인(堅忍, 끝까지 붙들어 주심)

"내가 저희에게 영생을 주노니 영원히 멸망치 아니할 터이요 또 저희를 내 손에서 빼앗을 자가 없느니라"(요10:28)

한번 선택하여 부르시고 중생 시켜 회심하므로 칭의된 양자(성도)는 결코 버리움을 당하는 일이 있을 수 없다. 일단 선택된 자는 궁극적으로 구원에 이르게 된다.

여기서 말하는 궁극적 구원의 교리는

첫째로, 겉모양으로 교회에 다니던 거짓(가짜) 교인의 구원문제가 아니고 성령 받은 체험이 있는 성도 구원을 논하는 것이며,

둘째로, 궁극적으로 구원을 받게 되어 있다고 해서 성령 받은 교인에게는 일시적인 타락도 없다는 뜻이 아니고 다만 완전 타락하여 지옥에 떨어지도록 버려지지 않는다는 것이다. 궁극적 구원 교리가 중생한 성도의 일시적 타락을 부정하는 것은 아니다. 오히려 그보다는 중생한 사람에게도 일시적인 타락이 있을 수 있다. 예를 들면 구약시대의 다윗이나 신약시대의 베드로의 경우이다. 저들이 범죄한 것은 중생 전이 아니고 중생 후였다. 그러면 중생한 연후에 타락했던 저들을 하나님께서 어떻게 하셨나? 성령으로 다시 회개시켰다. 그러므로 중생한 사람이 일시적으로 타락했다 하더라도 반드시 죽기 전에 성령이 회개시켜서 데려 간다. 그러면서도 궁극적으로 구원받을 성도에게도 구원을 이루는 일에 대한 경고가 필요하다. "얘! 내 손을 꼭 잡아라. 그렇지 아니하면 떨어진다" 그러나 실상은 어린애가 어머니 손을 잡은 것이 아니고 어머니가 어린애의 손을 잡았다는 것을 기억하라. 그런데 문제는 오늘도 우리 주변에서 과거에 교회에 다니다가 타락한 사람들을 많이 보게 되는데 이를 어떻게 이해해야 할 것인가 하는 점이다. 옛날이나 지금이나 교회 안에는 두 가지 종류의 교인이 있다. 쭉정이와 알곡, 양과 염소다. 그러므로 과거에 교회에 속하여 신앙생활을 하다가 현재 타락 생활

하는 사람들에 대해 두 가지 방면으로 생각 할 수 있다. 첫째는 그가 중생하지 못하고 겉모양으로 교회에 출석했거나 아니면 둘째로, 참 중생의 체험이 있는 사람으로서 지금 일시적으로 타락했다면 언제인가 돌아오는 때가 있다는 사실이다. 예를 들면 가룟 유다와 베드로의 대조적인 경우이다. 가룟 유다가 원래는 예수님의 제자였으나 영적으로는 예수님에게 속해있지 않았기 때문에 떠나 버리고 말았다. 이와는 반대로 베드로는 통곡으로 회개하고 돌아왔던 것이다.

견인은 신적 은혜의 힘이다.

堅忍은 문자 그대로 "참고 꼭 붙잡는 행위"이다. 물론 이 "붙잡음"은 성도의 행위이지만 실상은 하나님께서 성도를 향하여 인내하시고 꼭 붙잡아 주는 신적 행위임을 알아야 한다. 그러므로 "붙잡은(견인)자"는 엄밀히 말해서 사람이 아니라 하나님이시다.

예를 들어보자.

지금 위험한 산길을 한 어머니가 그의 아이와 손을 맞잡고 걸어가고 있다. 아이는 자기가 어머니의 손을 잡았다고 생각되나 실상 아이를 보호하려는 어머니의 손 힘이 더욱 강하다. 위험이 오고 어두워질수록 아이를 붙잡은 어머니의 손은 더욱 억세어진다. 결코 놓을 수 없는 손길이다. 가령, 철없는 아이가 어머니를 뿌리치고 도망가려 해도 어머니는 악착같이 아이의 손을 움켜쥔다. 내버려두면 죽을 것을 알기 때문이다. 말 안 들으면 때려서라도 말이다. 이래도 "주권교리"에 불만 있는가?

"누가 우리를 그리스도의 사랑에서 끊으리요? 아무 피조물이라도 우리를 우리 주 그리스도 예수 안에 있는 하나님의 사랑에서 끊을 수 없으리라"(롬8:35~39)

> 성도는 하나님의 억센 팔 안에 있을 때 최고로 행복하다.
> 주의 친절한 팔에 안기세 우리 맘이 평안하리니
> 항상 기쁘고 복이 되겠네 영원하신 팔에 안기세

날이 갈수록 주의 사랑이 두루 광명 하게 비치고
천성 가는 길 편히 가리니 영원하신 팔에 안기세
주의 보좌로 나아갈 때에 기뻐 찬미소리 외치고
겁과 두려움 없어지리니 영원하신 팔에 안기세
주의 팔에 그 크신 팔에 안기세 주의 팔에 영원하신 팔에 안기세

『찬송가 458장』

중생한 성도가 구원에 이르기까지는 우여곡절이 많으나 그러나 결코 도중탈락 됨이 없이 궁극에는 구원을 받고야 마는 길이다. 이 놀라운 선택교리를 맨 처음 강렬하게 고백한 학자는 「어거스틴(Augustine, 354-430)」이었다.

"한번 선택된 자는 결코 버리지 않는다"

2. 영화롭게 하심

영화는 견인의 궁극이다. 즉 영화는 구속 전(全) 과정의 완성이다. 그러면 구속 받은 성도가 언제 완전 영화를 누리겠는가?

소요리 문답 제37문답에서 "신자가 죽을 때에 그 영혼이 완전히 거룩케 되어 즉시 영광 중에 들어가고 그 몸은 여전히 그리스도께 연합하여 부활할 때까지 무덤에서 쉰다"고 했다.

1) 죽을 때 영혼의 영화가 완성된다.

이 영혼의 영화는 성화와 같이 점진적으로 되는 것이 아니라 성령의 순간적인 행동이다. 성령께서는 신자가 사별하는 순간에 그 영혼의 성화를 완성하여 주님과 함께 거하게 하시는 것이다.(눅23:43, 고후5:6~8, 빌1:21~23)

천주교에서는 정결치 못한 신자는 세상을 떠나는 순간에 연옥 불에

들어가서 오랫동안 정화하는 불길에 고초를 받은 후에야 천당에 올라간다고 하나 성경에 근거가 없는 교리이다. 모든 신자는 그의 생존시의 성화의 정도를 가릴 것 없이 죽어 세상을 떠나는 때에는 그 영혼이 완전히 성화 되어서 하나님이 계시는 그곳에서 영광을 누리게 되는 것이다.(고후1:8, 요17:24, 빌1:23) 한 좋은 예로서는 예수님께서 십자가 위에서 운명하실 때 회개한 행악자는 회개하고 믿자마자 세상을 떠났으나 낙원에 주님과 함께 들어가기로 약속을 받은 경우이다.

2) 신체의 부활로 몸의 영화가 완성된다.

성도는 세상을 떠날 때 그 영혼은 완전히 성화 되어 이미 영화에 이르나 몸은 땅에 매장 당하게 되어 완전한 영화에 이르렀다고 볼 수 없는 것이다. 다만 육체부활이 있기까지 무덤에서 평안히 쉬면서 몸의 구속을 기다리게 되는 것이다.(사59:2, 계14:13, 롬8:23) 그러나 예수 그리스도께서 재림하실 때에 몸이 부활하여 영광스러운 부활체를 입게 된다. 성경은 이때 성도가 입을 몸에 대하여 말씀하시기를, 그때에는 썩지 아니하고, 영광스럽고, 강하고, 신령한 몸을 입으리라고 한다.(고전15:42~44) 그 날에는 우리들의 낮은 몸들이 그리스도의 영광의 몸의 형체와 같이 변하게 되리라고 말씀하신다.(빌3:21) 이렇게 하여 온전히 성화된 영혼과 영화된 몸이 결합하여서 하나님의 영원한 나라에서 무한한 축복에 싸여서 살게 될 때 성도의 영화는 완성되는 것이다.

우리가 완전 영화 되어 들어가 살게 될 그 영원한 나라에는, 사람이 범죄한 결과를 있게 된 모든 불행과 비참한 정황은 말끔히 제거되고 없게 되는 것이다. 거기에는 사망도 없고 눈물도 없다. 애통하는 것이나 곡하는 것이나 아픈 것도 없다.(계21:4) 영원한 기쁨과 즐거움만이 가득하다(시16:11) 이러한 곳에서 삼위 하나님을 모시고 구속의 은총을 함께 누린 모든 성도들이 함께 즐기겠으니 그 기쁨, 그 즐거움, 그 평화, 그 행복이 얼마나 클까?

여기에 성도의 소망이 있다. 진정한 기독교는 금생만 있는 것이 아니라 금생과 내생에 축복의 약속이 있다. 또 영혼만 구속받아 안식에 들어가는 것이 아니라 영육이 아울러 구속을 받아 영원한 안식에 들어가는 것이다.

II. 결 론

성도가 이 세상에서 살아가는데는 여러 가지 환난과 고통이 많다.(딤후3:12, 행14:22) 그러나 성도가 이것을 참고, 견디며, 감당하며, 승리할 수 있는 것은 하나님께서 나를 끝까지 붙들어 주신 은혜와 궁극적으로는 영육이 영화 하여 영원한 아버지의 나라에 들어가게 된다는 이 영광스러운 소망이 있기 때문이다.

"눈물 없고, 고통 없고, 죽음도 없는 저 영광의 나라! 나의 고향, 아버지의 나라!"

성도여 당신은 가고 싶지 않은가?

"내가 천성을 바라보고 가까이 왔으니 아버지의 영광 집에 가 쉴 맘 있도다. 나는 부족하여도 영접하실 터이니 영광나라 계신 임금 우리 예수 시로다"

우리에게 이 큰 복 주신 하나님께 감사하자!

VI

성령론

THE DOCTRINE OF THE HOLY SPIRIT

제37과 성령의 사역과 성령의 상징
[The common operation of the Holy spirit and A symbol]

> 〈본문〉 요한복음 14:15~17
> 너희가 나를 사랑하면 나의 계명을 지키리라 내가 아버지께 구하겠으니 그가 또 다른 보혜사를 너희에게 주사 영원토록 너희와 함께 있게 하시리니 저는 진리의 영이라 세상은 능히 저를 받지 못하나니 이는 저를 보지도 못하고 알지도 못함이라 그러나 너희는 저를 아나니 저는 너희와 함께 거하심이요 또 너의 속에 계시겠음이라

Ⅰ. 서 론

 성도 중에는 성령을 단순히 하나님의 능력이나 감화력으로만 오해하는 경향이 있다. 그러나 성령은 이지(理智, 요14:26, 롬8:16)니 애정(사63:10, 엡4:30)이나 의지(행16:7, 고전12:11) 등의 인격성을 지닌 성령 하나님이시다.
 이 시간부터 앞으로 몇 과에 걸쳐 성령님에 대해서 상세히 공부 하고자 한다.

1. 성령의 사역

1) 창조의 사역

창세기 1:1에 보면 하나님께서 태초에 말씀으로 천지를 창조하셨다고 되어있다. 그런데 시편33:6에 보면 또 이렇게 말씀하고 있다. "여호와의 말씀으로 하늘이 지음이 되었으며, 그 만상이 그 입기운으로 이루었도다" 이 말씀의 의미는 성부와 함께 성령께서도 만물을 창조하시는 일에 참여하셨다는 말씀이다. 성부 하나님은 하늘에서 말씀으로 명하셨고, 성령 하나님은 능력의 신으로 땅에서 사역하셨다.(창1:2, 시104:30, 창2:7) 지금도 성령께서는 우리의 심령 속에서 창조하는 일을 계속하고 계신다. 즉 우리의 심령 속에 성령이 함께 하실 때 없었던 기쁨이 생기고, 감격이 생긴다. 또 사랑이 만들어지고 감사가 빚어진다.

2) 증거의 사역

그리스도에 관한 진리를 증거 하는 일도 성령의 사역 가운데 하나이다. 예수님께서 친히 "내가 아버지께로서 너희에게 보낼 보혜사 곧 아버지께로서 나오시는 진리의 성령이 오실 때에 그가 나를 증거 하실 것이요"(요15:26)라고 하신 것이다.

성령은 예수 그리스도를 증거 하려고 오신 진리의 영이시다. 성령이 성경을 기록했고(딤후3:16), 그 성경이 예수님을 증거 하는 것이다.(요5:39) 세례 요한도 처음에는 알지 못했다. 그러나 성령이 비둘기 같이 하늘로서 내려와서 그의 위에 머물렀을 때 비로소 그가 하나님의 아들이심을 알고 증거 할 수가 있었다.(요1:32~34) 지금도 성령은 우리 심령 속에서 그리스도의 진리에 대하여 증거하고 계시는 것이다.(고전12:3)

3) 중생의 사역

성령은 사람을 중생 시킨다.(요3:5) 중생이란 "허물과 죄로 죽은 자"

(엡2:1)에 대하여 성령으로 말미암아 영적 생명을 얻게 하시는 하나님의 공작이다.(딛3:5) 따라서 중생은 성령의 사역 중에서 가장 중요한 사역이다. 그런데 성령은 반드시 하나님의 말씀을 통하여 일하신다. 에스겔 37장에는 생기의 사역이 있는데, 그것은 곧 성령의 사역이다. 그런데 마른 뼈들이 여호와의 군대로 일어나기 전에 먼저 에스겔의 말씀 선포가 있었던 것을 기억해야 한다. 또한 중생은 성령의 절대 주권의 사역이다. 결코 성령과 사람의 협동이 아니다. 이유는 중생하지 못한 사람은 죽은 송장과 같기 때문이다. 예수님이 나사로를 살리실 때 그 송장하고 의논한 일이 있었는가? 또 에스겔 골짜기의 해골 떼를 살리실 때 그 뼈들과 협동했던가? 성령님의 단독적인 사역이었다. 지금도 성령님은 뭇 심령들 속에서 중생의 사역을 하고 계심을 감사하자.

2. 성령의 상징

성도에게 주어진 귀한 분부가 있다. 그것은 "항상 기도하고"(눅18:1) "쉬지 말고 기도하라"(살전5:17)는 분부, 그것이다. 따라서 구하는 자에게 주어진 약속도 있다. 그것은 "좋은 것"(마7:11)으로 주신다는 약속이다. 물론 그 "좋은 것"은 성령을 의미한다.(눅11:13)

성경은 성령에 대하여 많은 상징으로 말하고 있다. 가령 ①생수(요7:38) ②바람(요3:8) ③불(행2:3) ④기름(고후1:21) ⑤비둘기(눅3:22) ⑥인(엡1:13) 같은 것들이다. 여기에서는 생수와 바람과 불 등의 상징에 관하여 배우기로 한다.

1) 생수와 같다고 했다.

"누구든지 목마르거든 내게로 와서 마시라. 나를 믿는 자는 성경에 이름과 같이 그 배에서 생수의 강이 흘러 나리라 하시니 이는 그를 믿는 자의 받을 성령을 가리켜 말씀하신 것이다."(요7:37~39) 사도 요한은 이렇게 성령을 생수로 설명한 바 있다.
   왜 성령을 생수로 상징했을까?
   (1) 생수는 깨끗하기 때문이다.
   더러운 손을 물로 씻는다. 더러운 옷도 물로 씻어 깨끗하게 한다. 마찬가지로 성령은 우리의 더러워진 심령을 깨끗하게 하시고 또 우리의 부정한 양심과 더러워진 인격을 깨끗하게 하신다. 따라서 깨끗하게 하시는 성령을 깨끗하게 하는 생수로 상징한 것이다.
   (2) 생수는 시원케 하기 때문이다.
   목마른 사슴은 물을 찾는다.(시42:1) 갈(渴)한 목을 시원케 할 목적 때문이다. 마찬가지로 성령은 목말라하는 영혼에게 "영생하도록 솟아나는 샘물"(요4:14)이다. 그래서 "너희 목마른 자들아 물로 나아오라"(사55:1)고 한 것이다.
   (3) 생수는 생기(生氣)를 주기 때문이다.
   나무 뿌리에 물이 마르면 그 나무는 죽고 만다. 그러나 시냇가에 심기운 나무는 잎사귀가 마르지 않는다.(시1:3) 마찬가지로 성령은 우리의 영혼을 소생시키는 생수이다.(겔47:1~12) 때문에 생기이신 성령(겔37:10)을 생기를 주는 생수로 상징한 것이다.

2) 바람과 같다고 했다.
   예수님께서 니고데모에게 성령의 사역을 임의로 부는 바람으로 설명하셨다.(요3:8) 또 오순절의 성령 강림도 "급하고 강한 바람"(행2:2)처럼 임했다. 왜 성령을 바람으로 상징했을까?
   (1) 바람은 어디나 있기 때문이다.
   바람 없는 곳은 없다. 지금도 공간만 만들면 그곳에 바람이 들어온다. 마찬가지로 성령님은 어디에나 계신다.(시139:7~8) 마음의 문만 열면 언제나 성령의 충만은 가능한 것이다.
   (2) 바람은 변화를 주기 때문이다.

강한 바람은 나무 뿌리를 뽑는다. 큰 건물도 무너뜨린다. 따라서 강한 바람이 지난 후에는 흔적이 남는다. 마찬가지로 성령은 교만의 뿌리를 뽑는다. 정욕의 담벽도 무너뜨린다. 때문에 변화를 주시는 성령을 흔적을 남기는 바람으로 상징한 것이다.

(3) 바람은 임의로 불기 때문이다.

바람은 자유다. 마음대로 불고 임의로 부는 것이 바람이다. 마찬가지로 성령은 임의로 역사하신다. 원하시는 것, 원하시는 곳, 원하시는 방법으로 또, 원하시는 성도를 통하여 역사 하신다. 그러므로 성령을 임의로 부는 바람으로 상징한 것이다.

3) 불과 같다고 했다.

구약에서 이사야의 부정한 입술을 정결케 하실 때 성령은 숯불로 임했고(사6:6), 신약에서 오순절의 성령 강림도 불처럼 임했다.(행2:3)

왜 성령을 불로 상징했을까?

(1) 불은 열이기 때문이다.

불은 열이다. 뜨겁게 한다. 때문에 냉랭한 심령을 뜨겁게 하시는 성령을 불로 상징했다. 난로라고 해서 다 뜨거운 것이 아니다. 불 있는 난로만 뜨겁다. 심령마다 다 뜨거운 것이 아니다. 성령으로 충만한 심령에만 "열심"(롬12:11)이 생긴다.

(2) 불은 힘이기 때문이다.

불은 힘이다. 태우는 힘이 있고 녹이는 힘이 있다. 그래서 쓰레기는 태우고 고철은 녹인다. 마찬가지로 성령은 쓰레기 같은 죄악을 태우고 고철 같은 굳은 마음을 녹이는 능력이요, 힘이다. 그래서 성령은 옛 사람을 새 사람되게 하신다.(엡4:24)

(3) 불은 빛이기 때문이다.

불은 빛이다. 어두움을 밝힌다. 정말 성령은 우리 심령에 있는 흑암을 밝히시는 빛이다. 날마다 마음의 골방을 비추시는 등불이다. 그러므로 성도는 오직 성령으로만 "세상의 빛"(마5:14) 노릇을 감당하게 될 것이다.

II. 결 론

잠언에 "나를 간절히 찾는 자가 나를 만날 것이니라"(잠8:17)고 했고, 예수님도 "너희 천부께서 구하는 자에게 성령을 주시지 않겠느냐?"(눅11:13)고 하셨다. 우리도 생수 같은 성령을 구하고 바람 같은 성령을 구해야 한다. 그리고 불같은 성령의 충만을 구해야 한다. "구하는 이마다 얻을 것이요, 찾는 이가 찾을 것이요, 두드리는 이에게 열릴 것이니라"(마7:8).

할렐루야 아멘!

제38과 성령의 내재(內在)와 그 증거
[The Holy Spirit in mind and the evidence]

〈본문〉 요한복음 16:5~15

지금 내가 나를 보내신 이에게로 가는데 너희 중에서 나더러 어디로 가느냐 묻는 자가 없고 도리어 내가 이 말을 하므로 너희 마음에 근심이 가득하였도다 그러하나 내가 너희에게 실상을 말하노니 내가 떠나가는 것이 너희에게 유익이라 내가 떠나가지 아니하면 보혜사가 너희에게로 오시지 아니할 것이요 가면 내가 그를 너희에게로 보내리니 그가 와서 죄에 대하여, 의에 대하여, 심판에 대하여 세상을 책망하시리라 죄에 대하여라 함은 저희가 나를 믿지 아니함이요 의에 대하여라 함은 내가 아버지께로 가니 너희가 다시 나를 보지 못함이요 심판에 대하여라 함은 이 세상 임금이 심판을 받았음이니라 내가 아직도 너희에게 이를 것이 많으나 지금은 너희가 감당치 못하리라 그러하나 진리의 성령이 오시면 그가 너희를 모든 진리 가운데로 인도하시리니 그가 자의로 말하지 않고 오직 듣는 것을 말하시며 장래 일을 너희에게 알리시리라 그가 내 영광을 나타내리니 내 것을 가지고 너희에게 알리겠음이니라 무릇 아버지께 있는 것은 다 내 것이라 그러므로 내가 말하기를 그가 내 것을 가지고 너희에게 알리리라 하였노라

I. 서론

예수님께서 구속 사업을 마치시고 아버지께 돌아가실 것을 제자들

에게 말씀하실 때 제자들은 염려했다. 예수님께서는 염려하지 말라고 위로하시면서 말씀하시기를, 아버지의 집에서 다시 만나게 될 것과 또 제자들이 세상에 있는 동안에 함께 해 주실 것을 약속하셨다.(요 14:1~13) 그것은 성령님께서 성도의 심령에 계실 것을 말함인데 이것을 "성령의 내재"라고 말한다.

1. 성령의 내재

성령이 내재하시면서 하는 일이 무엇인가?

1) 성도를 위하여 기도하신다.

로마서8:26에 "이와 같이 성령도 우리 연약함을 도우시나니 우리가 마땅히 빌 바를 알지 못하나 오직 성령이 말할 수 없는 탄식으로 우리를 위하여 친히 간구하시느니라"고 했다. 성자 하나님께서 세상에 계실 때 우리를 위해 기도하셨다. 부활 승천하시고 성령을 보내어 주셨는데 그 성령께서 우리 마음에 내재하시면서 역시 또 기도하신다. 그러므로 성도는 언제나 어디서나 항상 기도하여야 한다. 그 이유는 기도하시는 성령이 언제나 어디서나 우리 마음에 내재하시기 때문이다.

2) 인도하신다.

로마서8:14에 "무릇 하나님의 영으로 인도함을 받는 그들은 곧 하나님의 아들이라"고 했다. 여기 하나님의 영으로 인도함을 받는다는 말에 대해 「월휠드(Benjamin B. Warfield)」라는 신학자는 말하기를 "성도의 모든 생활 부분을 다 인도하신다"고 했다. 이스라엘 백성이 광야생활 할 때 밤에는 불기둥, 낮에는 구름 기둥으로 그들을 인도하였다. 이스라엘의 불기둥, 구름기둥은 외부에 있었으나 오늘날 우리의 불기둥은 마음에 있다. 그것은 성령의 인도하심이다.

2. 성령 받은 증거

　성령 받은 증거가 무엇인가? 이 질문에 대한 대답은 각각 다르다. 진동파에서는 성령 받으면 온 몸에 진동이 생긴다고 한다. 방언파에서는 방언을 해야만 성령 받은 것이라고 주장한다. 환상파에서는 이상한 환상을 보는 것이라고 한다. 그러나 이런 것이 성령 받은 절대적인 증거는 아니다. 왕상19:11~13에서 보면, 호렙산에서 하나님이 엘리야에게 나타나셨는데 처음에는 크고 강한 바람이 산을 가르고 바위를 부수나 바람 가운데 하나님께서 계시지 아니하셨다. 그 다음에 지진이 있었으나 지진 가운데 하나님이 계시지 아니하셨다. 또 그 다음에 불이 지나갔으나 불 가운데도 하나님께서 계시지 아니하셨다. 오늘도 불건전한 신비파 운동에는 인간이 조작하는 바람운동, 지진운동, 불운동이 있다. 그러나 하나님께서는 세미한 음성을 통하여 엘리야에게 나타나셨던 것과 같이 말씀 운동 가운데 자신을 계시하고 계신다.

　사도행전16:19~34에 보면 「바울」과 「실라」가 감옥에 갇히었는데 밤중에 지진이 나고 옥터가 움직였다. 그러나 그것이 옥사장을 회개시킨 것은 아니고 바울을 통하여 들려준 세미한 음성(복음전파)을 통하여 회개시킨 것이다.

　오늘의 불건전한 신비파에서는 반드시 외부적으로 떠드는 역사가 있어야만 성령이 역사한 것으로 생각하지만 하나님은 어지러움의 하나님이 아니시요, 화평의 하나님이신 것을 알아야 한다.(고전14:33)

　그러면 성령 받은 절대적인 증거가 무엇인가? 정확한 답을 얻으려면 예수님의 말씀으로 돌아가야 하는데, 그 이유는 모든 문제의 해결점은 예수님의 말씀에 달려있기 때문이다. 예수님께서 요한복음16:8~11에 성령 받은 증거에 대하여 말씀하셨다.

1) 성령 받은 첫째 증거는 죄를 깨닫게 되는 것이다.

타락한 인간은 자기 자신의 힘으로 죄를 깨닫지 못한다. 이사야 선지는 웃시야 왕이 죽던 해에 성전에 들어가 기도하는 중 하나님 앞에서 자기의 부정한 죄를 깨닫게 되었다. 그는 탄식하기를 "화로다, 나여, 망하게 되었도다. 나는 입술이 부정한 백성 중에 거하면서 만군의 여호와 이신 왕을 뵈었음이로다"라고 했다. 이사야는 성령을 받게 될 때 자기 입의 부정한 것과 자기가 자기를 저주할 정도로 더러운 죄인인 것을 깨닫게 되었다.

성령은 죄로 병든 무리를 그리스도 앞에 세우신다. 그때 우리는 무엇을 깨닫는가? 내 죄를 깨닫는다. 이것이 가장 귀한 은혜이다. 바울 사도는 다메섹 길에서 성령의 밝은 빛을 받은 후 "나는 죄인 중의 괴수라"고 고백했다. 바울 사도가 자기는 죄인 중의 괴수라고 한 것은 다른 사람과 비교해서 죄가 많기 때문이며 오늘도 죄인이 자기 죄를 깨닫지 못하는 것은 반드시 자기가 무죄하기 때문이 아니라 성령의 밝은 빛을 받지 못하였기 때문이다. 자기 죄 때문에 울어 본 일이 없는 사람은 참 성도가 아니다. 우리는 지금도 성령 받은 교인들을 많이 만난다. 그들이 공통적으로 가지는 마음은 자기가 죄인임을 깨닫는 것이다. 오늘날 어떤 신비가 들은 성령의 은혜를 구하되 다른 사람의 마음의 죄를 들여다 볼 수 있는 은혜를 받았으면....한다. 이것을 투시의 은사라고 한다. 우리는 이런 영웅적이며 기묘한 성령의 은혜를 구할 것이 아니라 나 자신의 죄를 깨닫는 성령의 은혜를 구하여야 한다. 이런 잘못된 은혜를 구하는 신비가 들의 속셈은 자기가 신앙의 영웅이 되며 인기를 끌려는 것이다.

오늘날 많은 불건전한 신비주의자들이 자기 종파나 교주를 따라와 불을 받아 진동하며 떨고 이상한 체험을 가지도록 우리를 유인한다. 그러나 자기가 아무리 진동하고 불을 끌어내리며 비범한 일을 할 찌라도 자신이 죄인 됨을 깨닫지 못하는 사람은 성령 받지 못한 사람이다. 이와 반대로, 자신에게 특별하게 이상한 체험은 없어도 자신이 진정으로 죄인임을 깨닫는 다면 그것이 곧 성령 받은 증거이다.

2) 둘째 증거는 의에 대하여 아는 것이다.

의는 무엇인가? 철학이나 정치가들이 말하는 추상적인 것이 아니고 사람의 몸을 입으시고 역사상에 나타나신 예수 그리스도 자신이시다. 예수님께서 마5:6에 "의에 주리고 목마른 자는 복이 있나니…. 의를 위하여 핍박을 받는 자는 복이 있나니"라고 하셨는데 여기서 말하는 "의"는 다 예수님 자신을 말씀하신 것이다. 성령 받기 전에는 예수님을 바로 알지 못한다. 바로 알지 못한다는 말은 지적으로는 알지만 영적으로는 모른다는 말이다. 그러나 성령 받으면 그리스도를 잘 알게 된다. 예수님의 제자들이 성령 받고 나서 어떻게 달라졌는가? 다른 증거도 많았으나 무엇보다 중요한 것은 예수님을 바로 증거 하게 된 것이다. 베드로가 성령 받았다고 해서 세상 지식을 통달한 것은 아니다. 그가 성령 받은 후 철학, 문학, 과학을 통달한 것이 아니다. 성령 받은 후에도 세상지식에는 여전했다. 그러나 예수님에게 대하여서는 명약관화하게 된 것이다. 성령 받지 못하면 세상 교육은 많이 받아 유식해지겠지만 그리스도는 알지 못한다. 성령 받으면 세상 지식에는 무식한 사람들이라도 예수님을 잘 안다. 오늘날 많은 교인들이 성령의 은혜는 구하지만 "성령 받아 예수그리스도를 바로 알게 해 주시옵소서"라고 구하는 사람은 적고, 되려 이상한 일을 행하려고 성령의 은혜를 구하는 사람은 많다. 그러므로 우리는 성령의 은혜를 바로 구해야 한다.

3) 셋째 증거는 심판에 대하여 알려 주신다.

요한복음16:11에 보면 "심판에 대하여라 함은 이 세상 임금이 심판을 받았음이니라"고 하셨다. 여기서 말하는 "이 세상 임금"은 누구인가? 요한복음14:30에 보면 "사단"이라고 했다. 그러므로 성령이 내 마음에 내재해 오시면 내 심령 속에서 사단이 심판 받는 증거가 나타난다. 즉 성령 받으면 내 마음에 어떤 역사가 생기는가? 성령 받기 전에는 내 마음을 사단이 지배하였으나(엡2:2), 성령 받으면 내 마음을 지배하던 사단이 쫓겨나고 성령이 지배하게 된다. 여기에서 평안이 온다. 성령 받기 전에는 내 마음이 갈릴리 바다처럼 불안했으나 성령 받으면 호수와 같이 안정된다.

II. 결 론

성령님은 쉬지 않고 일하신다. 그리고 지금도 우리 심령 속에서 아무런 방해를 받지 않고 역사 하시기를 소원하고 계신다. 그러므로 우리는 이 시간 무엇보다도 성령께서 내 마음속에 들어오셔서 함께 하시며 놀라웁게 역사 하시기를 소원하자.

제39과 성령의 은사(內在)와 열매
[The fruit of the Spirit and Gifts]

〈본문〉 고린도전서 12:1~11

형제들아 신령한 것에 대하여는 내가 너희의 알지 못하기를 원치 아니하노니 너희도 알거니와 너희가 이방인으로 있을 때에 말 못하는 우상에게로 끄는 그대로 끌려갔느니라 그러므로 내가 너희에게 알게 하노니 하나님의 영으로 말하는 자는 누구든지 예수를 저주할 자라 하지 않고 또 성령으로 아니하고는 누구든지 예수를 주시라 할 수 없느니라 은사는 여러 가지나 성령은 같고 직임은 여러 가지나 주는 같으며 또 역사는 여러 가지나 모든 것을 모든 사람 가운데서 역사 하시는 하나님은 같으니 각 사람에게 성령의 나타남을 주심은 유익하게 하려 하심이라 어떤 이에게는 성령으로 말미암아 지혜의 말씀을, 어떤 이에게는 같은 성령을 따라 지식의 말씀을, 다른 이에게는 같은 성령으로 믿음을, 어떤 이에게는 한 성령으로 병 고치는 은사를, 어떤 이에게는 능력 행함을, 어떤 이에게는 예언함을, 어떤 이에게는 영들 분별함을, 다른 이에게는 각종 방언 말함을, 어떤 이에게는 방언들 통역함을 주시나니 이 모든 일은 같은 한 성령이 행하사 그 뜻대로 각 사람에게 나눠주시느니라.

I. 서 론

"오직 성령의 열매는 사랑과 희락과 화평과 오래 참음과 자비와 양

선과 충성과 온유와 절제니 이 같은 것을 금지할 법이 없느니라"(갈 5:22~23)

이 말씀은 성령 받은 결과로 맺게 되는 열매를 말씀하고 있다. 그 가지 수는 아홉 가지이다. 그런데 고전12:4~11에서 성령을 받음으로 나타나는 은사도 또한 아홉 가지로 말씀하고 있다.

1. 사역의 은사

본문에서 성령의 아홉 가지 은사를 말하고 있는데, 이 은사는 구원을 받기 위한 은사를 말함이 아니고 복음을 위하여 일할 수 있는 특별한 사역의 은사를 말한다. 그러니까 당신이 생각하기를, 내게 본문에서 말하고 있는 그 은사가 없다고 하여 성령 받지 못한 사람이라고 생각해서는 안 된다. 내가 죄인인 것과 예수님이 내 죄를 대신하여 속죄의 죽음을 죽어 주신 것이 믿어지면 구원에 필요한 성령은 받은 것이다. 그러면 여기서 말하는 성령의 은사는 무엇인가? 이는 구원받기 위한 성령이 아니라 사역의 은사를 말한 것이다.

1) 지혜의 말씀

하나님의 말씀은 인생철학과 상반되는 경우가 허다하다.(고전1:24, 2:6~7, 엡1:8, 3:10, 골2:3) 철학을 이해하려면 이성의 활동이 필요하며 하나님의 말씀을 이해하려면 성령의 지혜가 필요하다. 성경 말씀은 성령의 감동으로 기록되었기 때문에 성령의 지혜가 필요하다.(엡6:19)

2) 지식의 말씀

"지혜의 말씀"은 선지자와 사도들이 직접 하나님께로부터 계시를 받는 은혜라면 여기 지식의 말씀은 이미 주어진 계시의 말씀을 잘 가르치는 은혜이다. 우리는 강단에서 불을 뿜는 듯한 말씀 선포를 들을 때는 그가 성령 받은 사람이구나 하고 인정하지만 조용하게 가르칠 때는 성령 받지 못한 사람으로 오해하기 쉽다. 부흥사만 성령 받은 것이 아니라 잘 가르치는 사역자도 성령의 은혜를 받은 것이다. 그러므로 로마서 12:7에 "혹 가르치는 자면 가르치는 일로" 주님을 봉사하라고 한 것이다.

3) 믿 음
로마서1:17, 3:22에 보면 믿음은 택한 백성에게는 다 주신다고 했다. 믿음이란 예수님의 생명의 구주로 믿을 뿐 아니라 보통 사람이 믿기 어려운 것도 믿는 것이다. 어떤 사람이 예수님을 생명의 구주로 믿는다. 그러나 모두가 태산을 명해서 바다로 옮기는 믿음을 가진 것은 아니다. 모세가 홍해를 향하여 지팡이를 들 수 있는 믿음, 엘리야가 3년 6개월 비 안 오는 이스라엘 땅에 비를 달라고 구하는 믿음 이런 믿음을 말하는 것이다.(고전13:2, 막11:23, 약5:15)

4) 병 고치는 은사
여기 병 고치는 은사는 복수로 되어있다. 그것은 여러 가지 병을 고칠 수 있기 때문이다. 마10:1에 보면 예수님께서 제자들을 파송하실 때 모든 병과 모든 악한 것을 고치는 권능을 주셨다. 지금도 신유의 은사가 있다. 인간은 영혼만 아니라 육신도 병들었다. 따라서 육신도 치료하신다.

5) 능력 행함

6) 예 언
이 은사는 지혜의 말씀이나 지식의 말씀의 은사와는 다른 것이다.(고전11:4~5, 14:1~5, 22~39) 이 은사는 장래의 사건을 미리 알려주는 은사이다.(행11:27~28, 21:11, 딤전1:18) 사도행전에 보면 예언한 사람들이 많다. 그러나 사도들이나 선지자들과 다른 점은 사도들은 구원 역사 전반에 필요한 모든 예언을 했으나 일반 교인들의 예언은 개인에 관한 문제나 교회에 관한 일이었다. 왜 초대교회에는 이런 은혜를 주셨을까? 아직 성령이 완성되기 전이기 때문이다.

7) 영들 분별함

구원 역사를 방해하는 악령의 활동을 분별하는 은사이다.(딤전4:1) 악령도 이적을 행한다.(마7:22, 딤후2:9~12) 사단도 광명한 천사로 가장하고 나타난다.(고후11:14~15) 외부적으로 보아서는 하나님의 역사인지 사탄의 역사인지 분별하기가 어려운데 영들 분별하는 은사를 받은 사람은 이것을 분별한다.

8) 방 언

사도들이 성령 받은 결과로 방언을 말했다. 지금도 방언의 은사는 있다. 그러나 사도들의 방언과 지금의 방언에는 차이가 있다.

지금의 방언은 내가 하나님에게 비밀을 말하는 것이니 나 개인에게는 은혜가 되나 타인은 무엇을 말하는지 알지 못한다. 하나님과 나만이 영으로 통하는 방언이다.(고전14:2~) 이 방언만 가지고는 전쟁(신앙생활은 전쟁이다)을 못한다.

그러나 오순절 때 사도들이 받은 방언은 15개국어로 통하는 방언이었다. 사도들이 받은 방언은 자기와 하나님만 아는 말이 아니라 외국인이 다 알아들을 수 있는 방언이었다. 보통 방언은 내 영으로만 하나님에게 말하는 것이지만 사도들이 말하는 방언은 세계 각 국에 복음을 전파하기 위한 방언이었다.

9) 통 역

오늘 우리 한국교회의 실정으로는 방언 은사를 과대 평가하고 있으나 사도 바울은 그런 경향을 분명히 막고 있다. 방언은 통역되지 않으면 남들에게는 별로 유익을 주지 못한다.

2. 성령의 열매

왜 우리를 택해 주셨을까? 이는 우리로 풍성한 열매를 맺게 하기 위함이고(요15:16) 또 이로서 하나님께서 영광을 받으시기 때문이다.(요15:8)

세상에 열매는 많다. 좋은 열매도 있고 나쁜 열매도 있다. 또 성령의 열매도 있다.(갈5:19~21) 그러나 좋은 나무가 나쁜 열매를 맺을 수 없듯이 못된 나무가 아름다운 열매를 맺을 수 없다. 그러므로 열매를 보면 그 나무를 알 수 있을 것이다.(마7:16) 갈라디아서5:22~23에 보면 성령의 열매 아홉 가지가 있다. 이러한 열매들은 성령을 좇아 행하지 아니하고는 누구도 맺을 수 없다. 그래서 그 이름이 "성령의 열매"이다. 그런데 여기 성령의 열매 아홉 가지는 하나의 열매, 곧 "사랑의 열매"로 요약 할 수도 있다. 왜 그럴 수 있을까? 이는 사랑과 거리가 먼 열매는 결코 성령의 열매가 아니기 때문이다.

1) 하나님을 향한 열매
(1) 사랑(롬15:30)

사랑은 예수님의 새 계명이다.(요3:34) 또 하나님은 사랑이시다.(요일4:8) 그러므로 하나님의 자녀에게는 성령으로 말미암아 사랑이 부은 바 되고(롬5:5) 항상 그의 사랑이 강권하신다.(고후5:14) 실로 사랑은 은혜의 여왕이다. 또 성도의 새로운 속박이다.

(2) 희락(잠7:18)

정말 인간의 희락이 말랐다.(욥1:12) 그러므로 기쁨의 복음을 전해야 한다.(눅2:10) 희락의 열매는 복음의 전파가 원인이 되기도 한다.(빌1:18)

(3) 화평(롬5:1)

인생 저마다의 가슴은 전쟁이다. 날마다 헐뜯고 고발한다. 또 사기와 분열과 싸움 투성이다. 그러나 성령은 성도의 가슴에다 화평의 깃발을 꼽는다. 날마다 그 가슴에 화평의 열매를 맺게 하시기 때문이다.

2) 이웃을 향한 열매

(1) 오래 참음(골1:11)

성령으로 충만한 성도는 사랑으로 오래 참을 수 있다. 오래 참음은 시련 가운데 있는 사랑이다. 참된 사랑은 오래 참음의 열매인 것이다.(고전13:4)

(2) 자비(빌2:1)

자비는 이웃을 향한 부드럽고 인자한 사랑을 가리킨다. 때문에 바울은 자비를 "선"으로 번역하기도 했다.(롬3:12) 여호와는 자비하신 하나님이시다.(신4:31) 그러므로 성도의 심령 속에 자비의 열매를 원하신다.

(3) 양선(엡5:9)

바울은 양선의 열매를 그냥 "선"(롬15:14)이라고 했다. 사실 성령의 열매는 모두 선한 사랑이다. 또한 그 열매는 모두 선한 곳에서만 맺는다. 양선은 자비에 비해서 능동적인 선이다. 또 양선은 형제를 향한 사랑이요, 그의 행복을 기원하는 성도의 참된 선인 것이다.

3) 자신을 향한 열매

(1) 충성(딛2:10)

믿음과 충성은 원어에서 그 어근이 같다. 곧 충성은 하나님을 향한 믿음이다.(롬12:3, 고전12:9) 믿는 자여! 착하고 충성된 종이 되라.(마 25:21) 그리고 죽도록 충성하라.(계2:10)

(2) 온유(마11:29)

온유는 회개와 겸손에서 오는 부드러운 심정이다. 이는 회개케 하고 부드럽게 하는 성령의 권능으로만 가능하다. 사실 온유는 도덕의 산물이 아니다. 성령을 받음으로서 맺게 되는 결실이다.

(3) 절제(벧전1:5~7)

절제는 글자 그대로 "자제"를 뜻한다. 따라서 이 열매는 육체의 열매 가운데 "술 취함과 방탕"(갈5:21)과 관련된 열매이다. 그러나 성도는 이미 육체와 함께 그 정과 욕심을 십자가에 못 박은 것이다.

II. 결 론

"좋은 열매 맺지 아니하는 나무마다 찍어 불에 던지우리라"(마3:10)

그렇다. 우리는 열매 없는 자가 되지 않게 하기 위하여(딛3:14) 항상 힘써야 한다. 그러나 주님을 떠나서는 아무 것도 할 수 없다.(요15:5) 성령의 열매 맺기 원하는 자 주 안에 거해야 할 것이다.(요15:4)

제40과 성령의 충만
[Be filled with the Spirit]

> 〈본문〉 에베소서 5:15~21
> 그런즉 너희가 어떻게 행할 것을 자세히 주의하여 지혜 없는 자같이 말고 오직 지혜 있는 자같이 하여 세월을 아끼라 때가 악하니라 그러므로 어리석은 자가 되지 말고 오직 주의 뜻이 무엇인가 이해하라 술취하지 말라 이는 방탕한 것이니 오직 성령의 충만을 받으라 시와 찬미와 신령한 노래들로 서로 화답하며 너희의 마음으로 주께 노래하며 찬송하며 범사에 우리 주 예수 그리스도의 이름으로 항상 아버지 하나님께 감사하며 그리스도를 경외함으로 피차 복종하라

I. 서 론

오늘날 교회 안에는 세 가지 교인이 있다. 첫째는 중생하지 못하고 겉모양으로 교회에 다니는 사람이고, 둘째는 옛 사람이 그리스도와 함께 십자가에서 죽고 새로 거듭나는 은혜를 받은 사람이고, 셋째는 중생할 뿐 아니라 불 세례까지 받는 교인이다.

물론 구원문제는 중생으로 좌우되나 하나님의 복음사업에 시중 드는 종이 되려면 성령 충만(불 세례)을 받아야 한다. 성령의 충만이 없이 "주여, 주여"하는 것은 기름 마른 기계와 같다. 또 불꺼진 난로 같아서

냉랭하다. 그리고 비 없는 구름 같아서 항상 가슴이 답답하다. 그러므로 교인들은 과거에 성령 받은 경험이 있더라도 계속해서 성령의 은혜를 더 충만하게 부어달라고 간구 해야 되는 것이다.

본문에서는 술취한 자와 성령 충만한 자를 대조하고 있다. 사실 오순절 때 성령으로 충만하여 방언을 하니 듣는 자마다 "저희가 새 술이 취하였다"(행2:13)고 한 바 있다. 그러나 술에 취한 자의 결과는 방탕이다. 그러나 성령의 충만을 받은 자에게는 신령한 즐거움이다.

1. 성령 충만의 의미

성령은 생명이시다.(롬8:2) 그러므로 성령의 충만은 생명의 충만을 의미한다. 또 성령은 진리이시다.(요14:17) 그러므로 성령의 충만은 진리의 충만을 의미한다. 그리고 성령은 은혜이시다.(히10:29) 그러므로 성령의 충만은 은혜의 충만을 의미한다.

본래 "성령의 충만"은 심령의 골방 구석마다 성령의 권능으로 넘치게 함을 의미한다. 그러니까 "충만"은 심령의 공백이 없는 상태요 넘칠만큼 꽉 차 있는 상태이다. 마치 잔에 물이 넘치는 경우와 같다.(시23:5)

여기에 영적 교훈이 세 가지가 있다.

1) 소리가 없이 묵직하다.
깡통에 물이 충만하면 소리가 없이 묵직해 진다. 마찬가지로 성령으로 충만하면 잡음이 없다. 또 인격이 묵직하고 기도에 무게가 생긴다.

2) 다른 것이 못 들어간다.
자루에 물건이 가득 차면 더이상 넣을 수 없게 된다. 마찬가지로 성령으로 충만한 사람에게는 잡념이 못 들어간다. 사단도 침투할 여지가 없다.

3) 물이 밖으로 넘친다.

충만한 잔은 움직일 때마다 물이 넘치듯이 성령으로 충만하면 그 능력이 생활로 넘친다. 날마다 성령의 열매(갈5:22~23)를 맺을 것이다.

2. 성령 충만의 방도

성도이면 누구나 성령의 충만을 받을 수 있다. 왜냐하면 하나님께서 이 일을 위하여 벌써 준비해 주셨고(요14:14, 엡3:19) 또 성령은 하나님의 선물(행8:30)이기 때문이다. 그러나 그 선물이 누구에게나 그냥 주어지는 것은 아니다. 그러면 성령 충만의 방도는 무엇일까?

1) 믿음이 있어야 한다.

물론 우리에게는 다 믿음이 있다. 그러나 성령의 충만을 위한 믿음은 확신과 생명이 있는 믿음이라야 한다. 회칠한 믿음! 그런 믿음이야 마귀에게도 있다.(약2:19) 하나님의 자녀된 믿음이라야 할 것이다.(눅11:13)

2) 순종이 있어야 한다.

효성스러운 자녀이길 원할 진데 주 안에서 부모에게 순종해야 할 것이다.(엡6:1) 그와 같이 효성스러운 성도이길 원하는가? 열심을 품고 주님께 순종해야 할 것이다.(롬12:11) 사실 제사보다도 나은 것이 순종이다.(삼상15:22) "실로암 못에 가서 씻으라"(요9:7) 이는 소경에게 주신 주님의 명령이다. 이런 정도야 순종할 수 있지 않는가?

3) 기도가 있어야 한다.

우리의 마음은 원이다. 그러나 육신이 약하다. 때문에 혈기를 부린다. 눈가림도 한다. 그런데 기도는 이러한 것들을 고치는 최선의 양약이다. 왜 성령의 충만함이 없는가? 이는 뻔한 일이다. 기도의 부족 때문이다.(약4:2~3) 성도여! 정신을 차리고 근신하여 기도하라.(벧전4:7) 그리고 성령을 선물로 받으라.(행2:38)

3. 성령 충만의 결과

사도행전은 성령행전이다. 또 이는 교회행전도 된다. 여기에는 오순절에 임한 성령 충만의 결과가 소개되기도 했다.

1) 권능으로 나타났다.

성령을 충만하게 받지 못했던 베드로는 어찌 했는가? 몹시 비겁했다.(마26:69~75) 그러나 "성령의 권능"(행1:8)을 받고서 놀라운 기사를 행할 수 있었다.(행3:6)

2) 사랑으로 나타났다.

초대교회의 성도들은 성령의 충만 속에서 생활했다. 따라서 그들은 서로 유무상통 할 수 있었고 사랑의 교제를 나눌 수 있었다.(행2:42) 이렇게 상부상조한 사랑은 역시 성령의 선물이 아닐 수 없는 것이다.(롬15:30)

3) 전도로 나타났다.

성령은 불이다.(행2:3) 그러므로 성령의 충만은 불의 충만 이다. 따라서 초대 교회에 성령의 충만을 받은 그들의 심령은 뜨거웠다. 마치 불타는 것 같았다. 그러니까 가만히 만 있을 수 있었겠는가? 날마다 "예수의 부활"을 증거한 것이다.

II. 결 론

사람들은 취하기를 좋아한다. 그래서 돈에 취하고 권력에 취한다. 또 술에 취하기도 한다. 그러나 이는 허영이요 망상이요 방탕이다. 그 생활은 "탕자의 비유"(눅15:11~24)에서와 같이 허랑 방탕한 생활뿐이다. 마술사 시몬은 "자칭 큰 자"(행8:9)이다. 그는 성령을 돈주고 살 줄로 생각했다.(행8:20) 그렇다면 돈 많은 부자가 매우 유리할 것이다. 그러나 성령 충만의 방도는 전혀 다르다.

성도여! 성령 충만을 받읍시다.

VII

교회론

THE DOCTRINE OF THE CHURCH
AND
THE MEANS OF GRACE

제41과 교회란 무엇인가?
[What is the Church?]

〈본문〉 마태복음 16:13~20

예수께서 가이사랴 빌립보 지방에 이르러 제자들에게 물어 가라사대 사람들이 인자를 누구라 하느냐 가로되 더러는 세례 요한, 더러는 엘리야, 어떤 이는 예레미야나 선지자 중의 하나라 하나이다 가라사대 너희는 나를 누구라 하느냐 시몬 베드로가 대답하여 가로되 주는 그리스도시오 살아 계신 하나님의 아들이시니이다 예수께서 대답하여 가라사대 바요나 시몬아 네가 복이 있도다 이를 네게 알게 한 이는 혈육이 아니요 하늘에 계신 내 아버지시니라 또 내가 네게 이르노니 너는 베드로라 내가 이 반석 위에 내 교회를 세우리니 음부의 권세가 이기지 못하리라 내가 천국 열쇠를 네게 주리니 네가 땅에서 무엇이든지 매면 하늘에서도 매일 것이요 네가 땅에서 무엇이든지 풀면 하늘에서도 풀리리라 하시고 이에 제자들을 경계하사 자기가 그리스도인 것을 아무에게도 이르지 말라 하시니라

I. 서 론

교회가 언제부터 시작되었는가에 대하여 두 가지 대답이 있다. 하나는 구약시대부터 교회가 시작되었다는 견해요, 또 다른 하나는 오순절 성령강림 이후라고 한다. 그러나 올바른 대답은 구약시대부터 교회가

시작되었다는 것이다. 성도의 신앙생활은 교회를 떠나서는 할 수가 없는 것이다. 몇 년전에 모 신학교 교수가 "교회 밖에도 구원이 있다"는 말을 해서 한국교회에 큰 물의를 일으킨 바 있거니와 이는 큰 잘못이다. 이는 하나님의 말씀인 성경을 전적으로 믿지 아니하는 까닭이요 교회가 무엇인가를 잘 이해하지 못한 소치인 것이다.

우리는 교회가 무엇인지를 바로 알아야 한다.

1. 교회의 성경적 명칭

구약에서는 히브리어인 「카할」(부른다, 소집한다)에서 유래되었고, 신약에서는 헬라어인 「엑클레시아」(불러낸다) 라는 말에서 유래되었다. 즉 하나님께서 구원받은 당신의 택한 자녀를 죄악 세상에서 마귀의 손아귀에서 불러내시어 당신의 아들딸을 삼아 주셨는데, 이렇게 구원받은 자녀들이 모이는 집단체가 교회라는 것이다.

오늘날 우리는 교회라고 하면 보이는 건물을 중심으로 생각하지만 참 교회는 건물에 있지 아니하고 같은 믿음을 가진 사람들이 한 자리에 모여서 예배드리면 그것이 교회이다.

세대주의(Dispensationalism)와 칼빈주의(Calvinism) 사이에 있어서의 교회관의 차이점은, 세대주의에서는 구약시대에는 교회가 없었다고 주장하며 또 예수님은 원래 세상에 계실 때 교회를 세우지 아니하고 직접 천국을 건설하실 생각이었으나 유대인의 반대로 좌절되고 천국 대신에 교회를 세우게 되었다고 한다. 그러나 이것은 예수님께서 친히 하신 말씀과도 배치되는 잘못이다.(마16:15~18)

2. 교회의 비유적 칭호

교회에 대한 비유적 칭호를 통해 성경적인 교회가 어떤 교회인가를 말해 주고 있다.

1) 교회는 그리스도의 몸이라고 했다.

엡1:22~23에 보면 "또 만물을 그 발 아래 복종하게 하시고 그를 만물 위에 교회의 머리로 주셨느니라. 교회는 그의 몸이니 만물 안에서 물을 충만케 하시는 자의 충만 이니라"고 했다. 골1:18에는 "그는 교회의 머리라"고 했다. 그러므로 예수 그리스도는 영적으로 교회의 머리가 되시고 따라서 구원받은 성도들은 그리스도의 몸이요 지체가 된다.

그러면 왜 교회를 그리스도의 머리하고 했을까?

① 이것은 교회의 영화를 말하는 것이다. 이 세상 대통령의 몸이 귀하다면 그리스도의 몸은 얼마나 더 귀할 것인가? 우리가 교회를 봉사한다는 것은 그리스도의 몸을 영화롭게 하는 것이고 교회에 상처를 입히는 것은 그리스도의 몸에 상처를 입히는 것이다. 마리아는 예수님의 몸에 기름을 부어 향기를 피웠다. 오늘 우리도 예수님의 몸을 섬길 수 있는데 그것은 교회를 잘 봉사하는 것이다.

② 또한 교회를 그리스도의 몸이라고 한 것은, 몸은 머리의 지배를 받는 것처럼 교회는 그리스도의 지배를 받아야 한다는 뜻이다. 교회의 지배자는 누구인가? 그리스도께서 지배하신다. 그리스도의 지배를 받지 아니하는 교회는 진정한 교회라고 할 수 없다.

③ 교회는 유기체임을 말한다. 유기체라고 하는 것은 이 조직에서 떨어져 나가면 생명을 유지할 수 없게 된다는 뜻이다. 요한복음 15장에 나타난 포도원 비유에서 가지가 원 줄기에 붙어서 지배를 받지 않으면 밖에 버리워 말라지고 마는 것으로 말씀하고 있다. 그리스도는 교회의 머리요 교회는 그의 몸이요 지체가 된다고 말씀하셨는데 어떻게 교회를 떠나서 구원이 있겠는가? 이는 몸에서 절단되어 떨어져 나간 팔 다리가 몸을 떠나서도 살 수 있다는 어리석은 말이나 다를 바가 없다.

인간의 신체구조는 여러 가지가 합해서 이루어지는데 그 어느 지체

하나라도 독립해서는 존재할 수 없고 다른 기관과 연관을 맺고 있다. 교회도 이와 마찬가지이다. 이 내용을 설명하는 것이 고전12:21~27에 나오는데 "눈이 손더러 내가 너를 쓸데없다 하거나 또한 머리가 발더러 내가 너를 쓸데없다 하거나 하지 못하리라. 이 뿐 아니라 몸의 더 약하게 보이는 지체가 도리어 요긴하고"라고 했으며 "만일 한 지체가 고통을 받으면 모든 지체도 함께 고통을 받고 한 지체가 영광을 얻으면 모든 지체도 할게 즐거워하나니 너희는 그리스도의 몸이요 지체의 각 부분이라"고 말씀 하셨다. 그러므로 우리 성도들은 각양 각색의 은사를 받아서 맡은 일에 충성을 다해야 한다.

2) 교회는 금촛대라고 했다.

계1:20에 일곱 별은 일곱 교회의 사자요, 일곱 촛대는 일곱 교회니라"고 했는데 왜 교회를 촛대라고 했을까? 촛대의 사명은 어두움의 세상을 밝혀주는 것이기 때문이다. 이 세상은 죄악으로 인하여 어두워진 세상이다. 어두움의 세상에는 빛이 필요하다. 그러므로 예수님께서 마5:14~16에 "너희는 세상의 빛이라 산 위에 있는 동네가 숨기우지 못할 것이요 사람이 등불을 켜서 말 아래 두지 아니하고 등경 위에 두나니 이러므로 집안 모든 사람에게 비취느니라. 이같이 너희 빛을 사람 앞에 비취게 하여 저희로 너희 착한 행실을 보고 하늘에 계신 너희 아버지께 영광을 돌리게 하라"고 하셨다. 눅15:8에는 "어느 여자가 열 드라크마가 있는데 하나를 잃으면 등불을 켜고 집을 쓸며 찾도록 부지런히 찾지 아니하겠느냐"고 했다. 여기서 여자는 교회를 말한다. 오늘의 세계는 망망한 바다에서 파선을 당한 배와 같이 방향을 잃고 유리하고 있다. 난파선이 제일 요긴하게 찾는 것은 방향을 제시해 줄 수 있는 빛이다.

3) 교회는 그리스도의 신부라고 했다.

구약에서는 하나님과 그의 백성 이스라엘을 부부의 관계로 비유했고(렘2: , 호1:~3:), 신약에서는 그리스도의 몸이요, 지체가 되는 교회를 부부관계로 교훈 하셨다.(요3:29, 마25:6, 계19:7) 고후 11:2에 바울사도께서 "내가 너희를 정결한 처녀로 그리스도께 드리려고 중매함이로다" 하셨으니 신부 되는 교회는 신랑 되는 그리스도를 향하여
  ① 그리스도만을 최고로 사랑해야 하며
  ② 정절을 지켜야 하며(신앙의 순결)
  ③ 믿음을 지켜 주님을 영접하여야 할 것이다.

4) 교회는 성령이 거하시는 성전이라 했다.
  바울 사도께서는 고린도 교회를 향하여 "너희가 하나님의 성전인 것과 하나님의 성령이 너희 한에 거하시는 것을 알지 못하느냐"라고 교훈하시면서 고린도교회에서 일어나는 여러 가지 불미한 사건들, 즉 당파싸움, 칠 계명를 범하는 성적 부도덕 등을 엄히 책망하셨다. 교회를 이룩하고 있는 성도들이 성령의 충만함을 받을 때는 성령의 아홉 가지 열매가 많이 맺힐 것이요, 만일 성령을 거스르고 성령을 근심케 하면 성령은 떠나가실 것이며 성령이 떠날 때 교회 안에는 온갖 죄악이 가득차 마침내 마귀의 소굴, 강도의 굴혈이 되고 말 것이다.

5) 교회는 "위에 있는 예루살렘"이라 했다.(갈4:26)
  교회를 "새 예루살렘"(계21:2) 등으로 표시하기도 하고 "진리의 기둥과 터"(고전3:11, 엡2:20)로 교훈 하셨다. 이는 마16:16의 말씀인 베드로의 신앙고백인 진리의 터 위에 교회를 세우심을 뜻하는 것이다.

3. 교회의 정의

  이상과 같이 교회가 무엇인가를 살펴 보았다. 이제 이를 다시 종합하여 정의를 내린다면 "교회란 천상에서나 지상에서나, 과거나 현재를

통하여 그리스도와 연합된 구원 받은 성도와 또 장차 연합될, 구원받을 성도들의 집단체이다."

II. 결 론

성도의 신앙생활은 하나님 중심, 말씀 중심, 교회 중심의 신앙생활이어야 한다. 성도들 중에는 교회에 다니고 직분을 받아 교회를 봉사한다 하면서도 자기 교회를 떠나 이곳 저곳으로 방황하면서 은혜를 찾는 자가 있는가 하면, 어떤 이는 초교파 운동을 열심히 하다가 결국 무교회 주의자가 되어 버리기도 하고 어떤 이는 믿음이 약하여 교회를 등한히 하는 경우를 찾아 볼 수 있다. 그러나 이들은 다 교회관이 투철하지 못한 까닭이다. 구약성경이 하나님의 택한 백성, 곧 구약교회에 주신 말씀이라고 한다면 신약성경은 거의 전부가 신약교회에 주신 말씀이다.

제42과 교회의 구분
[The division of the Church]

> 〈본문〉 에베소서 6:10~20
> 종말로 너희가 주 안에서와 그 힘의 능력으로 강건하여지고 마귀의 궤계를 능히 대적하기 위하여 하나님의 전신갑주를 입으라 우리의 씨름은 혈과 육에 대한 것이 아니요 정사와 권세와 이 어두움의 세상 주관자들과 하늘에 있는 악의 영들에게 대함이라 그러므로 하나님의 전신갑주를 취하라 이는 악한 날에 너희가 능히 대적하고 모든 일을 행한 후에 서기 위함이라 그런즉 서서 진리로 너희 허리띠를 띠고 의의 흉배를 붙이고 평안의 복음의 예비한 것으로 신을 신고 모든 것 위에 믿음의 방패를 가지고 이로써 능히 악한 자의 모든 화전을 소멸하고 구원의 투구와 성령의 검 곧 하나님의 말씀을 가지라 모든 기도와 간구로 하되 무시로 성령 안에서 기도하고 이를 위하여 깨어 구하기를 항상 힘쓰며 여러 성도를 위하여 구하고 또 나를 위하여 구할 것은 내게 말씀을 주사 나로 입을 벌려 복음의 비밀을 담대히 알리게 하옵소서 할 것이니 이를 위하여 내가 쇠사슬에 매인 사신이 된 것은 나로 이 일에 당연히 할 말을 담대히 하게 하려 하심이니라

교회는 보는 관점과 성격에 따라 몇 가지로 구분한다.

1. 가견적 교회(可見的 敎會)와 불가견적 교회(不可見的 敎會)

1) 가견적 교회
이 가견적 교회는 교회에 등록하고 출석하는 모든 교인으로 구성된

다. 가견적 교회는 교적부에 이름이 기록되어 있으므로 누가 보아도 알 수 있다. 가견적 교회는 중생한 교인들과 중생하지 못한 교인들이 혼합되어 있다. 참으로 믿는 교인과 믿지는 아니하고 겉모양으로 교회에 출석만 하는 두 가지 교인이 있다. 예수님께서 열두 제자를 불러 세웠을 때에도 베드로와 같이 참으로 믿는 사람이 있었고 또한 가롯유다처럼 안 믿는 사람도 있었다. 그리고 오순절 성령이 임한 후의 은혜로운 교회 안에도 아나니아와 삽비라 같은 거짓된 교인이 있었다.(행5:1~16) 이것은 엄연한 사실이다. 가견교회는 이런 두 가지 교인의 혼합 때문에 교회가 세속화됨으로 가견교회 안에서 중생하지 못한 자연인들을 제거하고 순수한 교회를 만들어 보자는 노력이 있었다. 그것이 다름 아닌 3세기에 나타났던 「노바티안파(Novatians)」였고 4세기에 와서는 「죤 넬슨 다비(John Nelson Dadrby)」를 따른 추종자들이었다. 또 다른 하나의 움직임은 이와 정반대 되는 입장을 취한 사람들로서 가견적 교회는 혼합된 교회이기 때문에 교회 정화에 힘쓸 필요가 없고 되는 대로 내버려두자는 사람들이 있었다. 오늘날에도 「노바티안」적인 것보다 이런 방임적인 태도를 가지는 사람의 수가 더 많다. 그들은 예수님께서 마태복음(13:24~30, 36~43)에 말씀하신 알곡과 가라지 비유를 들고 나온다. 하나님께서 교회를 세우시고 교회를 통하여 알곡과 같은 순복음의 씨를 뿌렸으나 오랜 세월이 흐르는 동안에 가라지가 생겼다. 가라지는 중생하지 못한 사람들이 교회 안에서 자란다는 뜻이다. 제자들이 가라지를 뽑겠다고 할 때 예수님께서는 "그냥 두어라 너희가 가라지를 뽑으려다 알곡까지 상할까 염려된다"고 하셨다. 그렇기 때문에 우리 사람으로서는 이것을 구분하려고 노력할 필요가 없다는 것이다.

그러면 우리 칼빈주의자들은 가견교회를 어떻게 볼 것인가? 물론 노바티안파(Novatians)와 같이 인간의 힘으로 구원받을 자와 받지 못할 자들을 구별하려고 해서는 안될 것이다. 그러나 또한 교회 정화와 치리에 무관심해서도 안 된다. 우리는 예수님께서 마18:17에 하신 말씀도 기억해야 한다. 우리가 구원받고 못 받는 문제는 구분할 수 없으나 교회의 정화 운동에는 노력해야 한다. 그러므로 「칼빈」은 진정한 교회는 말씀 선포, 치리, 성례거행, 이상 세 가지가 있어야 된다고 했다.

2) 불가견적 교회

이 불가견적 교회는 중생한 교인들로 구성된다. 우리는 누가 중생했는지 다 알 수 없다. 그러므로 불가견적 교회라고 한다. 이들은 한 교파, 한 교회 안에만 있는 것이 아니고 여러 교회, 여러 교파 속에 있다. 그들이 교파는 다를 지라도 영적으로는 그리스도를 머리로 하고 하나가 되어 있다. 가견적 교회 안에선 교파를 만들었으나 이 불가견적 교회 안에서는 교파를 만들 수 없다. 불가견적 교회의 회원들을 성경에는 여러 가지로 말했다. 골1:13에는 "그가 우리를 흑암의 권세에서 건져내사 그의 사랑의 아들의 나라로 옮기셨으니"라고 했고 벧전2:5에는 "너희도 산 돌 같이 신령한 집으로 세워지고"라고 했으며 엡5:8에는 "너희가 전에는 어두움이더니 이제는 주 안에서 빛이라"고 했다. 루터는 일찍이 이런 말을 한 일이 있다. "우리가 천국에 가면 두 가지 놀라운 일이 생길 것이다. 하나는 천국에 꼭 올 줄로 생각했던 사람을 천국에서 만나지 못하게 되는 일이고 또 다른 하나는 천국에 못 올 줄 알았던 사람이 천국에 와서 만나게 되는 일이다." 그러므로 아무리 성경 찬송을 끼고 교회를 열심히 다니고 교회의 직분을 맡았다고 해도 물과 성령으로 거듭나지 못하고 그리스도와 연합 일체를 이루지 못했다면 그는 교회의 지체, 그리스도의 몸이 될 수 없다.

2. 전투적 교회와 승리적 교회

1) 전투적 교회
교회를 전투적 교회와 승리적 교회로 나누어 생각할 수 있다.

땅 위에 존재하는 지상의 교회를 가리켜서 전투적 교회라 한다. 그 까닭은 지상의 교회는 죄악 세상에 살고 있기 때문이다. 우리 성도는 언제나 원수 마귀와 더불어 싸워야 하고 죄와 더불어 싸워야 하고 정사와 권세와 어두움의 세상 주관자들과 악령들과 더불어 싸우는 것이다. 계12:12 이하의 말씀을 보면 천국 천사인「미가엘」과 공중에서 싸워 패한 옛 뱀, 곧 마귀라고도 하고 사단이라고도 하는 온 천하를 꾀는 용이 땅으로 내어 쫓기자 용은 제 때가 얼마 남지 않은 것을 앎으로 총력을 다하여 땅 위에서 싸움을 하는 것이다. 이미 불신앙의 모든 집단과 조직체, 그리고 반 기독 사상들은 우리 성도들에게 직접·간접 수단과 방법을 가리지 않고 최후 결전을 감행하고 있는 것이다. 그러므로 이 지상 교회는 이러한 것들에 대하여 언제나 선한 싸움을 싸워야 한다. 이 싸움은 혈과 육에 관한 것이 아니고 공중에 권세를 잡고 있는 어둠의 세력을 향한 영적 싸움이다. 이 어두움의 권세란 비단 교회 밖에만 있는 것은 아니다. 때로는 교회 내부에도 있을 수 있다. 왜 지상 교회는 싸워야 하는가? 교회의 머리되시는 예수님께서 싸우고 계시기 때문이다. 계19:11에 보면 "또 내가 하늘이 열린 것을 보니 보라 백마와 탄 자가 있으니 그 이름은 충신과 진실이라 그가 공의로 심판하여 싸우더라"고 했는데 여기서 백마를 타고 싸우시는 분은 예수님이시다. 교회의 머리되시는 예수님께서 싸우고 계심으로 그의 몸 된 교회도 전투에 참여하고 있는 것이다. 예수님께서 마16:18에 "내가 이 반석 위에 내 교회를 세우리니 음부의 권세가 이기지 못하리라"고 하셨는데 음부의 권세가 이기지 못한다는 말씀은 교회가 음부의 공격을 받을 것을 전제하신 말씀이다.

왜 교회는 이 세상으로부터 공격을 받게 되는가? 교회는 그리스도에게 속하여 있기 때문이다. 이 원리를 예수님께서 요15:19에 "너희가 세상에 속하였으면 세상이 자기의 것을 사랑할 터이나 너희는 세상에 속한 자가 아니요 도리어 세상에서 나의 택함을 입은 자인 고로 세상이 너희를 미워하느니라"고 하셨다. 그러므로 교회가 현세와의 싸움을 그만 두려고 하는 것은 교회가 그리스도에게 속한 것을 그만 두려는 것과 같다. 교회가 죄악과의 싸움에 있어서 힘들다고 중단할 때는 죄악에게 삼킴을 당하고 만다. 초대교회가 세속과 타협하지 않고 믿음의 선한 싸움을 싸울 때는 강성했으나 콘스탄틴 황제가 기독교 신앙의 자유를 선포한 후 교회는 방종하여 전투를 중단했다. 그 결과 교회가 타락했는데 이것은 마치 다윗이 혈육의 싸움이 끝난 후 방종하다가 시험에 진 것과 같다. 다윗에게 있어서 신령한 싸움은 죽을 때까지 있었던 것처럼 교회의 싸움도 계속해야 한다.

오늘의 교회가 선한 싸움을 중단하고 세속과 타협하려는 것은 자살행위와 같은 것이다. 왜 오늘의 교회가 세속화를 부르짖는가? 그것은 싸움을 중단하자는 것이다. 싸움을 하는데는 힘이 필요하다. 역력이 있는가? 에베소서 6장에서 바울 사도가 말씀한데로 우리는 무장이 되어 있는가? 우리는 십자가의 군병으로서 하나님의 전신갑주를 입고 말씀의 검, 성령의 검으로 원수 마귀를 무찔러야 하는 것이다.

2) 승리적 교회

지금 이 땅위에 있는 교회를 전투적 교회라고 한다면 천상의 교회(장래 천국성도)는 승리적 교회이다. 왜냐하면 구원받은 성도가 이 세상의 싸움에서 승리하고 하늘 나라에 들어간 때문이다. 마귀와 더불어 싸우는 성도가 이 세상에서 겉으로 볼 때는 패하는 것과 같이 보이는 때가 있다. 즉 초대 교회는 성도들이 로마정부에 의하여 학살, 핍박을 당했고, 한국의 경건한 성도들은 일본치하에서, 6·25동란 때에는 공산당들에게서 많은 핍박과 희생을 당했다. 그러면 그들에게 희생을 당했으니 교회가 패한 것인가? 성도가 패한 것인가? 아니다. 결단코 아니다. 이는 순교의 영광이요 생명의 면류관, 승리의 면류관이다. 최후의 승리는 교회에 있고, 성도에게 있다. 그래서 천상의 교회에서는, 지상에서 싸우기 위해 잡았던 칼은 승리의 종려나무가지로 변하고 싸움터에서의 신음소리는 승리의 개선가로 변하게 되며 지상에서의 십자가는 승리의 왕관으로 바뀐다. 이런 승리는 처음부터 아무런 희생 없이 얻어지는 것이 아니다. 교회의 역사를 보면 승리적 교회에 속한 참 성도들은 승리를 쟁취하기 위하여 싸움터에서 수 많은 상처를 입었으며 또 군기를 높이 들고 전진하던 기수들은 갈래갈래 찢어진 군기를 들고 죽음의 계곡에도 뛰어 들었다. 그러나 이 싸움은 승리가 이미 약속되어진 싸움이었다. 예수님께서 요16:33에 "세상에서는 너희가 환난을 당하나 담대하라. 내가 세상을 이기었노라"고 하셨다. 지상의 전투적 교회가 승리하게 되는 것은 그가 그리스도께 속하여 있기 때문이다. 바울은 죄와 싸우다가 상처받은 자기 자신의 처참한 모습을 말하고 나서 그리스도를 통하여 승리케 하시는 하나님께 감사한다고 했다.(롬7:25, 고후2:4)

"모든 일에 우리를 사랑하시는 이로 말미암아 우리가 넉넉히 이기느니라"(롬8:37)

제43과 교회의 속성
[The Attributes of the Church]

> **〈본문〉 베드로전서 2:1~10**
>
> 그러므로 모든 악독과 모든 궤휼과 외식과 시기와 모든 비방하는 말을 버리고 갓난아이들 같이 순전하고 신령한 젖을 사모하라 이는 이로 말미암아 너희로 구원에 이르도록 자라게 하려 함이라 너희가 주의 인자하심을 맛보았으면 그리하라 사람에게는 버린바가 되었으나 하나님께는 택하심을 입은 보배로운 산 돌이신 예수에게 나아와 너희도 산 돌 같이 신령한 집으로 세워지고 예수 그리스도로 말미암아 하나님이 기쁘게 받으실 신령한 제사를 드릴 거룩한 제사장이 될지니라 경에 기록하였으되 보라 내가 택한 보배롭고 요긴한 모퉁이 돌을 시온에 두노니 저를 믿는 자는 부끄러움을 당치 아니하리라 하였으니 그러므로 믿는 너희에게는 보배이나 믿지 아니하는 자에게는 건축자들의 버린 그 돌이 모퉁이의 머릿돌이 되고 또한 부딪히는 돌과 거치는 반석이 되었다 하나니 저희가 말씀을 순종치 아니하므로 넘어지나니 이는 저희를 이렇게 정하신 것이라 오직 너희는 택하신 족속이요 왕 같은 제사장들이요 거룩한 나라요 그의 소유된 백성이니 이는 너희를 어두운데서 불러내어 그의 기이한 빛에 들어가게 하신 자의 아름다운 덕을 선전하게 하려 하심이라 너희가 전에는 백성이 아니더니 이제는 하나님의 백성이요 전에는 긍휼을 얻지 못하였더니 이제는 긍휼을 얻은 자니라

I. 서 론

교회의 속성이라 함은 교회가 본질적으로 지니는 성질로서 개혁주

의 교회에서는 교회의 영적이며 내면적인 방면에 치중하여 속성을 말하고 있다.

1. 교회의 거룩성(聖性, 엡5:25~27)

교회가 성결해야 한다는 것은 성경이 강조하고 있는 점이다.(롬6:22, 고후7:1, 살전5:23, 요일1:7, 3:6~9) 왜냐하면 교회는 비록 땅에 발을 붙이고 있다 할지라도 하늘에 속한 것이기에 거룩한 것이다. 땅위에 있는 교회의 지체가 되는 성도가 죄를 범하고 교회의 운영 과정에서 실수와 과오가 있다 할지라도 이는 그 개인이 실수하고 범죄 하여 교회에 누를 끼친 것이지 교회 그 자체가 부족하거나 죄가 있어 그런 것은 아니다.

까닭에 ① 교회는 세상으로부터 분리되고 성별 되어 하나님께 봉헌 되었기에 거룩하고 ② 교회는 주님이 머리가 되시고 구원받은 성도는 그의 몸이요 지체가 되었기에 거룩하고 ③ 지체되는 구원받은 성도는 물과 성령으로 거듭나서 그리스도로 더불어 새 사람이 되었기에 거룩한 것이다.

2. 교회의 일체성(고전12:12~31, 엡2:23~33, 4:1~16)

교회는 둘이나 셋이 아니요 하나인 것이다. 교회의 머리는 그리스도 예수님이기에 머리가 둘이나 셋이 있을 수가 없다. 한 분 머리되신 예수 그리스도에게 속한 지체는 아무리 그 수가 많고 세계 각처에 흩어져 있을 지라도 우리의 오장육부, 수 억 만개의 세포로 되어 있는 것과 같은 이치인 것이다. 그렇다면 교파는 무슨 소용이 있겠느냐고 반문할 수가 있다. 사실 그렇다. 본질적으로만 생각하면 교파는 무슨 소용이 있겠느냐고 반문할 수가 있다. 본질적으로만 생각하면 교파는 필요가 없다. 교파에 구원이 있는 것도 아니다. 그런데 문제는 적 그리스도가 있고 거짓 선지자가 있고 가짜 교회가 현실적으로 존재하기 때문이다. 그러므로 교파자체에 구원이 있는 것은 아니지만 이단 사설이 횡행하는 현실에서 어느 교파가 가장 성경적이요 정통적으로 흠이 없는 교회인가에 따라서 구원이 있고 없으며 그리스도의 지체가 되기도 하고 못되기도 한다. 예를 들면 박태선파인 전도관이나 문선명파인 통일교나 여호와의 증인 같은 것도 자기들은 기독교회라고 주장한다. 그러나 그들은 비 성경적이요, 이단이요, 사설이기 때문에 그러한 곳에 다니는 교인들이 몇이나 구원을 받을 것인지 알 수가 없다. 그러나 성경 중심이요, 정통교회, 보수교회에 다니는 교인들은 말씀대로 믿기만 하면 100%로 구원을 받게 되는 것이다.

3. 교회의 보편성(행1:8, 마28:18~20)

교회의 보편성이라는 것은 교회는 빈부귀천, 남녀노소, 동서고금의 차별이 없이 당신의 택한 백성이 구원을 받고 그리스도의 몸이 되고 지체가 된다는 말씀이다.

비교종교학은 이 세상에 있는 여러 종교들을 비교 연구하여 진위(眞僞)와 정사(正邪)를 가리는 학문인데 일곱 가지의 표준으로 연구한다. 그것은 ①신관 ②인생관 ③ 구원관 ④내세관 ⑤보편성 ⑥실용성 ⑦계시성 이다. 그중 보편성에 관하여 생각해 볼 때, 어느 종교가 빈부귀천, 남녀노소, 동서고금을 막론하고 보편화되었느냐는 물음에 대해 정직하게 대답한다면 오직 한 가지 대답 밖에는 나올게 없다. 우리가 잘 아는 불교, 유교, 마호멧트교를 보면 공간적으로 세계화되어 있지 못하고, 시간적으로 옛날에 일시적으로 한정된 지방에서 왕성했으나 현대 문명 앞에 시들어 가고만 있다. 그리고 이러한 종교들은 여자를 멸시천대하고 있다. 기타의 종교들은 말할 것도 없다. 이 모든 종교들은 자연종교,

인간조작의 종교로서 진정한 의미에서 참 종교가 아니다. 참 종교는 계시 종교요, 초자연 종교요, 하나님께서 설립하신 기독교뿐인 것이다.(행4:12, 요3:16)

4. 교회의 불멸성(마16:18)

역사는 크고 작은 나라들의 흥망성쇠의 기록이다. 많은 나라들이 일어났다가는 쇠퇴해져 갔다. 그러나 교회는 불멸한다. 이것을 교회의 불멸성이라고 하는데 예수님께서 마16:18에 "내가 이 반석 위에 내 교회를 세우리니 음부의 권세가 이기지 못하리라"고 예언하셨다. 이 말씀의 뜻은 개교회가 없어지거나 교회가 부패하는 일이 없겠다는 뜻은 아니다. 물론 개교회를 향하여 "그러므로 어디서 떨어진 것을 생각하고 회개하여 처음 행위를 가지라 만일 그리하지 아니하고 회개치 아니하면 내가 네게 임하여 네 촛대를 그 자리에서 옮기리라"(계2:5)고 경고하신 바가 있다. 여기 촛대를 옮기시겠다는 경고는 교회를 없애겠다는 말씀이다. 과연 에베소 교회는 주님의 경고를 등한히 하다가 촛대를 옮김을 당하였다. 정말 에베소 지방에는 교회가 없어졌다. 또한 교회가 타락한 경우도 들 수 있다. 그것은 중세시대의 교회상을 보면 알 수 있는데 교회가 부패했다고 해서 교회가 없어지는 것은 아니다. 하나님께서 부패한 교회는 개혁운동을 통하여 정화시키셨다. 그러면 마16:18의 뜻이 무엇인가? 「에라스므스」와 「칼빈」은 "교회가 사단의 권세를 이기는 것"이라고 해석했고 「르로티우스」는 "교회가 사망을 승리하는 것"이라고 했고 「에왈드」는 "지옥의 권세를 이기는 것"이라고 했으며 「마이어」는 "교회의 우위를 말하는 것"이라고 해석했다.

교회는 초대교회로부터 오늘에 이르기까지 부단히 음부 권세의 공격을 받아왔다. 그동안 피어린 전투적 역사 속에서 상처를 입은 때도 있었고 개교회가 없어진 경우도 있었으나 교회 전체가 이 세상에서 완전히 없어진 때는 없었다.「나폴레옹」이 세인트헤레나 섬에서 정배 생활을 하면서 말하기를 "나는 세계를 무력으로 정복하려다 실패 했으나 저 나사렛 예수가 세운 교회는 날로 흥왕 하여 온 세계에 퍼졌다"고 했다. 오늘의 교회는 세속화되고 날마다 쇠퇴되어 간다고 걱정하고 있다. 그러나 우리가 성경을 통하여 볼 때 교회는 계속 건재해 나갈 것으로 믿는다.

그러면 어떻게 교회는 존속해 왔는가? 그것은 인간의 힘으로 되어진 것이 아니고 하나님의 특별한 보호와 섭리 중에 존속해 온 것이다. 교회가 음부의 권세와 싸우는데 있어서 가장 싸움이 치열했던 시대가 로마의「네로」황제 시대였다. 그 때에는 교인들을 맹수의 밥으로 던져 주었으며 기름동이에 잡아넣고 불을 질러 전등대신 사용했다. 교회는 풍전의 등불처럼 위기에 직면했었다. 그러나 하나님께서는 음부의 권세가 이기지 못하도록 특별히 섭리하셨다. 이 때에「터틀리안(Tertulian)」의 말과 같이 순교자들은 교회의 씨가 되었고 교회는 반면에 더욱 왕성해져 갔다.

음부의 권세가 교회를 공격했던 방법은 밖에서만이 아니었고 교회 내부에서도 있었다. 그것은 교회 내부에 들어온 이교적인 사상이었다. 교회가 외부로부터 들어온 공격을 받은 것보다 내부적으로 파고드는 사상적 공격은 더 큰 것이었다. 앞으로 지상 교회가 그리스도의 재림을 앞두고 겪어야 할 음부 권세의 공격이 있다. 이 장면이 계11장에서 13장까지에 기록되어 있는데 11장에는 두 감람나무와 두 촛대의 수난이 나오고 13장에는 666의 짐승이 나타나서 누구든지 이마나 손에 그의 인을 받지 아니하는 자는 매매하지 못하게 한다. 이것은 생존권을 빼앗는다는 말이다. 그러나 생명록에 기록된 자들은 승리한다.

오늘의 교회는 앞으로 닥쳐올 시련을 통과할 준비가 되어 있는가? 오늘 교회의 지도자들에겐 이런 청신한 힘이 있는가? 없는 것처럼 보일지도 모른다. 그러나 음부의 권세가 이기지 못하리라고 예언하신 말씀은 우리들에게 승리의 용기를 준다.

II. 결 론

　우리는 교회가 가지는 속성들을 살펴보았다. 교회는 거룩한 것이니 우리 성도 한 사람 한 사람이 거룩하지 못해서 교회에 누를 끼쳐서는 결코 아니 되겠고, 교회는 하나이니 말씀 중심으로 믿어 그리스도와 연합한 지체인가를 살피며 교회의 보편성을 잘 깨달아서 복음의 세계화를 위하여 총력을 기울여야 할 것이다.

제44과 교회의 직능
[A function of the Church]

⟨본문⟩ 요한복음 4:1-30

예수의 제자를 삼고 세례를 주는 것이 요한 보다 많다 하는 말을 바리새인들이 들은 줄을 주께서 아신 지라 (예수께서 친히 세례를 주신 것이 아니요 제자들이 준 것이라) 유대를 떠나사 다시 갈릴리로 가실 새 사마리아로 통행하여야 하겠는지라 사마리아에 있는 수가라 하는 동네에 이르시니 야곱이 그 아들 요셉에게 준 땅이 가깝고 거기 또 야곱의 우물이 있더라 예수께서 행로에 곤하여 우물곁에 그대로 앉으시니 때가 제 육시쯤 되었더라 사마리아 여자 하나가 물을 길러 왔으매 예수께서 물을 좀 달라 하시니 이는 제자들이 먹을 것을 사러 동네에 들어갔음이러라 사마리아 여자가 가로되 당신은 유대인으로서 어찌하여 사마리아 여자 나에게 물을 달라 하나이까 하니 이는 유대인이 사마리아인과 상종치 아니함이러라 예수께서 대답하여 가라사대 네가 만일 하나님의 선물과 또 네게 물좀 달라 하는 이가 누구인줄 알았더면 네가 그에게 구하였을 것이오 그가 생수를 네게 주었으리라 여자가 가로되 주여 물 길을 그릇도 없고 이 우물은 깊은데 어디서 이 생수를 얻겠삽나이까 우리 조상 야곱이 이 우물을 우리에게 주었고 또 여기서 자기와 자기 아들들과 짐승이 다 먹었으니 당신이 야곱보다 더 크니이까 예수께서 대답하여 가라사대 이 물을 먹는 자는 영원히 목마르지 아니하리니 나의 주는 물은 그 속에서 영생하도록 솟아나는 샘물이 되리라 여자가 가로되 주여 이런 물을 내게 주사 목마르지도 않고 또 여기 물 길러 오지도 않게 하옵소서 가라사대 가서 네 남편을 불러 오라 여자가 대답하여 가로되 나는 남편이 없나이다 예수께서 가라사대 네가 남편이 없

> 다 하는 말이 참되도다 네가 남편 다섯이 있었으나 지금있는 자는 네 남편이 아니니 네 말이 참 되도다 여자가 가로되 주여 내가 보니 선지자로소이다 우리 조상들은 이 산에서 예배하였는데 당신들의 말은 예배할 곳이 예루살렘에 있다 하더이다 예수께서 가라사대 여자여 내 말을 믿으라 이산에서도 말고 예루살렘에서도 말고 너희가 아버지께 예배할 때가 이르리라 너희는 알지 못하는 것을 예배하고 우리는 아는 것을 예배하노니 이는 구원이 유대인에게서 남이니라 아버지께 참으로 예배하는 자들은 신령과 진정으로 예배할 때가 오나니 곧 이때라 아버지께서는 이렇게 자기에게 예배하는 자들을 찾으시느니라 하나님은 영이시니 예배하는 자가 신령과 진정으로 예배할지니라 여자가 가로되 메시야 곧 그리스도라 하는 이가 오실 줄을 내가 아노니 그가 오시면 모든 것을 우리에게 고하시리이다 예수께서 이르시되 네게 말하는 내가 그로라 하시니라 이때에 제자들이 돌아와서 예수께서 여자와 말씀하시는 것을 이상히 여겼으나 무엇을 구하시나이까 어찌하여 저와 말씀하시나이까 묻는 이가 없더라 여자가 물동이를 버려 두고 동네에 들어가서 사람들에게 이르되 나의 행한 모든 일을 내게 말한 사람을 와 보라 이는 그리스도가 아니냐 하니 저희가 동네에서 나와 예수께로 오더라

Ⅰ. 서 론

땅위에 세워진 그리스도의 몸 된 지체로서의 교회는 마땅히 해야 할 임무 곧 직능이 있다.

1. 예 배

예배는 구속함을 받은 성도가 주님의 은혜에 감사 감격하여 그리스

도안에서 자신을 산 제사(롬12:1)로 드려 하나님께 영광 돌리는 행위이다. 까닭에 예배는 ①신령과 진정으로 드려야 하며(요4:24) ②구약시대에 드리는 제물과 같이 산 제물이 되어야 하며 ③하나님께 향한 성도의 신앙과 순종의 행위이며 ④찬송, 감사, 숭경(崇敬) ⑤신앙생활에 나타나는 은사의 고백이며 ⑥궁극적으로 하나님께 영광이 되어야 한다.

2. 성 례(聖禮)

성례에 대하여는 크게 두 가지 견해가 있다. 하나는 천주교적인 견해이고 또 하나는 신교적인 견해이다. 신교에서는 말씀 선포를 예배의 가장 중요한 것으로 생각하나 구교에서는 미사를 중요시한다.

천주교에서는 7성례(세례, 성찬, 견신례, 고해례, 안수례, 결혼례, 종유례)를 말하나 우리 개혁주의 교회에서는 예수님께서 친히 행하시고 명하신 세례와 성찬만을 성례라 한다.

1) 세 례

세례는 인간이 세운 성례가 아니고 예수님 자신이 친히 세우신 것이다. 예수님께서 승천하시기 전에 제자들에게 명하시기를 "너희는 가서 모든 족속으로 제자를 삼아 아버지와 아들과 성령의 이름으로 세례를 주고 내가 너희에게 분부한 모든 것을 지키게 하라"(마28:19~20)고 하셨다. 초대 교회로부터 현재에 이르기까지 세례가 거행된 것은 다 이 예수님의 명령을 이행한 것이다. 그러면 세례의 참 뜻은 무엇인가? 오늘날 많은 사람들은 죄를 씻는다는 뜻에 중점을 둔다. 물론 세례에는 사죄의 뜻도 있다. 그러나 그것이 세례의 제일 중요한 뜻은 아니다. 세례의 제일 중요한 뜻은 무엇인가? 그리스도와 연합되었다는 뜻이다.(롬6:3~6, 고전12:13, 갈3:27~28, 골2:11~12) 무엇에 연합되었다는 것인가? 그리스도의 죽으심과 부활에 참여한다는 뜻이다. 이로써 은혜에 참여할 수 있는 길이 트인 것이다. 이러한 연합이 없이는 사죄의 은혜에도 참여할 수가 없다. 그 다음으로 중요한 뜻은 사죄이다. 물로 씻는다는 것은 모든 더러움과 죄에서 정결케 되는 것이다. 정결케 되지 하니 하고는 하나님의 나라에 아무도 들어갈 수가 없다.(고전 6:9~10, 고전15:50) 그러나 물 자체가 죄를 씻는 것이 아니고 십자가에서 그리스도가 흘리신 피가 우리 죄를 씻는다는 뜻이다. 세례에는 물세례와 성령세례가 있다.

2) 성 찬

성찬에 대하여 구교와 신교는 물론 신교 안에서도 「루터」, 「쯔윙글리」, 「칼빈」이 각각 그 견해를 달리한다. 구교에서는 화체설(化體說, 혹은 實在主義)을 주장한다. 이 화체설은 예수님의 살과 피를 기념하는 떡과 포도주가 실제로 피와 살로 바꿔진다는 것이다. 미사를 통하여 예수 그리스도의 살과 피로 바꿔지는데 이것을 화체설이라고 한다. 미사의 집행자는 16번, 그리고 회중에서 6번 돌아서고 눈을 하늘을 향하여 11번 뜨고, 제단을 향해서 8번 키스하고 손을 4번 쳐들고, 가슴을 10번 펴고 절을 21번하고 무릎을 8번 꿇고 어깨를 숙이고 십자가를 30번 그리고, 손을 제단에 29번 올려놓고 기도를 11번하고, 소리를 내서 13번 기도하면 이 예식이 집행되는 동안 떡과 포도주는 실제로 예수님의 살과 피로 변했다는 것이다. 그러나 이 화체설은 성경적이지 않기 때문에 잘못된 것이다.

「마틴·루터」는 공재설(共在說)을 주장했다. 공재설은 무엇을 의미하는가? 예수님께서 성탄식에 육신으로 함께 해 주신다는 것이다. 물론 예수님께서는 언제나 우리를 떠나지 아니하시고 세상 끝날 때까지 함께 해 주신다.(마28:20, 18:20) 그러나 「루터」가 말한 공재설은 그 의미가 다르다. 영으로만이 아니고 육신 적으로 함께 하신다는 것이다.

「쯔윙글리」는 예수님께서 영으로만 같이 하신다는 상징절

(Symbolism)을 주장했다. 그러나 「칼빈」은 구교에서 주장하는 화체설을 반대하는 동시에 육신으로 실재한다는 「루터」의 견해와 「쯔윙글리」의 상징설을 반대했다. 「칼빈」은 성찬예식은 예수님의 대속의 죽으심을 기념하는 동시에 그리스도께서 성령으로 함께 해 주시는 것으로 믿었다. 「칼빈」은 다음과 같이 말했다. "우리가 성찬에 참예 함으로 그리스도의 수난을 기억하게 되는데 이로 인하여 믿음을 강하게 하며 하나님의 은혜를 찬송하며 그의 선하심을 선포하며 성도들간의 사랑을 증거하며 그리스도와 연합한 것을 확인하게 된다"라고 했다.

바울사도는 성찬에 대하여 고전11:25~26에 "이것을 행하여 마실 때마다 나를 기념하라 하셨으니 너희가 이 떡을 먹을 때마다 이 잔을 마시며 주의 죽으심을 오실 때까지 전하는 것이니라"고 했는데 이와 같이 성찬은 예수님의 죽으심을 기념하며 전하는 것이다. 이 성찬 예식은 예수님께서 친히 잡히시던 밤에 행하시고 주님 다시 오실 때까지 거행하라 명하셨다. 이 예식은 떡과 포도즙을 가지고 주의 제자들, 구원받은 성도들에게 행하는 바 떡은 예수님의 우리 죄를 위하여 상하신 몸을 기념하고, 포도즙은 예수님의 흘리신 피를 기념하는 예식으로서 지극히 거룩한 예식이다. 초대 교회에서는 매일, 매주일 이 예식을 행했으나 계속하는 동안 부작용이 생겨나게 되어 횟수를 축소하기에 이르렀고 우리 개혁주의 교회들은 특별한 행사를 제하고서는 일 년에 정례적으로 이 삼차 거행한다.

3. 권 징

유형교회에는 육을 가진 인간이 모이는 단체이기 때문에 가라지가 생기고 지체되는 성도 중에서는 범죄자가 생겨난다. 교역자는 이를 그대로 둘 수 없기 때문에 교회의 치리권을 발동하여 말씀과 진리 안에서 권징을 행하는 것이다.

1) 권징의 목적
① 교회의 성성(聖性)을 도모하고 진리를 수호하기 위하여
② 범죄자로 회개케 하고 신앙생활을 더욱 더 잘하게 하기 위하여 (히12:5~13)

2) 권징권자의 자세
교회 안에서 권징 사건이 발생하면 치리회인 당회는 반드시 이를 처리하여야 하며 처리하는 방법은 은혜롭게 지혜롭게 권징의 목적을 달성하도록 말씀과 권징 조례에 의하여 공평무사하게 처리해야 한다.

4. 증인의 사명(마28:18~20, 행1:8, 딤후4:1~8)

교회의 직능 중에 중요한 직능은 주의 증인이 되어야 한다. 이는 주님의 지상 명령이다.

1) 선교이다.
선교에는 국내선교와 국외선교가 있다. 우리는 가까운 이웃에서부터 땅끝까지 전도하고 증거 해야 한다.

2) 교육이다.
주께서 "가르쳐 지키게 하라"하셨고 주님의 천국 운동은 언제나 세 가지 방법을 사용하셨으니 교육, 선교, 봉사이었다.(마4:23, 9:35)

5. 봉사의 사명

1) 교회는 병원이다.(마10:1, 11:1~5, 9:12~13, 출15:26)
2) 교회는 여인숙이다.(눅10:30~37)

3) 교회는 약한 이웃을 위한 땅에 떨어지는 밀알이다.(마10:42, 마 25:31~46)

II. 결 론

우리는 교회의 직능이 예배, 성례, 권징, 증언, 봉사의 사명인 것을 살펴보았다. 우리가 섬기는 교회가 이 사명을 다하기 위하여 충성 봉사하자!

제45과 은혜의 방편인 말씀
[The two parts of the word as a Means of Grace]

〈본문〉 디모데후서 3:1-17

네가 이것을 알라 말세에 고통하는 때가 이르리니 사람들은 자기를 사랑하며 돈을 사랑하며 자긍하며 교만하며 훼방하며 부모를 거역하며 감사치 아니하며 거룩하지 아니하며 무정하며 원통함을 풀지 아니하며 참소하며 절제하지 못하며 사나우며 선한 것을 좋아 아니하며 배반하여 팔며 조급하며 자고하며 쾌락을 사랑하기를 하나님 사랑하는 것보다 더하며 경건의 모양은 있으나 경건의 능력은 부인하는 자니 이 같은 자들에게서 네가 돌아서라 저희 중에 남의 집에 가만히 들어가 어리석은 여자를 유인하는 자들이 있으니 그 여자는 죄를 중히 지고 여러 가지 욕심에 끌린 바 되어 항상 배우나 마침내 진리의 지식에 이를 수 없느니라 얀네와 얌브레가 모세를 대적한 것 같이 저희도 진리를 대적하니 이 사람들은 그 마음이 부패한 자요 믿음에 관하여는 버리운 자들이라 그러나 저희가 더 나가지 못할 것은 저 두 사람의 된 것과 같이 저희 어리석음이 드러날 것임이니라 나의 교훈과 행실과 의향과 믿음과 오래 참음과 사랑과 인내와 핍박과 고난과 또한 안디옥과 이고니온과 루스라에서 당한 일과 어떠한 핍박받은 것을 네가 과연 보고 알았거니와 주께서 이 모든 것 가운데서 나를 건지셨느니라 무릇 그리스도 예수 안에서 경건하게 살고자 하는 자는 핍박을 받으리라 악한 사람들과 속이는 자들은 더욱 악하여 져서 속이기도 하고 속기도 하나니 그러나 너는 배우고 확신한 일에 거하라 네가 뉘게서 배운 것을 알며 또 네가 어려서부터 성경을 알았나니 성경은 능히 너로 하여금 그리스도 예수 안에 있는 믿음으로 말미암아 구원에 이르는 지혜가 있게 하느니라 모든 성경은 하나님의 감동으로 된 것으로 교훈과 책망과 바르게 함과 의로 교육하기에 유익하니 이는 하나님의 사람으로 온전케 하며 모든 선한 일을 행하기에 온전케 하려 함이니라.

I. 서론

"은혜의 방편"이라는 말의 뜻은 "우리 인간들이 은혜를 받는 일에 있어서 필요한 수단"을 말한다. 우리 교회에서는 은혜의 방편을 "말씀과 성례"로 보지만 천주교에서는 성례가 구원에 필요한 전부이고 따라서 은혜의 방편도 유일하게 "성례"라고만 가르친다. 우리교회(장로교)에서는 은혜의 방편으로서 말씀과 성례를 사용하지만 역시 완전한 방편은 하나님의 말씀뿐임을 강조한다. 그러니까 우리 교회에서는 「하나님의 말씀」을 강조하고 천주교에서는 「성례」만을 주장하고 「말씀」은 무시하지만 우리 교회에서는 "말씀과 성례"를 같이 인정하고 은혜의 방편으로 사용하고 있다.

하나님의 말씀은 은혜의 한 방편으로 완전하다. 그러나 성례는 말씀을 떠나서는 완전하지 못하다. 말씀과 성례는 다음과 같은 면에서 차이가 있다.

① 말씀은 절대적으로 필요한 것인데 반하여 성례는 그렇지 않다.
② 말씀은 믿음을 일으키며 믿음을 강하게 하나 성례는 믿음을 강하게만 한다.
③ 말씀은 전 세계를 대상한 것인데 반해 성례는 신자들과 그들의 후손들을 위해서만 시행되는 것이다.

성례에 대해서는 앞 과에서 공부한 바 있기 때문에 여기서는 재론을 피하기로 하겠다. 천주교에서는 교회의 의식이나 교회의 결의를 더 중요시하여 성경을 등한히 하고 소위 그들의 예배에서 신부가 라틴어로 된 성경을 읽음으로써 평신도에게 말씀을 보고 듣는 시간적 여유를 주지 않고 있으며 천주교의 전성기라 할 수 있는 종교개혁 이전에는 일반 신자는 성경을 가지는 것까지 금했다. 그러나 우리 개혁교회, 특히 장로교회는 교회와 신앙생활의 절대 권위를 성경에 두고 말씀 중심의 생활을 강조하고 있다. 우리는 은혜의 방편이요, 진리가 되는 성경말씀에 대하여 살펴보기로 하자.

1. 성경의 어원

1) 헬라어 : 「비브로스」에서 왔는데 "책중의 책" 이라는 뜻이다.
2) 라틴어 : 「테스타멘텀」으로 헬라어 「디아데케」 히브리어 「베리스」에서 왔는데 "유언", "계약"이라는 뜻으로서 하나님께서 우리와 맺은 계약은 유언과 같이 변치 않는다는 뜻이다.
3) 헬라어 : 「케논」이라는 말인데 "막대기", "자(尺)", "규례(갈 6:16)", "표준"이라는 뜻으로서 성경은 우리의 모든 생활(신앙, 윤리, 가정, 국가, 경계, 교육 등)에 절대 표준이라는 뜻이다.

우리의 모든 생활의 표준은 인간이나 이성, 감정, 위인(偉人), 어떤 사상(思想), 자연계가 될 수 없다. 오직 절대 불변의 하나님 말씀만이 우리의 표준이 된다.(딤후3:16~17)

2. 성경의 분류(分類)

구 약		신 약		계	
권 수	장 수	권 수	장 수	권 수	장 수
39권	929장	27권	260장	66권	1,189장

3. 성경 편찬의 과정

1) 제작 년대 : 주전 1,300년(모세시대)부터 주후 100년경까지 약 1,600년 동안
2) 저작 인원 : 약 36명

3) 저작인의 신분 : 왕, 정치가, 서기, 제사장, 선지자, 학자, 의사, 농부, 어부, 목자, 군인, 세리 등 각 층의 인사

4. 하나님의 말씀인 성경

이상에서 보는 바와 같이 성경은 각계 각층의 인사들이 기록하여 저작했는데 왜 하나님의 말씀이라 하는가?

1) 성령의 감동으로 썼기 때문에(딤후3:16, 벧후1:21)

성경을 쓴 이는 사람이지만 하나님께서 사람에게 대필하신 것이다. 마치 종이 주인의 뜻을 받들어 편지를 대필하여 먼 곳에 있는 아들에게 주인의 이름으로 부치는 것과 같다.

2) 성경은 인간 사색의 것이 아님

성경은 전편을 다 보아도 인간의 사색, 사상, 철학이 나타나 있지 않다. 신구약을 통해서 볼 때 "하나님이 가라사대", "주의 말씀이 내게 임하여", "여호와의 말씀이니라", "예수께서 가라사대"로 일관되어 있고 사34:16에는 "너희는 여호와의 책을 자세히 읽어보라 이것들이 하나도 빠진 것이 없으리니 이는 여호와의 입이 이를 명하셨고 그의 신이 이것들을 모으셨음이라"고 말씀했다.

3) 예언의 성취를 보아서

신구약의 대소 예언은 약 3만 번 이나 되고 예수님께 대한 예언도 456회나 되는데 하나도 빠짐없이 이루어지고 있다. 지금은 주님 다시 오실 재림의 예언만 남아 있다. 때가 이르면 반드시 이룰 것이다. 한 치의 거리, 한 시간 후의 일도 모르는 사람이 어찌 영원한 미래를 예언할 수 있겠는가. 시공을 초월한 하나님만이 예언의 성취를 하실 수 있다.

4) 성경의 내용이 통일되어 있음

1,600년의 긴 세월과 각계 각층의 인사들이 쓴 성경이 단순히 그저 착한 사람의 글이라고 하면 어떻게 66권 성경이 통일, 일관되어 있겠는가? 그런데 성경은 그 내용이 일관되어 있으니 곧 예수그리스도로 통일되어 있다. 구약은 오실 그리스도를, 신약은 오신 예수 그리스도를 증거하고 있다. 인간은 누구나 죄인으로 멸망 받을 자들인데 예수 그리스도만 믿으면 구원을 받는다는 내용인 것이다.

5. 은혜의 방편인 성경말씀

1) 성경은 예수님만 믿으면 나의 억만 죄악을 사함 받고 구원을 얻는 진리를 보여 주시는 생명의 말씀이다.

2) 성경은 진리의 말씀(요17:17, 시119:43)

신앙생활은 은혜와 진리가 충만하고 항상 이것들이 겸비되야 한다.(요1:14) 그런데 주로 은혜와 진리는 기도와 말씀을 통하여 얻어진다. 또한 사람에 비하면 은혜는 살과 같고, 진리의 뼈와 같다. 사람은 골격이 강하고 그 위에 적당히 살이 쪄야 하는 것처럼 말씀의 진리 위에 은혜의 살이 쪄야 한다.

3) 말씀은 복의 근원이요 복 그 자체이다.(계1:3)

말씀을 읽는 자와 듣는 자와 지키는 자가 복이 있다 했으니 부지런히 읽고 듣고 지켜 복을 많이 받자

II. 결 론

우리는 이상에서 우리 모든 생활의 표준이 되는 하나님의 말씀에 대하여 대강 살펴 보았다. 이 말씀을 많이 읽고 듣고 지켜야 하겠으며 이 말씀을 읽을 때에 은혜가 임한다. 그런데 깨닫기 어려운 부분이 많다. 이를 깨닫게 하고 감동케 하는 일을 주의 종들이 강단을 통해 설교로 말씀하신다. 그러므로 설교는 하나님께서 말씀하시는 시간이요 말씀을 풀어 주시는 시간이다. 예배의 중심이 설교인 것은 하나님께서 주의 종을 통하여 말씀하시는 시간이기 까닭이다. 그러므로 설교 시간에 졸고 외면하는 것은 하나님께 불순종이요 하나님을 경솔히 여김이요, 종을 멸시하는 죄이다. 정성을 다하여 설교에 귀를 기울여야 한다.(시1편)

제46과 성도의 교회생활
[A Church life of the Saints]

〈본문〉 로마서 12:1~21

그러므로 형제들아 내가 하나님의 모든 자비하심으로 너희를 권하노니 너희 몸을 하나님이 기뻐하시는 거룩한 산 제사로 드리라 이는 너희의 드릴 영적 예배니라 너희는 이 세대를 본받지 말고 오직 마음을 새롭게 함으로 변화를 받아 하나님의 선하시고 기뻐하시고 온전하신 뜻이 무엇인지 분별하도록 하라 내게 주신 은혜로 말미암아 너희 중 각 사람에게 말하노니 마땅히 생각할 그 이상의 생각을 품지 말고 오직 하나님께서 각 사람에게 나눠주신 믿음의 분량대로 지혜롭게 생각하라 우리가 한 몸에 많은 지체를 가졌으나 모든 지체가 같은 직분을 가진 것이 아니니 이와 같이 우리 많은 사람이 그리스도 안에서 한 몸이 되어 서로 지체가 되었느니라 우리에게 주신 은혜대로 받은 은사가 각각 다르니 혹 예언이면 믿음의 분수대로, 혹 섬기는 일이면 섬기는 일로, 혹 가르치는 자면 가르치는 일로, 혹 권위하는 자면 권위하는 일로, 구제하는 자는 성실함으로, 다스리는 자는 부지런함으로, 긍휼을 베푸는 자는 즐거움으로 할 것이니라 사랑엔 거짓이 없나니 악을 미워하고 선에 속하라 형제를 사랑하여 서로 우애하고 존경하기를 서로 먼저 하며 부지런하여 게으르지 말고 열심을 품고 주를 섬기라 소망 중에 즐거워하며 환난 중에 참으며 기도에 항상 힘쓰며 성도들의 쓸 것을 공급하며 손 대접하기를 힘쓰라 너희를 핍박하는 자를 축복하라 축복하고 저주하지 말라 즐거워하는 자들로 함께 즐거워하고 우는 자들로 함께 울라 서로 마음을 같이 하며 높은데 마음을 두지 말고 도리어 낮은데 처하며 스스로 지혜 있는체 말라 아무에게도 악으로 악을 갚지 말고 모든 사람 앞에서 선한 일을 도모하라 할 수 있거든 너희로서는 모든 사람으로 더불어 평화하라 내 사랑하는 자들아 너희가 친히 원수를 갚지 말고 진노하심에 맡기라 기록되었으되 원수 갚는 것이 내게 있으니 내가 갚으리라고 주께서 말씀하시니라 네 원수가 주리거든 먹이고 목마르거든 마시우라 그리함으로 네가 숯불을 그 머리에 쌓아 놓으리라 악에게 지지말고 선으로 악을 이기라

Ⅰ. 서 론

구원받은 성도의 생활 중심은 교회이다. 포도나무 가지가 포도나무에서 끊어지면 아무것도 할 수 없는 것과 같이 구원받은 성도는 머리되신 그리스도에게서 떨어질 수 없고 또 몸되신 지체에서 떨어질 때 벌써 죽는 순간이다. 그러므로 성도는 이 세상에 살고 있으나 세상에 뿌리를 박고 사는 것이 아니라 그리스도의 몸인 교회에 속하여 교회생활에 최고, 최선을 다해야 한다.

성도의 교회생활에는 5대 실천사항이 있다. 그 중에 한 가지만이라도 등한히 하거나 무시하면 다른 것을 아무리 잘 해도 부실생활(不實生活)이 될 것이다.

1. 주일성수

교회생활과 신앙생활의 기본 조건은 주일성수이다. 주일성수의 여하가 신앙의 강약을 좌우한다.

주일(안식일)은

1) 주님의 날이요 하나님의 날이다. 인간의 날이 아니다.

2) 안식하는 날이다. 인간이나 모든 동물, 기계까지도 엿새동안 부지런히 일하고 주일에는 안식하도록 하나님께서 창조하셨다.

3) 예배하는 날이다. 엿새동안은 육신의 일을 해야 하지만 주일은 예수님의 날이니 주의 일을 해야 한다. 주의 일 중 제일 큰 일이 예배하는 일이다.

4) 축복의 날이다. 엿새동안에 일하여 받은 복보다도 주의 날을 성수함으로 받는 축복이 더 큰 것이다.

"만군의 여호와여 주의 장막이 어찌 그리 사랑스러운 지요 내 영혼이 여호와의 궁정을 사모하여 쇠약함이여 내 마음과 육체가 생존하시는 하나님께 부르짖나이다 나의 왕, 나의 하나님, 만군의 여호와여 주의 제단에서 참새도 제 집을 얻고 제비도 새끼 둘 보금자리를 얻었나이다 주의 집에 거하는 자가 복이 있나이다 저희가 항상 주를 찬송하리이다(셀라) 주께 힘을 얻고 그 마음에 시온의 대로가 있는 자는 복이 있나이다 저희는 눈물 골짜기로 통행할 때에 그곳으로 많은 샘의 곳이 되게 하며 이른 비도 은택을 입히나이다 저희는 힘을 얻고 더 얻어 나아가 시온에서 하나님 앞에 각기 나타나리이다 만군의 하나님 여호와여 내 기도를 들으소서 야곱의 하나님이여 귀를 기울이소서(셀라) 우리 방패이신 하나님이여 주의 기름 부으신 자의 얼굴을 살펴보옵소서 주의 궁정에서 한 날이 다른 곳에서 천 날보다 나은즉 악인의 장막에 거함보다 내 하나님 문지기로 있는 것이 좋사오니 여호와 하나님은 해요 방패시라 여호와께서 은혜와 영화를 주시며 정직히 행하는 자에게 좋은 것을 아끼지 아니하실 것임이니이다 만군의 여호와여 주께 의지하는 자는 복이 있나이다"(시편84편)

2. 성경 읽기(딤후3:15~17)

모든 생활, 특히 신앙생활의 표준이 성경이니 성경을 열심히 읽어야 한다. 육신은 떡으로 살지만 우리의 영혼은 말씀으로 산다.
"우리의 영적 생활에 있어서 그 힘은 성경이 얼마만큼 우리 생활과 생각 속에 채워져 있느냐에 비례한다. 나는 성경을 백 번 통독하였으나 읽을 적마다 기쁨은 더 하여지고 새 책을 읽는 것 같다. 날마다 꾸준히 공부하면 많은 복을 받을 것이다. 하나님의 말씀을 공부하기 위하여 충분한 시간을 갖지 못한 채 가버린 날은 나에겐 잃어버린 날과 같다"(조지 뮬러)
우리가 성경을 규칙적으로 읽어야 되는 이유는 성경 말씀은 영혼의 양식이기 때문이다. 밥을 규칙적으로 먹어야 육신이 살수 있듯이 하나님의 말씀인 성경을 먹어야 영혼이 살수가 있다.

성경을 읽는 방법은 두 가지이다.

① 한 구절 한 구절의 깊은 뜻을 찾아내는 것이다. 깊이 생각하고 묵상하고 여러 주석을 상고하는 것이다.

② 다독, 통독(창세기부터 계시록까지)하는 것이다. 성경은 모두 1,189장이니 하루 3~4장씩 읽으면 일 년이면 다 읽을 것이다.

3. 기도생활

고금을 통하여 하나님을 위하여 위대한 일을 한 사람들의 기록과 전기를 읽어보면 그들은 한결같이 기도의 사람들이었다는 사실을 알게 된다. 어린 아이가 몸이 자라기 위하여 음식을 필요로 하는 것과 마찬가지로 우리가 영적으로 자라기 위해서는 영적 양식이 필요하다. 한끼 굶고는 몸에 아무런 지장을 느끼지 못하겠지만 1주일쯤 굶으면 몸이 쇠약해지듯이 영적 생명도 마찬가지이다. 음식보다 더 긴박한 것이라면 호흡이다. 그와 같이 말씀을 상고하는 것보다 더 긴박하고 절실한 것이라면 성도의 기도생활이라 하겠다. 말씀을 먹고 기도하는 일을 하루쯤 쉴 때는 우리의 생명에 별로 이상이 나타나지 않을지 모르나 만일 1주일을 중단하면 승리에 찬 그리스도인의 생활을 누릴 능력을 상실하고 말 것이다.

1) 기도는 영혼의 호흡이다.

우리의 육신이 숨을 쉬어야 사는 것처럼 우리의 영혼은 기도해야 산다. 신앙이 살아 있는 증거는 기도하는 것이다.

2) 기도는 하나님과의 대화이다.

나의 소원과 나의 선악간 모두를 우리 아버지께 고하는 것이다.

3) 기도는 회개요 원수까지 사랑하는 시간이다.(마5:44, 롬12:14)

4) 기도는 향기이다.(계5:8, 8:3) 금대접에 담겨 아버지 보좌에 상달

한다.

5) 기도는 능력이요, 힘이다. 소원성취이다.

부족한 것이 있는가? 기도하라! 힘이 없는가? 기도하라!(마21:22)

예수님께서는 하나님이시다. 그러나 사람되신 주님은 우리에게 기도의 본을 보여 주셨다. 새벽기도(막1:35), 산 기도(막6:47), 금식기도(마4:2), 철야기도(눅6:12), 습관화한 기도(눅22:39)등 우리도 예수님처럼 기도해야 한다.

4. 전도생활(행1:8, 마28:19, 딤후4:2)

전도는 주님의 지상명령이요 최후부탁이다. 은혜 받은 성도, 구원의 체험을 가진 성도는 전도하지 않고는 살수가 없다. 전하지 않고는 화가 미칠 것이라고 바울은 말했다.(고전9:16)

전도를 위한 일곱 가지 기본 요소가 있다.

① 당신이 먼저 그리스도를 개인적으로 알아야 한다.
② 고백되지 않은 죄가 없어야 한다.
③ 성령으로 충만해야 한다.
④ 전도할 준비가 항상 되어 있어야 한다.
⑤ 그리스도를 필요로 하는 사람에게 가야 한다.
⑥ 예수 그리스도만을 말해야 한다.
⑦ 결과를 기대해야 한다.

전도하는 방법으로는 이웃에게 직접전도하고, 몸으로, 물질로, 글로, 직장에서, 가정에서, 여행 중에, 일거수 일투족이 전도가 되어야 한다. 당신은 얼마나 열매를 맺었는가? 나의 모든 생활은 전도가 되어야 한다. 특히 우리 겨레가 자손만대에 이르기까지 축복을 받기 위해서, 아세아와 세계를 향하여 이 복음을 전하기 위해 힘써 전도하자!

전도는 영혼의 운동과 같다. 열심히 전도하여 영적 건강을 계속 유

지하자

5. 봉 사(롬12:11)

구원받은 성도는 견딜 수 없는 감격으로 교회의 봉사 생활에 헌신하다. 봉사에는 몸으로 봉사하는 일과 물질 봉사가 있다.

1) 몸으로 헌신봉사
교회에서 맡기는 일에 열심히 충성 봉사한다. 교회의 봉사는 직업이 아니다. 사업도 아니다. 귀천의 차별이 없다. 소명이다. 그저 감사와 기쁨, 충성일 뿐이다. 누구에게 칭찬을 듣기 위해서나 똑똑해서가 아니다.

2) 물질 봉사(출23:15, 말라기3:8~10, 눅8:1~3)
내 것이 없다. 우리는 선한 청지기이다.(벧전4:10) 주님의 교회가 쓰시겠다 할 때에 "예"하고 바치는 봉사와 믿음이 필요하다. 교회가 부요해야 우리의 사생활도 중요해지는 법이다. 많이 거두고자 원하는가? 그렇다면 씨를 많이 뿌려야 할 것이다. 헬라어로 "연보"라는 말은 "율로기아스"인데 이 말은 "복"이라는 뜻이다.(고후9:5)

II. 결 론

우리는 5대 실천 생활에 열심히 충성하여 교회가 부흥하고 나의 신앙생활과 교회생활에 큰 복을 받자!

제47과 교회와 국가
[The Church and Nation]

> ⟨본문⟩ 로마서 13:1-7
>
> 각 사람은 위에 있는 권세들에게 굴복하라 권세는 하나님께로 나지 않음이 없나니 모든 권세는 다 하나님의 정하신바라 그러므로 권세를 거스리는 자는 하나님의 명을 거스림이니 거스리는 자들은 심판을 자취하리라 관원들은 선한 일에 대하여 두려움이 되지 않고 악한 일에 대하여 되나니 네가 권세를 두려워하지 아니하려느냐 선을 행하라 그리하면 그에게 칭찬을 받으리라 그는 하나님의 사자가 되어 네게 선을 이루는 자니라 그러나 네가 악을 행하거든 두려워하라 그가 공연히 칼을 가지지 아니하였으니 곧 하나님의 사자가 되어 악을 행하는 자에게 진노하심을 위하여 보응하는 자니라 그러므로 굴복하지 아니할 수 없으니 노를 인하여만 할 것이 아니요 또한 양심을 인하여 할 것이라 너희가 공세를 바치는 것도 이를 인함이라 저희가 하나님의 일군이 되어 바로 이 일에 항상 힘쓰느니라 모든 자에게 줄 것을 주되 공세를 받을 자에게 공세를 바치고 국세 받을 자에게 국세를 바치고 두려워할 자를 두려워하며 존경할 자를 존경하라

I. 서 론

교회와 국가와의 사이에는 사상과 견해의 차이, 그리고 실제적으로

일어나는 일상의 문제들로 말미암아 마찰이나 충돌이 일어나는 경우가 있다.

교회와 국가와의 관계에 있어서는 네 가지의 태도, 혹은 네 가지 형태를 엿볼 수 있다.

첫째, 교회가 국가를 지배하는 형태
둘째, 국가가 교회를 지배하는 형태
셋째, 교회와 국가가 서로 배치되어 서로가 부정하여 충돌되며 한쪽이 다른 쪽을 파괴하려는 형태
넷째, 교회와 국가는 서로 분리되어 있으며 각기 다른 중심을 두고 존재는 실재이면서, 교회와 국가가 서로 다른 분야를 인정하면서 관련된 부분에 있어서는 상호 협조하거나 억제하는 형태이다.

우리는 국가와 교회와의 관계를 성경적인 바른 판단에 의하여 이해하고 교회생활, 국가생활에 부족함이 없어야 할 것이다.

1. 교회와 국가의 등차성(等差性)

교회와 국가와의 사이에는 사상과 시대를 따라 어느 한쪽이 다른 한쪽의 기관을 지배하려는 불미스러운 사례가 적지 않게 있었다. 대강 살펴보면

1) 교회가 국가를 지배하는 형태

이것을 다른 말로 하면 교국주의(敎國主義)라고 하는데 이는 천주교가 대표적으로 주장하는 사상이다. 교회가 국가를 지배하고 국가는 교회의 예속 하에 있어야 한다는 주의이다. 그들이 이렇게 주장하는 이유로서는

① 교황 무오설에 입각하여, 교황은 하나님을 대리하는 신적 존재인 만큼, 교리나 예배나 정치에 있어서 무오한 존재이며, 따라서 국가는 교황

의 지배 하에 있으면서 교황의 정치에 무조건 순종해야 한다는 것이다.
　② 천주교는 세계 전체를 하나로 하는 영역을 가지지만 국가는 세계 도처에 수십 수백 개로 분리되어 있는 적은 영역이니 천주교가 단연 우월한 존재로서 국가를 지배해야 한다는 교회지상주의이다.

2) 국가가 교회를 지배하는 형태
　이것을 국교주의라고 말하는데, 이는 교회는 국가에 속하는 한 기관으로서 국가는 교회를 재배하여야 한다는 국가지상주위사상이다.
　이것을 다른 말로는「에라스투스주의(The Erastian System)」라고 하는데 16세기 하이델베르크(Heidelbeg)의 의사였던「에라스투스(Erastus)」의 이름을 따서 호칭한 것이다. 그는 주장하기를 교회도 하나의 집단 된 단체이며, 조직기구이기 때문에 국가의 정치를 받아야 한다고 주장했다. 따라서 교회를 붙들어 세우며(支持) 그 역원(役員)을 임명하며 그 방법을 제정하며 그 행정을 감독하는 것은 국가의 의무라고 한다. 결국 교회 안의 여러 직분이나 지도자들은 국가의 통치자들의 지배를 받아야 한다는 것이다.

3) 상호독립주의(막12:17)
　교회와 국가의 관계에 대한 개혁교회(장로교)의 공통된 교리는 교회와 국가는 다같이 신적 기관(神的機關)이지만 다른 목적을 갖고 있으며 모든 점에 있어서 각기 독립되어 있다는 주장이다. 그러므로 우리 교회가 주장하는 바는 교국주의나 국교주의 모두를 반대하는 것이요, 그 대신 교회와 국가는 다같이 하나님께서 세우신 신적 조직체로서 상이한 목적과 영역과 사명을 가지고 있다고 하는 것이다.
　⑴ 상호 같은 점
　① 교회나 국가의 설립자는 다같이 하나님이요, 하나님께서 만 왕의 왕, 만주의 주이시라는 점(딤전6:15)

② 하나님의 말씀인 성경은 교회와 국가의 통치 원리로서 헌법중 헌법이요, 표준이다.(예: 역대 미국 대통령의 취임식은 성경에 손을 얹고 서약한다.)
③ 교회나 국가의 목적은 하나님께 영광을 돌리는 데 있다. 성경 전편이 이를 가르친다.
(2) 서로 다른 점
① 교회는 하나님의 특별은총에 속하고 국가는 일반 은총에 속한다.
② 교회는 영적인 문제 즉, 신앙문제, 영생, 죄의 문제, 구원, 내세에 관한 문제를 다루고 국가는 육에 속한 문제 즉, 의식주, 세속에 속하는 정치, 경제 등을 다룬다.
③ 구원받은 성도만이 머리되시는 그리스도의 몸 된 교회의 지체요, 회원인데 반해, 국가인 경우는 일정한 지역에 사는 주민이면 그 국가의 시민이요, 회원이 된다.
④ 교회의 운명은 그리스도 안에서 사랑과 진리를 바탕으로 조직 운영하고 국가는 정의와 권력을 바탕으로 조직 운영한다.

2. 교회와 국가 간의 상호관계

교회와 국가는 서로 적대시하고 충돌하고 탄압하고 지배하려고 할 것이 아니라 서로 돕고 협력하면서 각자의 영역과 사명 완수에 전력할 것이다.

1) 교회가 국가에 대하여 할 일
① 교회는 국가의 양심의 역할을 다해야 한다. 격려하는 일과 선한 방법으로 할 것을 충고하는 일은 교회가 해야 할 임부이다. 그러나 영역을 벗어나 힘으로 정치를 간섭하는 것은 불가하다.
② 교회는 국가를 사랑하고 위하여 기도해야 한다. 기독교적인 국가

가 되도록 힘써야 한다.
　③ 교회는 정의 실현과 하나님께 영광 돌리기 위하여 제정된 법질서와 권세자에게 순종해야 한다. 물론 하나님의 뜻을 거역하고, 말씀을 거역하는 진리 위반의 법질서나 권세에는 선한 싸움(항거)을 해야한다.

2) 국가가 교회에 대하여 할 일
　① 국가는 교회를 부당하게 탄압, 핍박하지 말고, 신앙의 자유를 보장해야 한다.
　② 국가는 교회의 신조, 교리, 행정 등에 절대로 간섭해서는 안 된다.
　③ 국가는 교회의 양심적인 소리에 경청, 신중해야 한다. 듣지 않으면 국가는 패망하기 때문이다.
　④ 국가는 교회의 설립 운영 과정에서 국가적인 측면에서 적극 협력 지원해야 한다.

II. 결 론

　이상에서 교회와 국가의 등차성과 관계성에 대하여 약술했다. 교회나 국가가 다같이 하나님께서 세우신 신적 기관임을 생각할 때 교회나 성도들은 국가를 사랑해야 한다. 그런 의미에서 구약이나 신약에 나오는 신앙의 인물들은 모두 애국자였고, 애국적인 기도를 드리던 사람들이다.
　요한 계시록에 보면 종말론적 세계관이 나오는데, 땅의 나라는 하나님의 나라(교회)와 어느 기간까지 병행되어 가나 장차 마지막에는 세상 나라는 멸망될 나라로서 존재하며, 최후 심판에 가서는 하나님의 새 하늘과 새 땅이 이루어지면서 나라가 완성될 것을 예언하고 있다.
　우리는 그리스도의 평화의 왕국을 위하여 기도하며 전도하자!

VIII

종말론

THE DOCTRINE OF THE LAST THINGS

제48과 천국과 지옥
[The New Heaven and the Hell]

〈본문〉 마태복음 25:1~13

그 때에 천국은 마치 등을 들고 신랑을 맞으러 나간 열 처녀와 같다 하리니 그 중에 다섯은 미련하고 다섯은 슬기 있는지라 미련한 자들은 등을 가지되 기름을 가지지 아니하고 슬기 있는 자들은 그릇에 기름을 담아 등과 함께 가져갔더니 신랑이 더디 오므로 다 졸며 잘쌔 밤중에 소리가 나되 보라 신랑이로다 맞으러 나오라 하매 이에 그 처녀들이 다 일어나 등을 준비할쌔 미련한 자들이 슬기 있는 자들에게 이르되 우리 등불이 꺼져가니 너희 기름을 좀 나눠 달라하거늘 슬기 있는 자들이 대답하여 가로되 우리와 너희의 쓰기에 다 부족할까 하노니 차라리 파는 자들에게 가서 너희 쓸 것을 사라 하니 저희가 사러 간 동안에 신랑이 오므로 예비하였던 자들은 함께 혼인 잔치에 들어가고 문은 닫힌지라 그 후에 남은 처녀들이 와서 가로되 주여 주여 우리에게 열어 주소서 대답하여 가로되 진실로 너희에게 이르노니 내가 너희를 알지 못하노라 하였느니라 그런즉 깨어 있으라 너희는 그 날과 그 시를 알지 못하느니라

I. 서 론

땅 위에 사는 많은 사람들이 내세 문제에 대하여는 "알 수 없는 일이

라"고 말하거나 거기에 대해 무관심하게 산다. 그러나 기독교는 분명하게 인생에게는 내세가 있고, 천국과 지옥이 있음을 가르친다.

1. 천국에 대하여

예수님께서는 공생애의 첫 말씀으로서 회개하라 천국이 가까웠다고 하셨다.

1) 천국의 본질
천국이란 말은 어떠한 뜻과 내용을 가지고 있는가? 천국, 하나님의 나라, 천당이라는 말들은 다 같은 뜻으로 사용하고 있다.
① 천국의 본질은, 하나님의 완전 통치이다.(계20~22장)
하나님께서 범죄한 인간 사회를 완전히 무관하게 버려 두시는 것은 아니지만, 주님 다시 오실 때까지는 마귀에게 공중 권세가 허용되어 있기에 지금 마귀가 이 지상에서 최후 발악을 하고 있고 따라서 이 세상에는 죄악이 관영 되어 있다. 그러기에 이 세상은 어떤 의미에서 마귀의 세계이지 경건한 성도의 천국은 아니다. 즉 마귀의 통치력이 미치는 곳은 지옥과 같다. 이와 같은 상대적 의미에서 하나님의 나라, 곧 천국은 하나님께서 완전히 통치하시는 나라이다.
② 의로운 나라이다.
죄가 없는 나라, 의만 충만한 나라이다.
③ 축복의 나라이다.
재난, 역경, 불행, 화가 없는 나라요, 그 대신 축복만이 가득한 나라이다.
"모든 눈물을 그 눈에서 씻기시매 다시 사망이 없고 애통하는 것이나 곡하는 것이나 아픈 것이 다시 있지 아니하리니 처음 것들이 다 지나갔음이리라(계21:4)

④ 영역이 있는 나라이다.
천국이란 어떤 관념이나 공상이나 형이상학적인 이론이나 철학이 아니라 지역과 영역이 있는 구체적인 나라이다.

2) 천국의 종류
① 마음천국(눅7:21, 마5:3~10)
천국은 각 개인의 마음에서부터 시작한다. 마음에 천국을 이루지 못하면 내세에 천국에 들어 갈 수 없다. 이는 먼저 마음 속에 둥지를 틀고 들어앉아 있던 마귀를 몰아내고 삼위일체 하나님을 모시는 일이다.

② 교회천국
교회와 천국은 본질에 있어서 동일하다. 교회의 머리가 그리스도시오, 하나님이 거하시는 성전이다. 그런 의미에서 교회는 땅 위에 있는 천국이다. 하나님께서 지금 이 세상에 찾아오신다면 어디로 가시겠는가? 행정부에? 국회의사당에? 대법원에? 아니다. 교회로 오실 것이다. 그러므로 마음의 천국과 교회의 천국은 이 땅 위에서 체험하거나 세워지는 천국이다.

③ 낙원천국(눅23:43, 16:22)
예수님께서 십자가상에서 한 강도에게 허락하셨고 거지 나사로가 죽은 후에 들어갔던 천국이다.

④ 무궁천국(계21장~22장)
예수님 재림하신 후에 이루어지는 천국이다. 새 하늘과 새 땅이 이루어지므로 영원 무궁한 천국이 시작되는 것이다.

"또 내가 새 하늘과 새 땅을 보니 처음 하늘과 처음 땅이 없어졌고 바다도 다시 있지 않더라……. 또 저가 수정 같이 맑은 생명수의 강을 내게 보이니 하나님과 및 어린 양의 보좌로부터 나서 길 가운데로 흐르더라 강 좌우에 생명 나무가 있어 열 두 가지 실과를 맺히되 달마다 그 실과를 맺히고 그 나무 잎사귀들은 만국을 소성하기 위하여 있더라 다시 저주가 없으며 하나님과 그 어린양의 보좌가 그 가운데 있으리니 그의 종들이 그를 섬기며 그의 얼굴을 볼 터이요 그의 이름도 저희 이마에 있으리라 다시 밤이 없겠고 등불과 햇빛이 쓸데없으니 이는 주 하나님이 저희에게 비취심이라 저희가 세세토록 왕노릇하리로다"(계21:1, 22:1~5)

이 천국은 예수 그리스도를 믿음으로서만 이루어지고 얻어지는 것이다.

2. 지옥에 대하여

믿는 자는 영생을 얻어 천국에 들어가고 믿지 아니하는 자는 누구를 막론하고 지옥에 들어간다.

"한 번 죽는 것은 사람에게 정하신 것이요, 그 후에는 심판이 있으리니"(히9:27)라고 말씀하신 대로, 사람이 죽는 것은 피할 수 없는 사실임과 같이, 죽은 후에 심판이 있는 것도 피할 수 없는 사실이다. 농사를 짓는 사람이 거름주고 김 매고 비료 줘서 농사짓기만 하고 그냥 내버려 두는 사람은 없을 것이다. 가을에 반드시 타작하여 알곡과 쭉정이를 갈라놓는 때가 있는 것과 같이 최후에 하나님께서 불순종한 모든 세상 사람들을 심판하셔서 지옥의 형벌을 주실 때가 있는 것이다.

불란서의 무신론자 「볼테르(Voltaire)」는 하나님과 천국과 지옥 모두 부인하며 일생을 살았다. 그는 죽어갈 때에 "나는 하나님과 사람에게 버림을 당하였구나! 의사여, 나는 지옥에 가노라"고 말하고 운명했다. 「토마스 스코트(Sir Thomas Scott)경」은 죽을 때에 말하기를 "나는 지금까지 하나님도 없고 지옥도 없는 줄 알았노라, 그러나 지금 그 둘이 다 있는 것을 느끼노라. 나는 전능자의 공의로운 심판에 의하여 멸망으로 들어가는 구나"라고 하였다. 지옥이 있다는 사실을 저들이 이렇게 말했기 때문에 지옥의 실재가 입증되는 것은 아니다. 지옥의 실재가 명백한 것은 거짓이 없는 진리의 말씀인 성경이 여러 차례 강조하고 있는 때문이다. 사실 성경에는 천국에 대한 말씀보다는 지옥에 대한 말씀이 더 많다. 성경에 한 두 번 하신 말씀도 반드시 이루어 졌는데, 그토록 많이 말씀하신 이것이 어찌 실재하지 않겠는가?

예수님께서 "거기는 구더기도 죽지 않고 불도 꺼지지 아니하느니라"(막9:48)고 말씀하셨다. 바울도 지옥이 있다고 말했다. "환난 받는 너희에게는 우리와 함께 안식으로 갚으시는 것이 하나님의 공의시니 주 예수께서 저의 능력의 천사들과 함께 하늘로부터 불꽃 중에 나타나실 때에 하나님을 모르는 자들과 우리 주 예수의 복음을 복종치 않는 자들에게 형벌을 주시리니 이런 자들이 주의 얼굴과 그의 힘의 영광을 떠나 영원한 멸망의 형벌을 받으리로다"(살후1:7~9)라고 말했다. 베드로도 지옥은 존재한다고 했다. "하나님이 범죄한 천사들을 용서치 아니하시고 지옥에 던져 어두운 구덩이에 두어 심판 때까지 지키게 하셨으며"(벧후2:4)라고 말했다. 사도 요한도 지옥은 있다고 역설했다.(계20:15)

인간 사회의 법을 어긴 자들을 위하여 감옥과 사형과 형벌이 있다면 하나님의 법을 어긴 자들을 위한 형벌과 지옥이 있다는 것은 더더욱 옳고 당연한 일이 아니겠는가?

그러면 지옥은 어떤 곳인가?

어떤 사람은 지옥은 한낱 묘사요 그림에 불과하다고 한다. 그러나 지옥은 인간의 말로 가히 표현할 수 없는 고통의 장소이다.

1) 지옥의 상태
① 꺼지지 않는 불이 있는 곳이다.

영원히 꺼지지 않으며, 벌레 한 마리도 죽지 않는 곳이라고 말씀했다.(마5:22, 계20:10,14,15, 21:8, 막9:48, 사66:24, 마13:42, 9:33) 구더기도 죽지 않는 곳이다.(마9:48) 얼마나 고통스러운 곳인지 슬피 울며 이를 가는 곳이라고 말씀했다.(마25:30)

② 피할 수 없는 곳이다.

이 세상으로부터 도피는 죽음으로 가능하지만, 지옥에서는 탈출 할 수 없다. 어떤 이는 이 세상이 괴롭다고 자살하는 이가 있는데, 그것은 마치 후라이팬이 뜨겁다고 영원한 불 속으로 뛰어 드는 것과 같은 것이다.

지옥은 영원토록 도망칠 수 있는 문도, 길도 없다.

2) 형벌의 기간

감옥에 갇힌 사람에게는 언젠가는 자유의 몸이 되리라는 소망이 있다. 병원의 병자도 회복될 희망을 가지고 또 회복하기도 한다. 그러나 지옥의 고통은 영원히 끝이 없다. 어떤 이는 이 짧은 생애 동안 지은 죄로 영원한 형벌을 주는 것은 옳지 않다고 말할지 모르겠지만, 그러나 형벌이라고 하는 것은 죄의 성질에 따라서 부과되는 것이지 그 죄를 범한 시간이 얼마나 길고 짧았느냐 하는 시간을 따라서 비례하지는 않는 것이다. 어떤 강도는 단 3초만에 살인을 하는가 하면 어떤 강도는 3시간을 끌면서 사람을 죽일 수도 있다. 그러나 이 살인죄를 형벌할 때 시간이 얼마나 걸렸느냐를 따라 죄와 형벌이 작거나 커지는 것은 아니다. 모든 죄 중에 가장 큰 죄는 예수 그리스도를 믿지 않는 죄이다. 이로 지옥형벌을 받게 되면 영원토록 지옥형벌을 받게 된다. 이 영원이란 얼마나 긴 것일까? 우리의 시간관념으로는 도저히 설명할 수 없다. 어떤 이는 비유하기를 지구만큼 큰 쇳덩어리가 있는데 100년마다 독수리 한 마리가 날아와 한번씩 쪼아보고 날아가 버리는 일을 반복하므로 이 쇳덩어리가 다 닳아 없어졌다 해도 이것은 아직도 그 영원의 시작에 불과하다고 했다. 또 태평양의 바닷물을 새 한 마리가 입으로 한 모금씩 어디론가 옮겨감으로 해서 태평양의 물이 다 마르기까지 한다해도 이것은 영원에 비하면 시작에 불과하다고 했다. 그러니 지옥에서 영원히 지낸다는 것이 얼마나 비참하겠는가?

3) 형벌의 상태

형언할 수 없는 고통이요 울며 이를 간다고 했다.(마8:12, 13:50, 눅 16:22~28, 계14:10, 2:8)

4) 형벌에는 차등이 있다.(마11:22, 눅12:47~48, 20:47)

II. 결 론

하나님은 사랑이심과 동시에 공의의 하나님이시다. 하나님이 사랑의 하나님만 되신다면 예수님께서 하나님의 아들로서 십자가에 죽으신 까닭이 무엇인가?

예수님의 십자가 죽으심은 사랑과 공의의 실현으로서 속죄의 죽음인 것이다. 성경은 분명히 내세가 있고 천국이 있고 지옥이 있음을 가르치고 있다. 우리는 천국 지옥의 존재를 확실히 믿고 마음으로 천국을 소유해야 하겠다.

제49과 인간의 죽음과 부활
[The resurrection and Death of A Human]

〈본문〉로마서 6:1-11

그런즉 우리가 무슨 말하리요 은혜를 더하게 하려고 죄에 거하겠느뇨 그럴 수 없느니라 죄에 대하여 죽은 우리가 어찌 그 가운데 더 살리요 무릇 그리스도 예수와 합하여 세례를 받은 우리는 그의 죽으심과 합하여 세례 받은 줄을 알지 못하느뇨 그러므로 우리가 그의 죽으심과 합하여 세례를 받음으로 그와 함께 장사되었나니 이는 아버지의 영광으로 말미암아 그리스도를 죽은 자 가운데서 살리심과 같이 우리로 또한 새 생명 가운데서 행하게 하려 함이니라 만일 우리가 그의 죽으심을 본받아 연합한 자가 되었으면 또한 그의 부활을 본받아 연합한 자가 되리라 우리가 알거니와 우리 옛 사람이 예수와 함께 십자가에 못 박힌 것은 죄의 몸이 멸하여 다시는 우리가 죄에게 종노릇하지 아니하려 함이니 이는 죽은 자가 죄에서 벗어나 의롭다 하심을 얻었음이니라 만일 우리가 그리스도와 함께 죽었으면 또한 그와 함께 살 줄을 믿노니 이는 그리스도께서 죽은 자 가운데서 사셨으매 다시 죽지 아니하시고 사망이 다시 그를 주장하지 못할 줄을 앎이로라 그의 죽으심은 죄에 대하여 단번에 죽으심이요 그의 살으심은 하나님께 대하여 살으심이니 이와 같이 너희도 너희 자신을 죄에 대하여는 죽은 자요 그리스도 예수 안에서 하나님을 대하여는 산 자로 여길찌어다

I. 서론

하나님께서 에덴동산에서 창조한 첫 사람인 우리의 시조 아담과 하

와는 영생불사(永生不死)적인 존재였다. 그러나 우리의 시조는 하나님 앞에 범죄 하여 죽음에 들어갔고 멸망의 자식이 되고 말았는데 하나님께서는 당신의 독생자 예수님을 보내주시어 우리의 죄를 대속하여 죽으시고 사흘만에 부활하심으로 우리 믿는 자도 부활 영생을 얻게 되었다. 이제 우리의 죽음과 부활에 대하여 살펴보기로 하자.

1. 죽음에 대하여(창2:16~17, 롬6:23)

인간에게 출생이 있는 것처럼 죽음도 있다. 누구에게든지 출생이 있었다면 죽음도 반드시 있는 법이다. 그러므로 언제든지 한번은 찾아오고야 말 자신의 종말을 생각하면서 사는 사람은 지혜로운 사람이다.

솔로몬 왕은 말하기를 전도서 7:2에서 "초상집에 가는 것이 잔치집에 가는 것보다 나으니 모든 사람의 결국이 이와 같이 됨이라. 산 자가 이것에 유심하리로다"고 하였다.

죽음이란 무엇인가? 어떤 과학자들은 심장의 정지상태로 보며 또 다른 과학자들은 두뇌 기능의 마비상태로 본다. 그러면 성경은 인간의 죽음을 어떻게 보는가?

범죄한 인간은 죄값으로 죽게 되었다. 성경이 말하고 있는 죽음에는 세 가지 종류가 있다.

1) 영혼의 죽음(겔18:4,20)

"범죄 하는 그 영혼은 죽으리라"(겔18:4) 하신 말씀과 같이 아담 이후로 원죄와 본죄로 말미암아 범죄한 인간들은 예외 없이 죽은 실존인데 제 일차적으로 영혼이 죽는다. 영혼이 죽는 다는 말의 뜻은 하나님과 인간 사이에 교제가 끊어진 상태, 즉 절단(切斷)된 인생이라는 뜻이다.

하나님은 생명의 본체이시다. 까닭에 하나님에게서 끊어진 인간은 죽은 인생인 것이다. 꽃가지를 꺾어다가 화병에 꽂아 놓은 꽃가지는 살아 있는 것처럼 보이지만 실상은 죽은 것이나 마찬가지로, 범죄한 영혼(인간)은 하나님으로부터 끊어져 버렸기 때문에 죽었다는 것이다. 이것이 인생에 있어서 제 일차 사망이다.

2) 육신의 죽음

인간이 이 세상에 태어나 짧게는 한 살, 길게는 백 년을 살다가 육신의 생명이 끊어지면 죽었다고 한다. 이 죽음은 범죄한 인생에게 제 이차로 오는 죽음인데, 이 경우에 말하는 "죽음"이라는 의미는 영혼과 육신이 이별하는 것, 즉 나누어짐이다. 그래서 사람이 죽으면 육신은 흙에서 왔으니 흙으로 돌아가고 영혼은 하나님의 심판대 앞에 서서 낙원으로 인도될 것이냐, 음부로 내 쫓김을 당할 것이냐가 결정지어지게 된다.

제 일차적인 영혼의 죽음은 하나님과 범죄한 그 영혼과의 분리(分離)라면 제 이차적인 육신의 죽음은 육체와 영혼의 분리인 것이다.

3) 영원한 죽음(계20:14~15, 마25:46)

불신자들이 받는 영원한 형벌로서 불타는 지옥에서 슬피 울며 고통을 영원토록 받게 됨을 말한다. 성경이 가르치는 유(有)에서 무(無)로 화(化)하는 것도 아니요 인생의 종말을 고하는 끝장도 아니다. 죽음을 죄의 대가로 받는 형벌로서 인간이 죄를 지었을 때 일차적으로 영혼이 죽고(하나님과의 절단과 분리) 이차적으로 육신이 죽고(영혼과 육신의 분리) 마지막으로 영원한 지옥의 형벌을 받게 되는 것이 성경이 가르치는 죽음이다.

2. 중간 상태에 대하여

이 중간 상태가 취급하는 내용은 인간이 죽은 후부터 부활할 때까지의 영혼이 어떤 상태에 있게 되는가 하는 것을 다루는 것이다.

우리 인간에게는 세 가지의 세계가 있다. 첫째에는 모태에서 출생하여 죽을 때까지 머무는 이 지상 세계이고 둘째는 죽고 나서 부활 때까지의 영혼의 세계이며, 셋째는 부활하여 영원한 무궁세계로 들어가는 세계이다.

중간 상태에 대한 교리는 초대교회 시대부터 현대에 이르기까지 복잡한 논쟁을 거쳐 오늘에 이르렀다. 알렉산드리아 학파에서는 이 「중간상태」를 영혼의 정화기간으로 보았는데 이런 교리는 결국 천주교의 연옥설을 빚어내게 만들었다. 「소시니안파(Socinians)」나 「재세례파(Anabaptists)」에서는 죽은 사람들의 영혼은 부활 때까지 아무 감각 없이 잠자는 상태에 있다고 주장했다. 「칼빈」은 이러한 교리들이 잘못된 것이라고 강하게 반대한다.

천주교에서는 지금도 여전히 연옥설을 주장하고 있다. 여호와의 증인이나 안식교에서는 중간 상태를 잠자는 기간으로 생각한다. 유대인들도 역시 무의식적인 상태에서 행복도 불행도 느끼지 못하고 잠자는 상태라고 주장한다. 그러면 성경은 이 중간 상태에 대하여 무엇이라고 말하고 있는가? 그것은 무의식적인 상태가 아니고 분명히 똑똑한 의식을 가지고 사는 세계라고 말씀했다.(눅16:19~31, 거지 나사로와 부자) 어떤 사람들은 천국과 낙원을 구분하고 음부와 지옥을 구분하지만 칼빈주의에서는 구분하지 않고 동일한 것으로 본다.

고후5:1과 빌1:23과 계14:13에 보면 죽은 자들에게는 안식이 따른다고 했다. 여기서 안식한다는 말은 몇 가지 뜻이 있다.

① 우리가 현세의 일을 다 마치고 쉬다는 의미이다. 인간은 범죄한 이후 이마에 땀을 흘려야만 먹을 수 있는 고역이 생겼다. 그런데 어떤 목표했던 일을 완전히 마치면 쉬게 된다. 이렇게 쉴 때 의식이 없는 상태가 되는가? 아니다. 분명한 의식을 가지고 쉰다. 이처럼 낙원에서 쉰다는 말도 무의식이 아니고 의식을 가지고 쉬는 것을 말한다.

② 안식한다는 뜻은 모든 얽매였던 것에서 자유 하는 것을 말한다. 우리의 현실 생활은 어떤가? 자유보다 부자유가 더 많은 세상이다. 이런 부자유에서 해방되는 세계가 바로 낙원이다. 그러므로 성경이 우리에게 보여주는 것은 중간 상태는 의식적이며, 성결하며 행복한 세계라는 것이다. 「웨스트 민스터」 신앙고백에는 "믿는 자가 죽을 때 어떤 유익이 있느뇨?"라는 물음에 대한 대답이 "신자의 영혼이 죽을 때 완전 성화 되어 즉시 영광세계에 들어가게 되며 그의 육체는 부활 때까지 무덤에서 쉬느니라"고 고백했다.

죽은 자의 영혼의 중간 상태에 대하여 천주교에서는 연옥설을 주장한다. 연옥이란 말은 "정화한다", "정결케 한다"는 뜻이다. 그러나 성경이 말하는 "성화"라는 말이 연옥을 말하는 것은 아니다. 천주교에서 말하는 연옥이란, 구원받은 사람들 중에도 두 가지 종류의 사람이 있는데 하나는 완전 성화 되어 죽는 즉시로 천국에 직접 가는 사람과 불완전하여 연옥을 거쳐야 하는 사람이 있다는 것이다. 연옥에 가는 사람은 어떤 사람인가 하면 세례를 받지 않은 교인과 예수 믿고 나서도 계속해서 범죄한 사람들이 간다는 것인데 연옥에서 남은 부정을 씻고 나서야 천국에 간다는 것이다. 믿고 나서 범죄한 사실이 있는 사람이면 비록 교회에서 지위가 높은 사람이었거나 심지어 순교자들까지라고 연옥에 가서 남은 죄에 대한 보응을 받는다는 것이다. 연옥에서 고통을 받는 기간은 그 사람의 지은 죄에 따라서 각각 다른데 어떤 사람은 몇 시간만 받는 사람도 있고 또 어떤 사람은 수세기 동안을 받는 사람도 있다는 것이다. 연옥의 고통이 지옥의 고통과 같은 것이지만 서로 다른 점이라면 지옥의 고통은 영원한 것이고 연옥의 고통은 기한이 있다는 것이다. 이런 연옥의 고통에서 구출되는 방법은 무엇인가? 그것은 연옥에 가 있는 영혼을 위하여 지상에서 살아 있는 사람이 연보를 많이 바치거나 미사를 드리면 된다는 것이다. 그래서 천주교에서는 이와 관련해서 여러 가지 미사가 있다. 즉 1달러에서 35달러까지에 이르는 여러 가지 종류의 미사가 있다. 그래서 많은 돈을 바칠수록 그 미사는 가치와 효과가 크다는 것이다.

이러한 천주교의 교리가 왜 잘못된 것일까?

① 성경에서는 죽은 사람을 위하여서는 기도 할 수 없다고 가르치기 때문이다.(신26:14, 레19:28)

② 돈이 죽은 자의 영혼을 구할 수 없기 때문이다. 미사때 바치는 돈의 액수가 많으면 많을수록 그 효과가 크다는 말은 돈의 힘을 관대시한 말이다. 현대인들은 돈이면 사지 못하는 것이 없다고 생각 하지만 그러나 돈 가지고도 못하는 것이 하나 있다. 사람의 영혼만은 돈 가지고는 못산다.

③ 고통이 인간 영혼을 정화하지 못하기 때문이다. 천주교에서는 연옥의 고통이 인간 영혼을 정화한다고 하지만 고통 자체만으로는 인간을 구원하지 못한다.

천주교에서는 천국과 지옥, 그 중간 사이에 연옥이라는 것을 따로 두고 말하지만 성경에는 천국과 지옥 이 두 가지 세계만 있는 것으로 말씀하신다.

3. 부활에 대하여(고전15장, 살전4:13~18)

범죄한 인간은 누구를 막론하고 죽는다. 인간은 이 천명(天命)을 어길 자가 없다. 그러나 우리 하나님께서는 다시 사는 부활과 영생을 허락하셨으니 누구든지 주 예수를 믿으면 구원을 얻고 영생을 얻고 부활한다. "사람이 주으면 어찌 다시 살겠는가?"라는 물음에 대해 과학자들의 대답은 불가능하다고 하며, 철학자들은 알 수 없다고 한다. 그렇지만 우리들은 죽은 자가 다시 부활하게 될 것을 확실히 믿는다. 오늘날에 있어서도 예수님 당시의 바리새인들과 같이 부활을 부인하고 육체적인 것만을 인정하려는 신 신학 운동이 없지 않지만 참 기독교의 역사적 진리를 믿는 사람들은 다 죽은 자의 부활을 믿는다. 사도신경에도 "몸이 다시 사는 것과 영원히 사는 것을 믿사옵나이다"라고 고백하고 있다.「웨스트민스터 신앙고백서」제 32장에 보면 "마지막 날에 산 자는 그대로 변화하며 죽은 자는 부활하게 되는데 현재의 육체와 다르기는 하지만 영혼과 결합하여 영원히 살게된다. 불의한 자의 육체는 하나님의 권능으로 욕된 몸으로 부활하며, 신자들의 몸은 영광스러운 몸으로 부활하게 되는데, 하나님을 닮은 영원스러운 몸이다"라고 했다.

위에서 죽음에 대해 언급할 때 죽음이 몇 가지로 구분되어 설명되듯이 부활도 몇 가지로 구분되어 설명된다. 즉 첫째 부활과 둘째 부활로 나뉘는데, 첫째 부활은 영혼의 부활로 보고 둘째 부활은 육신의 부활로 본다.

1) 영혼의 부활(엡2:1,5)

위에서 죽음에 대해 언급할 때 범죄한 영혼은 죽었다고 했다. 육신은 목숨이 살아 있기 때문에 산 것 같이 보이나 실상은 죽은 것이다.(계3:1, 딤전5:6) 그런데 예수 그리스도를 믿음으로 말미암아 허물과 죄로 죽었던 우리를 살리셨다.(엡2:1,5) 즉 복음을 듣고 믿을 때에 부활한다는 것이다. 그러면 무엇이 부활한다는 말씀인가? 그것은 육신의 부활이 아니고 영혼 부활 즉, 중생을 말씀하신 것이다. 성경은 중생을 영혼의 부활이라고 했다.(요3:1~16) 중생은 곧 영혼이 그리스도의 생명으로 다시 사는 부활이다.

2) 육체의 부활(계20:5~6, 고전15장)

예수를 믿어 구원 받았다하는 것은 영혼만의 구원이 아니라 육체도 구원을 받는 것으로서 영육의 구원인 것이다. 그런데 죽어버린 영혼이 예수를 믿음으로 이 세상에서 이미 영혼은 구원, 영생, 부활을 받았으나, 우리의 육신은 완전히 구원을 받지 못하고 죽었다가 예수님 재림하실 때 우리의 육체가 부활하여 영육이 다시 합하여 주님을 영접하고, 주님 재림하실 때까지 지상에서 육신이 살아 있는 성도는 신령한 몸으로 영화롭게 부활하여 주님을 영접하여 영원한 천국인 신천신지에서 영과 육이 영생하는 것이다.

3) 예수님의 부활은 성도의 첫 열매이다.(고전15:20,23)

기독교는 죽음의 종교가 아니라 생명의 종교, 부활의 종교이다. 예수님께서 우리의 죄 값을 위하여 대신 십자가에 죽으시고 사흘만에 다시 살아나셨고 예수를 믿는 구원받은 성도들은 예수님과 같이 부활하게 되는 것이다. 그래서 예수님의 죽음은 우리의 죽음이요, 예수님의 부활은 우리의 부활이며 첫 열매이다.

II. 결론

이상에서 우리는 인생의 죽음과 부활을 살펴보았다. 죄 값으로의 죽음이 무엇이며, 얼마나 무서운 형벌이며, 비참한 상태임을 알았고, 그리스도를 믿음으로 말미암아 얻는 부활 영생이 얼마나 크고 귀한 은혜인가 하는 것을 알게 되었다.

제50과 예수그리스도의 재림
[The second coming of Christ]

〈본문〉데살로니가 전서 4:13~5:11

형제들아 자는 자들에 관하여는 너희가 알지 못함을 우리가 원치 아니하노니 이는 소망 없는 다른 이와 같이 슬퍼하지 않게 하려 함이라 우리가 예수의 죽었다가 다시 사심을 믿을찐대 이와 같이 예수 안에서 자는 자들도 하나님이 저와 함께 데리고 오시리라 우리가 주의 말씀으로 너희에게 이것을 말하노니 주 강림하실 때까지 우리 살아 남아 있는 자도 자는 자보다 결단코 앞서지 못하리라 주께서 호령과 천사장의 소리와 하나님의 나팔로 친히 하늘로 좇아 강림하시리니 그리스도 안에서 죽은 자들이 먼저 일어나고 그 후에 우리 살아 남은 자도 저희와 함께 구름 속으로 끌어 올려 공중에서 주를 영접하게 하시리니 그리하여 우리가 항상 주와 함께 있으리라 그러므로 이 여러 말로 서로 위로하라 형제들아 때와 시기에 관하여는 너희에게 쓸 것이 없음은 주의 날이 밤에 도적 같이 이를 줄을 너희 자신이 자세히 앎이라 저희가 평안하다, 안전하다 할 그 때에 잉태된 여자에게 해산 고통이 이름과 같이 멸망이 홀연히 저희에게 이르리니 결단코 피하지 못하리라 형제들아 너희는 어두움에 있지 아니하매 그 날이 도적 같이 너희에게 임하지 못하리니 너희는 다 빛의 아들이요 낮의 아들이라 우리가 밤이나 어두움에 속하지 아니하나니 그러므로 우리는 다른 이들과 같이 자지말고 오직 깨어 근신할찌라 자는 자들은 밤에 자고 취하는 자들은 밤에 취하되 우리는 낮에 속하였으니 근신하여 믿음과 사랑의 흉배를 붙이고 구원의 소망의 투구를 쓰자 하나님이 우리를 세우심은 노하심에 이르게 하심이 아니요 오직 우리 주 예수 그리스도로 말미암아 구원을 얻게 하신 것이라 예수께서 우리를 위하여 죽으사 우리로 하여금 깨든지 자든지 자기와 함께 살게 하려 하셨느니라 그러므로 피차 권면하고 피차 덕을 세우기를 너희가 하는 것 같이 하라

Ⅰ. 서 론

　인간을 구원하시기 위하여 하나님 되시는 예수님께서 이 세상에 초림하셨고, 구속사업을 성취하시고 승천하신 주님은 현재는 하늘보좌 우편에 앉아 계시지만 기약이 차면 이 세상을 심판하시기 위하여 재림하신다. 그래서 기독교의 역사관을 종말론적 역사관이라 한다. 이는 우리의 신앙고백이다.

1. 재림에 대한 오해(이단적 사설)

1) 재림을 부인하는 설

　예수님의 재림 교리는 복음의 골자(동정녀 탄생, 속죄, 부활, 승천, 재림, 심판)중의 하나이다. 이 중요한 내용에 대하여는 예수님께서 친히 말씀하셨고(마22:29~31, 25:1~46, 요14:1~3), 천사들이 예고했고(행1:9~11), 사도들이 예언하였다.(살전4:15~18, 약5:7, 벧전5:4, 요일3:2, 계1:4,7)

　예일 대학교 교수였던「피셔(Dr.Fisher)」박사는 다음과 같이 말했다. "사도들의 신앙에 있어서 예수 그리스도의 재림은 움직일 수 없는 사실이었다"고 했다. 그러나 현대에 와서는 이 재림교리를 부인하는 교인들이 많이 생기게 되었다. 말세에 가서 재림교리를 부인하는 사람들이 일어날 것은 성경에서도 이미 예언하고 있다.(벧후3:3~4)

　「윌리암A. 브라운(William Adams Brown)」은 "그리스도의 재림은 초대교회가 희망한 것처럼 돌발적인 재난을 통하여 오시는 것이 아니고 온 세계가 받아들일만한 가치 있는 예수의 이상이 점진적이며 확실하게 진행되어 그리스도의 세계를 지배하게 되는 그것이 예수의 재림이다"라고 했고「다글라스C. 멕켄토쉬(Douglas clyde Macintosh)」는 "기독교 진리가 도덕적으로 또는 종교적으로 개인과 사회를 지배하게 되면 그것이 곧 그리스도의 재림이다"라고 말하였다.

어떤 사람들은 예수님의 재림을 성령 강림으로 해석하여 예수님께서 재림하신다는 것은 육신 재림이 아니고 영적 재림으로만 생각한다. 즉 성령이 오셔서 우리와 함께 계시는 것이 예수님이 재림하시어 우리와 함께 하시는 것과 같다는 것이다. 그러나 성경이 말하는 재림은 영적인 것만이 아니고 육신 재림까지를 의미하는 것이다.

오늘날에 있어서 자유주의자들은 예수님의 육신 재림을 믿지도 아니하고 전하지도 아니한다. 그 이유는 무엇인가? 자유주의자들과 사회주위 신학자들은 예수님의 육신 재림이 없이도 선교사업, 의료사업, 종교교육 등을 통하여, 그리고 또 과학문명의 발달로 말미암아 고통이 없는 지상낙원을 만들 수 있다고 믿는다. 이들이 꿈꾸고 있는 낙원은, 인간이 가지고 있는 선의 힘으로도 현세의 죄악(부조리)을 정복할 수 있는데, 이것이 완전히 실현되는 그때가 곧 지상낙원이라는 것이다.

이러한 자유주의적 견해는 분명히 성격의 교훈과 크게 대치된다. 물론 구원 받은 성도가 현실의 사회악에 대하여 무관심하거나 소극적인 태도를 취하지 아니하고 싸워야 한다는 것은 사실이다. 참된 성도는 사회악에 지배되지 아니하고 그리스도의 선으로 사회악과 싸워야 한다. 그러나 우리가 분명히 알아야 할 것은 이 죄악 세상이 기독교인들로 말미암아 부단히 공격을 받고 있으나 그 영향이 악한 세상을 죄 없는 낙원으로 전환시킬 수는 없다는 것이다. 그것은 두 가지 이유 때문인데 첫째, 현실사회는 기독교인들이 행하는 선보다 불신자들이 빚어내는 악이 더 많아가고 있기 때문이고 둘째, 설혹 인간이 빚어내는 죄악을 모조리 다 제거하였다 해도 이 모든 죄악을 합한 것 보다 더 큰 것이 있는데 그것은 지금까지도 공중에서 권세를 잡고 역사하고 있는 사단의 세력이다. 사단이 처단되지 않는 한 지상의 악은 근절 될 수가 없다. 그러므로 계시록 20장에 보면 영원 무궁한 천국이 시작되기 전에 먼저 사단을 잡아 결박하여 어두움에 가두는 일이 나온다. 이 일이 없이는 낙원은 이루어지지 않는다. 그러면 과연 누가 사단을 결박할 것인가? 그리스도께서 재림하시어 결박하신다.

2) 재림 날짜를 안다고 주장하는 설

그리스도의 재림을 노골적으로 부인하는 자유주의가 있는가 하면 이와 대조적으로 그리스도의 재림을 악용하여 교회들로부터 재산을 교묘한 방법으로 갈취하고 또 신앙의 영웅이 되려고 한 사람도 많이 있었다.

"하나님만이 천지를 창조하신다"는 사실을 불신하고 인간을 과시하는 데서 난 것이 재림을 부인하는 사상이라면 재림을 악용하여 영웅이 되려는 사람들은 재림의 임박성을 지나치게 강조하여 현세에서 소망을 끊도록 고취한 것이다. 이런 운동은 재림의 호기심을 이용하여 그리스도의 재림의 날짜를 예언하게 한 것이다.

어떤 사람은 재림의 연대를, 또 어떤 사람들은 그 연대만 아니라 날짜까지 예언했다. 이러한 폐단이 있을 것을 미리 아신 예수님께서는 자신의 재림에 대하여 다음과 같이 경고하신 일이 있다. "그러나 그 날과 그때는 아무도 모르나니 하늘의 천사들도 아들도 모르고 오직 아버지만 아시느니라"(마24:36)

18세기 미국에서 「밀러(Miller)」라는 사람이 종파를 만들고 뉴욕 뉴저지에서부터 카나다까지 순회하면서 그리스도는 1843년에 재림할 것이라고 예언했다. 이 말을 들은 군중들은 임박해진 하나님의 진노에 대한 두려움에 사로잡혀 용광로처럼 들끓었다. 그들이 모인 집회에는 많은 혼란이 일어났는데 입신하는 사람, 소리를 지르며 환상을 본다는 사람들이 계속해서 일어났다. 이때에 기성교회에서는 이 광신적인 집단에 대하여 이것이 비성경적임을 지적하고 교인들의 자숙을 종용했지만 오히려 그를 따르는 사람들은 기성교회에 대하여 완강히 반발하고 저주하면서 자기들의 집회를 강행했다. 드디어 1843년이 왔으나 예수님의 재림은 일어나지 않았다. 이때 「밀러」는 자기의 예언이 잘못이었음을 시인했다.

여호와 증인의 창시자인 「럿셀(Russell)」이 예수님의 재림은 1914년이라고 예언했었다. 그러나 1914년에도 재림사건은 없었다. 그러자 「럿셀」이 말하기를, 사실 그 해 예수님이 재림하시기 위해 하나님의 나라를 출발했으나 세상의 인류가 너무 악해지고 회개하지 아니하기 때문에 지성소에 숨어버렸다고 괴변을 토했다. 다음에 그의 후계자인 「포드(Ruther Ford)」는 자기에게 속한 여호와의 증인 교인들은 머지 않아서 승천하게 될 것이라고 추종자들을 속였다.

박태선을 따르는 전도관도 소사에 천년왕국이 설 것이라는 감언이설로 교인들을 매혹시켜 만든 집단이다. 앞으로도 제2의 「밀러」, 「럿셀」, 박태선이 나타날 것이다. 그러나 우리는 이런 예언에 현혹되어서는 안 된다.

그러면 예수님께서 왜 우리에게 자기의 재림을 날짜를 알려주지 않았을까? 하나님께서는 구원사역에 있어서 우리가 알아야 할 일들을 다 말씀을 통하여 알려 주셨다. 그러나 우리에게 알려 주시지 아니한 일도 있다. 왜냐하면 그것은 알아서 유익이 없기 때문이다. 특히 하나님께서 인간에게 알려 주시지 않는 일이 두 가지 있는데 하나는 개인이 죽는 날이고 다른 하나는 재림 날이다. 전자는 개인 종말론이요 후자는 인류 종말론이다. 개인이 자기의 죽는 날을 알게 될 때 인간은 공포증에 걸려 살게 되고, 재림날짜를 알게 될 때 인간이 현세에서 해야 될 일들을 하지 않게 된다. 오늘날까지 예수님의 재림날짜를 예언하고 또 그들을 따랐던 사람들은 가산을 팔아 정리하여 일은 하지않고 앉아서 먹다가 망했다.

2. 재림의 징조(마24장)

옛날 시골에서 서울 올라온 노인 한 분이 계셨는데 그가 설명 듣기로는 한강철교를 지나면 곧 서울역(종착역)이라는 말을 들었다. 올라오다가 차가 한강철교에 들어섰을 때 노인은 그것을 보고 종착역이 가까웠음을 알게 되었다고 한다. 우리가 죽는다는 사실에 대해서는 확실하지만 구체적으로 시간을 아는 사람은 없는 것과 같이 주님의 재림하시는 일자는 하나님만 아시고 아무도 모른다. 그러나 주님의 재림하실 시기가 임박한 것은 징조를 보여 주셔서 알게 하셨다. 그 징조는 무엇인가?

1) 복음의 세계전파(마24:14)

복음이 땅 끝까지 전파되면 그때에 끝이 오리라 하셨다. 성경을 기록한 당시의 상황에서는 상상도 못할 형편이지만 오늘에 와서 보면 복음이 들어가지 않은 나라와 민족이 거의 없이 전파되었다. 이는 인간의 뜻이 아니라 하나님께서 하시는 까닭이다.

2) 유대나라의 독립(마24:32, 눅21:24, 사60:4~8, 겔37:1~14)

주전 586년에 멸망한 유대 나라는 1948년 파리유엔총회에서 독립을 얻었으니 나라가 망한지 2,534년 만에 성경이 응했다. 우리나라가 과거 36년 동안 일본에 패망했던 짧은 역사를 생각해 볼 때 유대의 독립은 상상도 할 수 없는 일이다. 그러나 하나님께서 하시는 일은 반드시 말씀하신 대로 이루시는 것이다.

3) 경제적 혼란(약5:1~9, 딤후3:2, 마24:8, 계7:6)

주님의 재림이 가까워 오면 경제적 혼란이 생긴다. 부익부, 빈익빈, 하나님이 없는 자본주의나 공산주의는 세계를 혼란에 빠뜨리고 있다.

4) 사상적 혼란(계6:1~8)

오늘의 세대는 사상적으로는 무정부 시대이다. 사람들은 어떻게 살아야 참 삶인지를 알지 못하고 있다. 사상이 없어서가 아니라 너무 많아서 오히려 혼란스럽다. 유신론, 무신론, 자본주의, 공산주의, 과학만능주의, 진화론, 실증주의, 실존주의, 허무주의, 실용주의, 물질만능주의, 이기주의, 미주주의, 독재주의, 전체주의, 사회주의, 현실주의, 신비주의 등등 이외에도 얼마나 많은가?

5) 도덕적 부패 타락(마24: 딤후3:1~9)

오늘 이 시대가 물질문명은 발달했으나 반면에 도덕적인 방면은 더욱 부패 타락하여 그 어둡기가 소돔 고모라와 노아 홍수 당시 시대를 뺨칠 정도가 되었다.

6) 지식의 발달과 교통의 신속(단12:4)

하나님께서는 다니엘에게 예언 하셨다. "다니엘아, 마지막 때까지 이 말을 간수하고 이 글을 봉함 하라 많은 사람이 빨리 왕래하며 지식이 더하리라"하셨다. 지금은 우주정복시대, 초음속 시대가 되었다.

7) 국제적 혼란과 전쟁(계13: ,16:12~16, 단2:31~35)

국제연맹, 유엔의 노력은 헛수고뿐이다. 국제관계가 겉으로는 평화를 추구하나 속은 험악하고 미묘하며 전쟁준비는 더욱 심하다.

8) 불신앙의 시대(눅18:8)

인자가 올 때에 세상에서 믿음을 보겠느냐 하신 말씀대로 이 세상은 삼무(三無)시대라 한다. 하나님이 없는 무신(무신앙)시대, 순종이 없는 시대, 순결이 없는 시대라는 말이다.

9) 거짓 선지적 그리스도가 횡행한다.(마24:, 막13:21~22, 눅17:23, 살후2:1~12)

주의 재림이 임박하면 적그리스도와 거짓 선지는 득실거린다. 이는 마귀의 최후의 발악이다. 성도들이여 마24:25의 "보라 내가 너희에게 미리 말하였노라"를 명심하시라.

3. 재림 때의 상황

1) 구름 타고 오신다.(계1:7, 마24:30)
2) 영광과 능력으로 오신다.(마24:30, 25:31, 눅21:27)
3) 천군 천사와 하나님의 나팔로 좇아오신다.(살전4:17, 마24:31)
4) 믿는 자와 불신자가 다같이 보는 가운데 오신다.(계1:7, 행1:11)

4. 재림의 목적

예수님께서 이 지상에 재림해 오시는 궁극적인 목적은 성도들의 구원을 완성하시기 위해서이다.

인간의 창조=육신+영혼이고, 타락=육신-영혼이며, 구원=중생+육신의 부활이다. 예수님께서 초림 하시어 재림하실 때까지 영혼의 구원 즉 중생이다. 그리고 재림하시는 날 육신까지 부활시켜 구원을 완성하신다.

통일교에서는 말하기를 "예수는 인간의 영혼 구원에는 성공했으나 육신 구원에는 실패했다"고 하며 문선명은 육신 구원까지 완성한다고 허무맹랑한 말을 하고 있다. 어떤 조각가가 조각품을 만들고 있는데 이 광경을 도중에 와서 본 사람이 아직 다 완성되지 않은 작품을 보고 실패작이라고 해서는 안될 것이다. 다 완성된 후에 와서 보고 말해야 한다. 마찬가지로 예수님의 구원 역사도 실패한 것이 아니고 지금 진행중이시며 재림때에 그것을 완성하실 것이다. 지금 예수님께서 하시는 일은, 재림 때까지 많은 사람들의 영혼을 중생 시켜 영혼을 구원하시고 재림 때에는 육신까지 완전히 구원하시는 것이다. 그러므로 주님이 재림하시는 목적은 우리들의 완전 구원을 위한 것이다. 부수적으로 불신자들에게는 심판의 대왕으로 임하여 그들을 심판하시게 된다.

5. 재림을 앞둔 성도의 자세(마24:42)

1) 깨어 있어야 한다.(마24:42, 25:13)
2) 기름(믿음, 성령)을 준비해야 한다.(마24:44, 25:10)
3) 세마포의 흰옷을 입고 기다려야 한다.(항상 그리스도의 의를 힘입는 믿음의 자리에 거하는 것, 계7:13~14, 16:15, 19:8)

II. 결 론

천지는 없어져도 하나님의 말씀은 일점 일획도 없어지지 아니하고 그대로 다 이루어진다.(마5:18, 24:35, 눅16:17) 오늘 이 세상은 분명히 말세이다. 말씀하신 대로 창조는 다 이루어졌다고 본다. 말세의 끝에 있을 아마겟돈 전쟁과 재림만이 남아 있다. 믿고 기다리자. 아마 오늘이나 우리 주님 오시려는가 하며 사모하고 기다리는 성도가 되자!

제51과 최후심판(最後審判)
[The last Judgment]

〈본문〉 요한계시록 20:1~15

또 내가 보매 천사가 무저갱 열쇠와 큰 쇠사슬을 그 손에 가지고 하늘로서 내려와서 용을 잡으니 곧 옛 뱀이요 마귀요 사단이라 잡아 일 천 년 동안 결박하여 무저갱에 던져 잠그고 그 위에 인봉하여 천 년이 차도록 다시는 만국을 미혹하지 못하게 하였다가 그 후에는 반드시 잠간 놓이리라 또 내가 보좌들을 보니 거기 앉은 자들이 있어 심판하는 권세를 받았더라 또 내가 보니 예수의 증거와 하나님의 말씀을 인하여 목 베임을 받은 자의 영혼들과 또 짐승과 그의 우상에게 경배하지도 아니하고 이마와 손에 그의 표를 받지도 아니한 자들이 살아서 그리스도로 더불어 천년 동안 왕노릇 하니 그 나머지 죽은 자들은 그 천년이 차기까지 살지 못하더라) 이는 첫째 부활이라 이 첫째 부활에 참예하는 자들은 복이 있고 거룩하도다 둘째 사망이 그들을 다스리는 권세가 없고 도리어 그들이 하나님과 그리스도의 제사장이 되어 천년 동안 그리스도로 더불어 왕노릇 하리라 천년이 차매 사단이 그 옥에서 놓여 나와서 땅의 사방 백성 곧 곡과 마곡을 미혹하고 모아 싸움을 붙이니 그 수가 바다 모래 같으리라 저희가 지면에 널리 퍼져 성도들의 진과 사랑하시는 성을 두르매 하늘에서 불이 내려와 저희를 소멸하고 또 저희를 미혹하는 마귀가 불과 유황 못에 던지우니 거기는 그 짐승과 거짓 선지자도 있어 세세토록 밤낮 괴로움을 받으리라 또 내가 크고 흰 보좌와 그 위에 앉으신 자를 보니 땅과 하늘이 그 앞에서 피하여 간데 없더라 또 내가 보니 죽은 자들이 무론대소하고 그 보좌 앞에 섰는데 책들이 펴 있고

> 또 다른 책이 펴졌으니 곧 생명책이라 죽은 자들이 자기 행위를 따라 책들에 기록된대로 심판을 받으니 바다가 그 가운데서 죽은 자들을 내어주고 또 사망과 음부도 그 가운데서 죽은 자들을 내어주매 각 사람이 자기의 행위대로 심판을 받고 사망과 음부도 불못에 던지우니 이것은 둘째 사망 곧 불못이라 누구든지 생명책에 기록되지 못한 자는 불못에 던지우더라

I. 서 론

기독교의 하나님은 어떠한 분이냐고 묻는 다면 사랑의 하나님이신 반면에 죄를 미워하시고 심판하시는 공의의 하나님이라고 대답할 수 있다. 즉 우리의 하나님은 사랑의 하나님이신 동시에 공의의 하나님이시란 뜻이다. 많은 사람들이 하나님은 인간을 사랑만 하시는 감상적인 분으로 생각하려고 하나 하나님은 심판하시는 하나님도 되심을 기억하여야 한다. 이것이 이방 종교에서 믿는 신이나 우상과 다른 점이다. 우상은 인간을 위하여 만들어진 것이기 때문에 인간이 어떤 악을 행할 때에도 심판하지 못하지만 기독교의 하나님은 인간의 죄에 대하여 공의롭게 심판하시는 분이다. 하나님은 사랑과 공의에 대하여 어느 편에 더 중심을 두는가? 물론 사랑에 중심을 두신다. 하나님께서는 우리 인간에게 심판을 행하시기 전에 먼저 사랑하시고 그 사랑을 받아들이지 않을 때에 심판하신다. 아담에게 심판을 행하시기 전에 에덴을 주셨고 인류를 심판하시기 전에 독생자를 주셨다. 이런 면에서 하나님의 사랑을 오른손으로 비한다면 공의는 왼손과도 같다.

1. 하나님의 역사적 심판

구약 성경이나 신약성경에 「심판」이란 말이 여러 가지 용어로 사용되었으나 종합하면 구약에 469번, 신약에 87번 이상 사용되었다.

하나님의 역사적 심판에 대하여 살펴보기로 하자.

창세기 3장에는 아담과 하와에 대한 하나님의 심판이, 4장에는 가인에 대한 심판이, 6장에는 노아 시대의 홍수 심판이, 19장에는 소돔성에 대한 심판이, 열왕기서에는 예후를 통한 아합왕에 대한 심판이, 사사기에는 선민의 심판이, 사무엘서에는 타락한 엘리 제사장의 가정에 대한 심판과 사울 왕에 대한 심판이, 선지서에는 선민의 죄를 이방나라를 통하여 심판하시고 나중에는 그 이방 나라를 심판하신 내용이 기록되어 있다.

윌리암·하게우드는 이웃교회의 부흥집회를 반대하다가 혀가 말라서 죽었는데 그는 죽으면서 말하기를 "나는 지옥이 있는 것을 믿는다"라고 했으며, 1908년 12월 28일 이태리 메씨나 라고 하는 도시에 지진이 일어나서 8만 4천명이나 죽었는데 이 지진이 있기 전에 「이태리포나」란 잡지에는 무신론에 관한 기사를 쓰고 결론을 내리기를 "만일 하나님이 참으로 계시다면 이 성에 지진이 일어날 것이다"라고 하였는데 이 글을 쓴지 3일 만에 지진이 일어난 것이다. 로마의 맥시미너스 황제는 기독교인을 살해할 때에 눈을 뽑아 죽였는데 그도 나중에는 안질병으로 죽었다. 아우델리안 황제는 기독교 박해문에 서명하려다가 손이 꼬부라져서 죽었다. 「그린 힐(Green Hill)」이란 사람의 말에 의하면 어떤 어인이 경건한 성도의 신앙생활을 비웃다가 반신불수가 되었다고 했으며, 나이팅겔이란 사람은 강단에서 성경을 비판하다 목이 부러져 죽었으며, 기독교인을 불태워 죽인 「가드너스(Stephan Gardnes)」는 혀가 타서 죽었으며, 16세기 「보헤미아」의 고관이었던 「하워스

(Joachim New Haus)」는 신교를 박해하기 위해 황제의 허가서를 얻으려고 무사를 대동하고 「비엔나(Vienna)」 강을 건너다가 다리가 무너져 죽었으며, 뉴욕의 「뉴버그(New Burgh)」에 있는 어떤 교회에서 성찬식을 거행하려 할 때에 그 동네의 깡패들이 모여서 그 떡을 개에게 던져 주었다가 개에 물려서 미친 생활을 하다가 죽었다. 근대에 와서는 독일의 니이체가 기독교를 헐뜯다가 광인이 되어 죽었고, 까뮈는 자동차에 치어 죽었으며, 럿셀은 독감으로 죽었다.

"주께서 나의 의와 송사를 변호하셨으며 보좌에 앉으사 의롭게 심판하셨나이다 열방을 책하시고 악인을 멸하시며 저희 이름을 영영히 도말하셨나이다 원수가 끊어져 영영히 멸망하였사오니 주께서 무너뜨린 성읍들을 기억할 수 없나이다 여호와께서 영영히 앉으심이여 심판을 위하여 보좌를 예비하셨도다 공의로 세계를 심판하심이여 정직으로 만민에게 판단을 행하시리로다(시9:4~8)"

2. 두 가지 심판

1) 현세적 심판

현세적 심판에 있어서는 조급하지 아니하다. 그러므로 여기에 대해서 인간의 불평 불만이 나온다. 즉 하나님의 심판이 더디다고 해서 심판을 부인하려는 사람들이 많다. 말2:17에 "너희가 말로 여호와를 괴로우시게 하고도 이르기를 우리가 어떻게 여호와를 괴로우시게 하였나 하는도다 이는 너희가 말하기를 모든 행악하는 자는 여호와의 눈에 선히 보이며 그에게 기쁨이 된다 하며 또 말하기를 공의의 하나님이 어디 계시냐 함이니라"고 했고, 이 밖에 시 73편에도 이에 대해 말씀하셨다. 하나님께서는 천 년을 하루같이 기다리시지만 한번 하나님께서 심판의 팔을 펴시면 그 심판은 정확하다. 하나님의 심판은 연자맷돌을 가는 것과도 같다. 맷돌이 도는 속도는 느리지만 정확하다.

어떤 방법으로 심판하시는가? 세 가지 방법이 성경에는 나온다. 첫째는 법을 통한 심판, 둘째는 양심을 통한 심판, 셋째로는 자연을 통한 재난이다. 돌발적인 사건은 어떻게 보아야 하는가? 성경은 이 문제에 대하여 무엇이라고 말하고 있는가? 암3:5~6장에 "창애를 땅에 베풀지 아니하고야 새가 어찌 거기 치이겠으며 아무 잡힌 것이 없고야 창애가 어찌 땅에서 뛰겠느냐 성읍에서 나팔을 불게 되고야 백성이 어찌 두려워하지 아니하겠으며 여호와의 시키심이 아니고야 재앙이 어찌 성읍에 임하겠느냐"라고 했다. 계시록에 흐르고 있는 종말의 사건들은 거의 다 재앙으로 일관하다. 그것은 모두 우연이 아니고 하나님의 심판이다. 왜 재앙이 말세에는 많이 일어나는가? 그것은 인간이 범하는 죄가 많기 때문이다. 예수님께서는 돌발적인 사건들을 어떻게 보셨는가? 눅 13:1~5에 보면 실로암 망대가 무너져서 열 여덟 명이 죽은 사건에 대하여 예수님께서는 그것을 우연이라고 하시지 않으셨다. "참새 두 마리가 한 앗사리온에 팔리는 것이 아니냐 그러나 너희 아버지께서 허락지 아니하시면 그 하나라도 땅에 떨어지지 아니하리라"(마10:29)

2) 내세적 심판

내세의 심판은 왜 필요한가? 첫째는 하나님의 공의가 이것을 명한다. 둘째는 현세의 모순이 해결되기 때문이다. 현세는 모순으로 가득 차 있다. 이런 모순이 언제 해결되는가? 「뵈터너(Lorain Boettner)」의 「불멸(Immortality)」에 보면 현세의 모순 중에 가장 큰 모순 두 가지를 지적했다. 첫째는 빌라도가 예수님을 사형언도에 넘겨준 것이고, 둘째는 악한 헤롯왕온 왕궁에서 호위호식 했으나 의로운 세례 요한은 감옥에서 살았다는 것이다. 이것이 현실의 역사이다. 이러한 모순들이 언제인가는 해결되어야 한다. 마태복음 13장에도 예수님께서 추수 비유로 말씀 하셨다. 현세에서 악의 세력은 번식력이 강하고 선의 힘은 더딘 것 같다. 이에 대해 어거스틴은 다음과 같이 말했다. "하나님께서는 현세에서도 심판하신다. 왜냐하면 만일 심판이 없다면 하나님이 없다고 하기 때문이다. 그러나 반드시 현세에서만 하시는 것은 아니다. 내세의 심판도 있다."

3. 신자들의 구원문제와 심판

신자들의 심판에 대하여 성경은 두 가지로 말씀하고 있다. 하나는 신자들은 심판을 받지 않는다고 한 말씀이 있다.(요3:17~18, 5:24) 또 다른 하나는 심판을 받는다고 한 성경이 있다.(히9:27, 고후5:10) 그러면 위의 두 가지 내용을 어떻게 조화시킬 것인가?

신자들은 구원문제에 대해서는 심판이 없으나 상급문제에 대해서는 심판을 받는다는 말씀이다. 그러면 신자들에게는 구원문제로는 심판이 없다고 한다면 믿은 후에 범한 죄에 대해서는 어떻게 되는가? 성도가 믿고 나서 범한 죄에 대해서 하나님께서는 그냥 묵과하시지 않는다. 믿고 난 후에 범한 죄에 대해서는 행위대로 갚으신다. 결국 현세에서 다 받게 된다.(히12:5~13, 계2:23, 갈6:7~8)

믿음의 조상 아브라함이 애굽에 내려가서 자기 아내를 누이라고 거짓말했다가 바로 왕에게 아내를 빼앗겼으며 야곱은 자기 아버지를 속인 결과 외삼촌 집에서 일할 때 라헬을 사랑해 7년 일했으나 결혼한 다음날 보니 형 레아였다. 그것은 야곱이 자기 아버지를 속인 죄에 대한 보응이었다. 야곱은 앞을 보지 못하는 아버지를 속였으나 자기는 두 눈을 다 뜨고도 속았다. 하나님의 죄에 대한 심판은 인간의 지능이 도저히 미치지 못할 만큼 세밀하고 또한 정확하다. 이스라엘 백성도 구약시대에 범죄할 때 그 죄에 대한 보응을 현세에서 다 받았다. 그들이 이방 나라의 포로 신세가 되어 고생한 것은 반드시 이방 나라보다 죄가 더 많아서 그렇게 한 것은 아니고 선민의 죄악은 이 세상에서 모두 받고 가게 되어 있기 때문이다. 신자들의 죄는 쌓아 둘 수가 없다. 신자들에게는 이것이 징계로 나타나지만 불신자들의 죄는 쌓아 둘 수도 있다. 그것은 영원한 지옥의 형벌이 있기 때문이다.

4. 상급문제

천국에는 상급이 있는가? 물론 상급이 있다. 우리가 하나님을 섬기는 것이 상급 때문이라면 그것은 진정한 섬김이 아니다. 우리는 하나님을 사랑해서 섬겨야지 상급 때문에 섬겨서는 안 된다. 그러나 하나님께서는 하나님을 잘 섬기는 사람에게 상급을 주시겠다고 약속하셨기 때문에 그것을 믿는 것이 좋다. 히11:24~26에 "믿음으로 모세는 장성하여 바로의 공주의 아들이라 칭함을 거절하고 도리어 하나님의 백성과 함께 고난 받기를 잠시 죄악의 낙을 누리는 것보다 더 좋아하고 그리스도를 위하여 받는 능욕을 애굽의 모든 보화보다 더 큰 재물로 여겼으니 이는 상주심을 바라봄이라"고 했고, 바울은 빌3:14에 "푯대를 향하여 그리스도 예수 안에서 하나님이 위에서 부르신 부름의 상을 위하여 좇아가노라"고 했다. 앞서간 위대한 신앙의 선배들은 이렇게 상급에 대한 신앙이 있었다. 그들이 현실에서 하나님의 일을 해나갈 때 어려움을 이긴 것은 상급을 기대하는 그런 것은 아니었지만 상급을 믿는 신앙도 많은 힘이 된 것만은 사실이다. 성경은 다음과 같이 상급을 말하고 있다.

딤후4:7~8에 "내가 선한 싸움을 싸우고 나의 달려갈 길을 마치고 믿음을 지켰으니 이제 후로는 나를 위하여 의의 면류관이 예비되었으므로 주 곧 의로우신 재판장이 그 날에 내게 주실 것이니 내게만 아니라 주의 나타나심을 사모하는 모든 자에게니라"고 했고, 벧전5:4 "그리하면 목자장이 나타나실 때에 시들지 아니하는 영광의 면류관을 얻으리라"고 했으며, 계2:10 "네가 죽도록 충성하라 그리하면 내가 생명의 면류관을 네게 주리라"고 하였다. 여기 말하는 「의의 면류관」, 「시들지 아니하는 영광」, 「생명의 면류관」 등은 다 상급을 말하는 것이다.

어떤 사람들은 하나님의 나라에서 상급이 있다는 것을 모순이라고 하나 그것은 모순이 아니다. 왜냐하면 이 세상에서도 사람이 자기의 수고만큼 보상을 받기 때문이다. 농부가 여름철에 수고한 만큼을 추수 때에 거두게 되며 학생이 공부한 만큼 대가를 거두는 것은 당연한 일이다. 부지런히 일하는 사람에게는 그만큼 많이 주고 게으른 사람에게는 안 주시는 것은 하나님의 움직일 수 없는 철칙이다. 이런 경우를 생각해 보자. 십자가에서 임종시에 겨우 구원받은 강도와 일생을 주님을 위해 세상의 모든 부귀영화를 버리고 복음을 위하여 헐벗고 굶주리며 매맞고 감옥에 갇히며 수고한 바울을 하나님께서 똑같이 대해 주신다면 그것은 모순이 아니겠는가? 그러므로 상급은 인간의 노력의 대가만큼 갚으시는 것이 하나님의 공평이 명하는 것이다.

마지막으로 상급은 인간의 공로의 대가인가 아니면 그것도 하나님의 은혜인가 하는 점을 생각해 보자. 구원은 하나님의 은혜로 되어졌지만 상급은 인간의 행위대로 갚아주시는 것이니까 인간의 공로라고 할 수 있지 않겠는가? 구원은 하나님의 은혜이고 상급은 인간의 공로가 아니냐? 그렇지 않으면 구원과 상급이 다 하나님의 은혜이냐 하는 문제가 있다.

알미니안주의에서는 상급을 인간의 공로로 보나 칼빈주의에서는 상급도 하나님의 은혜로 본다. 왜냐하면 상급을 받을 수 있는 기초 공사인 구원이 하나님의 은혜로 되어졌기 때문이다. 구원받지 못한 사람이 상급에 참여할 수 있는가? 그것은 있을 수 없는 일이다. 즉 지옥 가는 사람은 상급에 참여할 수 없다는 말이다. 일단 구원에 참여한 사람이라야 상급의 대상이 될 수 있기 때문에 그 기초와 같은 구원은 하나님의 은혜로 되었다는 것을 알아야 할 것이다. 또한 인간의 행위까지도 인간 편에서 볼 때에는 인간의 힘으로 행하는 것처럼 보이지만 사실상 하나님 편에서 볼 때에는 하나님께서 행할 수 있는 힘을 주신 것이다. 인간의 행위가 인간에게서 나왔다고 생각하는 사람은 마태복음20:12에 나오는 사람과 같이 상급을 달라고 요청하는 사람과 같다. 거기에 보면 어떤 포도원 주인이 제3시와 제6시, 9시, 11시에 나아가서 일꾼을 포도원에 들여보낸다. 시간이 되어 포도원에서 일한 사람들과 셈을 하는데 늦게 온 사람들이 한 데나리온을 받는 것을 보고 일찍 온 사람이 자기는 많이 받을 것으로 생각하였으나 똑같이 한 데나리온을 주는 것을 보고 불평하였다. 이때 주인이 말하기를 "친구여 내가 네게 잘못한 것이 없노라 네가 나와 한 데나리온의 약속을 하지 아니하였느냐 네 것이나 가지고 가라 나중 온 이 사람에게 너와 같이 주는 것이 내 뜻이니라 내 것을 가지고 내 뜻대로 할 것이 아니냐"고 하셨다. 여기서 상급을 달라고 요청하는 사람은 바로 알미니안주의자들과 같다. 그러나 칼빈주의자들은 눅17:7~10까지의 대답을 한다. 거기에는 어떤 집의 종이 밭에서 일을 하고 집에 돌아와서도 주인에게 큰 말을 못하고 오히려 겸손하게 "우리는 무익한 종이다. 우리의 하여야 할 일을 한 것뿐이다"라고 대답한다. 그것은 왜냐하면 이 종은 주인의 은혜를 알았기 때문이다. 누구의 밭에서 일했는가? 누구의 연장으로 논밭을 경작했는가? 누구의 씨를 뿌렸는가? 누구의 음식을 먹었는가? 전부가 주인의 것이 아니었던가?

II. 결 론

오늘도 지상 교회에서 종들이 주님을 위해서 일하고 있다. 인간이 볼 때에는 인간의 힘으로 하는 것 같이 보이지만 사실은 주님께서 주시는 은혜를 가지고 일하고 있는 것이다. 어떤 사람은 설교를 남보다 잘 하는 사람이 있다. 누가 설교할 수 있는 능력을 주었는가? 어떤 사람은 연보를 많이 바치는 사람이 있다. 그 돈은 누가 준 것이며 또 바치고자 하는 마음은 누가 주셨는가? 어떤 사람은 기도 많이 하는 은혜를 받았다. 그 힘은 누가 주셨는가? 다 하나님의 은혜가 아닌가?

알미니안주의에서는 동기는 인간에게서 시작되고 결과만 하나님께로부터 받는다고 하나 칼빈주의에서는 동기와 결과를 모두 하나님의 은혜로 돌린다.

제52과 무궁세계(無窮世界)
[The Kingdom of everlasting life]

〈본문〉 요한계시록 21:1~8

또 내가 새 하늘과 새 땅을 보니 처음 하늘과 처음 땅이 없어졌고 바다도 다시 있지 않더라 또 내가 보매 거룩한 성 새 예루살렘이 하나님께로부터 하늘에서 내려오니 그 예비한 것이 신부가 남편을 위하여 단장한 것 같더라 내가 들으니 보좌에서 큰 음성이 나서 가로되 보라 하나님의 장막이 사람들과 함께 있으매 하나님이 저희와 함께 거하시리니 저희는 하나님의 백성이 되고 하나님은 친히 저희와 함께 계셔서 모든 눈물을 그 눈에서 씻기시매 다시 사망이 없고 애통하는 것이나 곡하는 것이나 아픈 것이 다시 있지 아니하리니 처음 것들이 다 지나갔음이러라 보좌에 앉으신 이가 가라사대 보라 내가 만물을 새롭게 하노라 하시고 또 가라사대 이 말은 신실하고 참되니 기록하라 하시고 또 내게 말씀하시되 이루었도다 나는 알파와 오메가요 처음과 나중이라 내가 생명수 샘물로 목마른 자에게 값없이 주리니 이기는 자는 이것들을 유업으로 얻으리라 나는 저의 하나님이 되고 그는 내 아들이 되리라 그러나 두려워하는 자들과 믿지 아니하는 자들과 흉악한 자들과 살인자들과 행음자들과 술객들과 우상 숭배자들과 모든 거짓말하는 자들은 불과 유황으로 타는 못에 참예하리니 이것이 둘째 사망이라

I. 서 론

하나님께서 아담을 창조하시고 그에게 두 가지 천국을 주었다. 하나

는 하나님을 모신 인간의 마음의 천국이고 또 다른 하나는 물질적인 에덴의 천국이었다. 그러나 인간이 범죄 하므로 두 가지 낙원을 다 잃어버리게 되었다. 그 순서로는 먼저 마음의 낙원을 잃어 버렸고 그 결과로 에덴의 낙원을 잃어버리게 되었다. 그리스도께서는 이 잃어버린 인간의 낙원을 찾아주시기 위해 이 세상에 오시어서 대속의 죽음을 죽으시고 인간에게 낙원을 회복시켜 주셨다. 그리스도가 오시어서 먼저 인간의 마음 속에 하나님의 나라를 회복하신다. 그러므로 예수님의 제자들이 예수님께 나아와 "하나님의 나라가 어디에 있읍니까?"라고 물을 때에 "하나님의 나라는 여기 있다, 저기 있다 할 수 없고 너희 마음에 있느니라"(눅17:21)고 하셨다. 그리고 객관적인 하나님의 나라가 실현되는 것이 바로 이 신천신지이다.

그러면 신천신지는 어떻게 임하게 되는가?

이 질문에 대하여 기독교 자유주의자들이나 사회주의자들은 예수그리스도의 재림이 없어도 교회의 선교사업이나 선교 단체의 의료사업을 통하여 또는 기독교 교육이나 과학의 힘을 통하여 실현된다고 믿는다. 이들의 천국관은 세계의 죄악은 인간이 가지고 있는 선의 힘으로 정복될 수 있다고 보며 따라서 인간의 노력 외에는 아무것도 의지하지 않는다. 그러나 우리들은 이러한 자유주의자들의 견해에 반대한다. 그것은 왜냐하면 이 세상은 의인들이 행하는 선의 힘보다 악인들이 빚어내는 악의 팽창이 더 크다고 보기 때문이다. 물론 구원받은 신자들이 현실의 악에 대하여 무관심하거나 방관하지 않고 부단히 도전은 하지만 이 세상은 신자들이 행하는 선행보다도 악인들이 행하는 악이 더 큰 것이다. 계22:10~11에 "또 내게 말하되 이 책의 예언의 말씀을 인봉하지 말라 때가 가까우니라 불의를 하는 자는 그대로 불의를 하고 더러운 자는 그대로 더럽"라고 하셨다. 마지막 때가 되면 불의는 성행해서 최악을 이루게 된다. 이러한 성난 악의 팽창과 난동을 신자들이 선(善)만으로서는 정복되지 못하고 하나님의 능력으로서만 정복된다.

신천신지는 어떻게 임하는가? 그것은 예수님의 재림과 하나님의 초자연적인 능력으로서만 이루어진다. 그렇기 때문에 예수님께서는 우리에게 구속의 복음을 주시고도 재림을 기다리라고 하신 것이다.

1. 무궁세계(천국)는 신천신지이다.

신천신지는 하나님의 새로운 창조인가? 그렇지 않으면 옛 것을 개조한 것인가? 어떤 학자들은 전혀 새로운 것이 아니고 옛 세계를 개조한 것이라고 말한다.(Irenaeus, Augustine, Gregory, Thomas Aquinas) 그러나 「게할더(Gerhard)」라는 신학자는 개조론에 대하여 완강히 반대하고, 이 세상은 완전히 소멸되고 전혀 새로운 세계가 창조된다고 했다.

옛 세계가 없어질 것을 성경은 여러 곳에 예언하고 있다. 예수님께서는 마24:35에서 "천지는 없어지겠으나"라고 했고 베드로 사도는 벧후3:10에 "그러나 주의 날이 도적같이 오리니 그 날에는 하늘이 큰 소리로 떠나가고 체질이 뜨거운 불에 풀어지고"라고 했으며, 히12:26~27에 "그 때에는 그 소리가 땅을 진동하였거니와 이제는 약속하여 가라사대 내가 또 한 번 땅만 아니라 하늘도 진동하리라 하셨느니라 이 또 한번이라 하심은 진동치 아니하는 것을 영존케 하기 위하여 진동할 것들 곧 만든 것들의 변동 될 것을 나타내심이니라"고 했고, 사51:6에 "너희는 하늘로 눈을 들며 그 아래의 땅을 살피라 하늘이 연기같이 사라지고 땅이 옷 같이 해어지며 거기 거한 자들이 하루살이 같이 죽으려니와 나의 구원은 영원히 있고 나의 의는 폐하여지지 아니하리라"고 하였으며, 시102:26에는 "천지는 없어지려니와 주는 영존 하시겠고 그것들은 다 옷같이 낡으리니 의복같이 바꾸시면 바뀌려니와"라고 했다.

하나님께서 이렇게 전혀 새로운 것으로 창조하시는 이유는 하나님의 백성들로 옛 것을 생각지 않도록 하시기 위함이다. 사65:17에 "보라 내가 새 하늘과 새 땅을 창조하나니 이전 것은 기억되거나 마음에 생각 나지 아니할 것이라"고 하였다. 옛 하늘과 옛 땅은 죄로 인하여 가시와 엉겅퀴를 낸 땅이며(창3:18), 비를 내리지 아니하던 땅이며(신28:23), 황폐해진 땅이며(사1:7), 재앙과 저주를 퍼부었던 땅이다.(계16:21) 만일 신천신지가 옛 하늘과 옛 땅이라면 거기에 거하는 사람들이 옛 것을 생각하고 고통스러웠던 옛 일들을 되새길는지 모른다. 이 세상에서 가장 고통스러운 일은 괴로웠던 과거를 되씹는 일일 것이다. 하나님께서는 성도들이 또 다시 과거를 생각하고 괴로워 하는 일이 없도록 하시기 위해 완전히 새로운 것으로 창조해 주신다.

2. 무궁천국은 어떤 곳인가?

1) 거기는 인생고(人生苦)가 없는 나라이다.

"모든 눈물을 그 눈에서 씻기시매 다시 사망이 없고 애통하는 것이나 곡하는 것이나 아픈 것이 다시 있지 아니하리니 처음 것들이 다 지나갔음이러라"(계21:4)

일찍이 이상주의 예언자 이사야는 이 신천신지에 대하여 예언하기를 "거기는 사자가 없고 사나운 짐승이 그리로 올라가지 아니하므로 그것을 만나지 못하겠고 오직 구속함을 얻은 자만 그리로 행할 것이며 여호와의 속량함을 얻은 자들이 돌아오되 노래하며 시온에 이르러 그 머리 위에 영영한 희락을 띠고 기쁨과 즐거움을 얻으리니 슬픔과 탄식이 달아나리로다"(사35:9~10)고 하였고, "내가 예루살렘을 즐거워하며 나의 백성을 기뻐하리니 우는 소리와 부르짖는 소리가 그 가운데서 다시는 들리지 아니할 것이며"(사65:19)라고 했다. 그러나 우리가 살고 이 세상에는 기쁨보다 고통이 더 많다. 사도 요한은 이 혼탁한 세계 역사 속에서 전쟁, 기근, 소란, 살인, 재난 등을 통한 신음소리를 들었다.

하지만 불원 장래에 이와 같은 신음소리는 다 끝이 나고 신천신지가 나타나는데 거기에는
  ① 사망이 없고 생명만 있다.(계22:4)
  ② 눈물, 애통, 곡, 아픔이 없다.(계21:4)
  ③ 밤이 없다.(계21:25, 22:5)
  ④ 모든 범죄자가 없다. 마귀, 사단이란 놈이 무저갱에 빠져 감금당했기 때문이다. 믿지 하니 하는 자, 흉악한 자, 살인자, 행음자, 술객, 우상숭배자, 모든 거짓말하는 자는 모두 지옥에 떨어진다.(계21:8)

  2) 거기에서는 하나님과 영원히 함께 있게 된다.
  "보라 하나님의 장막이 사람들과 함께 있으매 하나님이 저희와 함께 거하시리니 저희는 하나님의 백성이 되고 하나님은 친히 저희와 함께 계셔서"(계21:3)
  아담이 에덴 동산에서 범죄하기 전에는 하나님과 함께 살았다. 그러나 범죄 후에 하나님을 잃어버리게 되었다. 인간이 범죄 함으로 잃어버린 것이 많다. 에덴을 잃어버렸고 하나님의 형상을 잃어버렸고 영생하는 생명을 잃어버렸다. 그러나 이 모든 것을 합친 것보다 더 큰 것을 잃은 것이 있다. 그것은 바로 하나님을 잃은 것이다. 이것은 인간이 이 지상에서 아무리 훌륭한 문화생활을 한다 할지라도 그것은 고아가 고아원에서 살되 시설이 잘 되어 있는 고아원에서 사는 것과 같다. 고아원은 아무리 시설을 갖추었어도 행복한 사람들이 사는 곳이라고는 할 수 없다.
  이렇게 하나님을 잃어 버렸던 인간이 다시 한 나라를 찾아 동행하는 생활을 임마누엘이라고 한다. 그러면 하나님께서 우리와 함께 계시는 임마누엘은 언제 완전히 성취되는가? 그것은 신천신지에서 완성된다. 그래서 하늘나라 무궁세계(신천신지)에서
  ① 하나님은 만 왕의 왕 만주의 주가 되시며(계21:3)

② 우리는 그의 백성이 되며(계21:3)
③ 해나 달의 비침이 쓸데없으며(계21:23, 22:5)
④ 하나님의 의와 영광만이 충만하며(계21:23, 22:11)
⑤ 생명강수와 생명나무가 항상 있어 영생만 있는 곳이며(계21:6, 22:1~2)
⑥ 우리가 거할 새 예루살렘은 각색 보석으로 꾸며졌고 우리가 다니는 거리는 유리 같은 정금으로 단장되었다.(계21:10~12)

3. 상(賞)이 있다.

1) 소자에게 냉수 한 그릇만 주어도(마10:42)
2) 의를 위하여 핍박을 받은 자(마5:10~12)
3) 우리에게 주실 상은 죽도록 충성한 자에게 생명의 면류관(계12:11, 약1:12), 믿음을 지킨 자에게 의의 면류관(딤후4:7~8), 양 무리의 본이 된 장로에게 영광의 면류관(벧전5:1~4), 믿음의 경기에서 승리한 자에게 썩지 아니할 승리의 면류관(고전9:25), 24 장로들은 금면류관(계4:4)을 받는다. 구원은 믿음으로 얻고 상은 행함으로 얻는다. 구원받은 은혜가 너무도 감사 감격하여 견딜 수 없는 마음으로 그저 봉사했는데 우리 주님께서는 냉수 한 그릇의 적은 일까지를 다 기록하셨다가 상으로 주시니 이 어찌 황공 감사하지 않겠는가!(마25:31~46)

4. 무궁시대에서 우리의 할 일

1) 새 노래로 합창한다.(계5:9, 14:2)
2) 24장로들이 하나님의 보좌 주위에 앉아 수종 든다.(계4:4)
3) 어린양 예수님을 섬긴다.(계22;3)

5. 마지막으로 성도에게 부탁하신 말씀을 충성 순종해야 한다.

1) 성경을 가감해서는 큰 화를 받는다.(계22:17~19)

말씀을 감하고 보태는 자는 말씀에 기록한 재앙을 더 하실 것이다. 이는 주로 그릇된 신비주의자에게 임하는 재앙이니 그릇된 방언·입신·투시·예언 등을 행한다 하는 자들에게 더하는 죄요, 말씀을 제하여 버리는 자는 주로 신신학 자유주의자 급진신학 좌경신학자들이 범하는 죄로서 거룩한 성의 참예함을 제하여 버린다. 얼마나 무서운 말씀인가?

2) 아멘의 생활로 주님을 기다리자(계22:20~21)

우리 주님은 속히 오실 것이다. 방심, 의심, 낙심하지 말고 깨어 준비하고 날마다 시간마다 주님을 아멘으로 기다려 영접하자.

II. 결 론

지금까지 52과에 걸쳐 조직신학을 쉬운 말로 풀어서 공부했다.
조직신학이란 우리교회(기독교)의 교리요, 신조요, 골격이다. 그러므로 이 교리를 벗어난 것은 일단 불건전한 신학운동이거나 사이비 이단 운동이라고 단정하고, 경계하거나 멍에를 같이 하지 말아야 한다고 분명하게 말하고 싶다.
우리의 신앙생활이 흔들리지 않고 든든하게 자라 가려면 은혜와 진리를 겸비해야 한다. 이번 공부를 통해서 신앙의 골격이 크게 자라났을 줄로 믿는다. 우리의 최후 안식처가 되는 무궁세계를 향하여 나아가는 서도 여러분들에게 성삼위 하나님의 축복이 충만하기를 기원한다.

알기 쉬운 교리신학 총론

■
지은이 / 김석한·박태저 공저
발행인 / 김 수 관
발행처 / 도서출판 영문
122-070 서울시 은평구 역촌동 10-82
☎ (02) 357-8585
FAX • (02) 382-4411
E-mail • kskym49@yahoo.co.kr

■
1판 1쇄 인쇄 / 2002년 3월 5일
1판 4쇄 발행 / 2009년 8월 25일

■
출판등록번호 / 제 03-01016호
출판등록일 / 1997. 7. 24

파본은 교환해 드립니다.
본 출판물은 저작권법으로 보호 받는
저작물이므로 출판사나 저자의 허락없이
무단 전재나 무단 복제를 할 수 없습니다.

정가 12,000원
ISBN 89-8487-078-1 03230
Printed in Korea